破解幼儿园教师的90个工作难题

杜长娥 徐钧 主编

中国轻工业出版社

图书在版编目（CIP）数据

破解幼儿园教师的90个工作难题／杜长娥，徐钧主编．—北京：中国轻工业出版社，2019.3（2024.1重印）

ISBN 978-7-5184-2309-5

Ⅰ.①破… Ⅱ.①杜… ②徐… Ⅲ.①学前教育－教学研究 Ⅳ.①G612

中国版本图书馆CIP数据核字（2018）第287606号

保留所有权利。非经中国轻工业出版社"万千教育"书面授权，任何人不得以任何方式（包括但不限于电子、机械、手工或其他尚未被发明或应用的技术手段）复印、拍照、扫描、录音、朗读、存储、发表本书中任何部分或本书全部内容，以及其他附带的所有资料（包括但不限于光盘、音频、视频等）。中国轻工业出版社"万千教育"未授权任何机构提供源自本书内容的电子文件阅览、收听或下载服务。如有此类非法行为，查实必究。

责任编辑：吴　红　牟　聪　　　责任终审：杜文勇
策划编辑：吴　红　　　　　　　责任校对：刘志颖　　　责任监印：吴维斌

出版发行：中国轻工业出版社（北京鲁谷东街5号，邮编：100040）
印　　刷：三河市鑫金马印装有限公司
经　　销：各地新华书店
版　　次：2024年1月第1版第5次印刷
开　　本：710×1000　1/16　印张：18
字　　数：200千字
印　　数：10001—12000
书　　号：ISBN 978-7-5184-2309-5　定价：52.00元
读者热线：010-65181109
发行电话：010-85119832　010-85119912
网　　址：http://www.chlip.com.cn　http://www.wqedu.com
电子信箱：1012305542@qq.com
如发现图书残缺请拨打热线电话联系调换

232179Y1C105ZBW

前　言

　　幼儿园教师是履行幼儿园教育教学工作职责的专业人员，承担着保育和教育的双重职能，关系到亿万儿童的健康成长以及学前教育事业的健康发展。要想成为一名合格的幼儿园教师，需要经过严格的培养与培训，具有良好的职业道德，掌握系统的专业知识和专业技能；要想成为一名优秀的幼儿园教师，既要拥有扎实的理论知识（如幼儿心理学、幼儿教育学等方面的知识），又要具备弹、唱、画、跳等专业技能技巧，还需要具有丰富的基本素养（关于植物、动物、文学等方面），更要拥有一颗关爱儿童的心。

　　经过学校系统的专业培养，学习了相关的知识，并不代表很快能胜任幼儿园教师的工作，尤其是对于刚踏上工作岗位的幼儿园教师来说，幼儿园工作中的许多问题会影响他们的工作适应性。为了帮助幼儿园教师尽快适应工作，破解他们在工作中遇到的难题，我们通过微信平台，在网络上公开征集幼儿园教师最需要解决的难题，收到了全国各地幼儿园教师提出的500多个问题，并从中筛选出了90个最具代表性的问题。这90个问题涉及一日生活、集体教学活动、区域活动、户外活动、安全与健康、幼儿行为与心理、班级管理、教师人际关系、家园共育和沟通等9个方面。

　　本书以典型案例的形式呈现问题，作者结合自身的特长有针对性地剖析问题背后的原因，然后给出解决问题的应对策略。通过这三部分的撰写，力求让幼儿园教师拿到本书后，通过案例分析知道为什么会出现这一问题，也希望能让老师们在知其然的同时，知其所以然，并能在实践中加以应用，还能举一反三，解决实际问题。

　　我们约请了有丰富经验的一线优秀教师和园长，共同组建编写团队。本书编写分工如下：第一章由董欣、张树芳组织编写，第二章由董欣、徐艳、杨秀萍组织编写，第三章由周鲁建组织编写，第四章由王艳组织编写，第五章由赵侠、郑非非组织编写，第六章和第八章由刘彦芝、朱翠玲、徐晓丽、张振天编写，第七章由赵侠、牛冬梅编写，第九章由吴长虹、张永玲、徐钧组织编写，全书由杜长娥、徐钧统稿。

本书前期的问题征集、问题的提炼汇总由诸葛绪彩老师负责，虽然她后期因为工作变动没有继续参与编写，但在此仍对诸葛绪彩老师的前期工作表示衷心感谢！本书是在中国轻工业出版社万千教育编辑部吴红主任支持、帮助下编写的，衷心感谢吴主任的无私帮助！因为我们大家日常工作忙，书稿一拖再拖，影响了出版的进度，给吴主任的工作增加了困难，再次感谢吴主任的包容！本书在编写过程中参考了大量资料，恕未一一列出，敬请原作者谅解。

由于水平有限，本书还存在许多问题，敬请大家批评指正！

杜长娥
2018年10月

目 录

第一章 破解关于一日生活的9个难题

难题1：幼儿入园时哭闹，不想上幼儿园，怎么办？……………………2

难题2：幼儿在幼儿园里不爱喝水，怎么办？…………………………5

难题3：幼儿洗手时总是应付，怎么办？………………………………7

难题4：幼儿爱在厕所或盥洗室里玩，怎么办？………………………10

难题5：幼儿挑食、厌食或进餐时爱说话，怎么办？…………………12

难题6：幼儿进餐时总是要求老师帮忙，怎么办？……………………15

难题7：午休时幼儿不愿睡觉或喜欢打扰别人，怎么办？……………18

难题8：教师该如何避免幼儿在一日生活过渡环节中的消极等待现象？……………………………………………………………20

难题9：幼儿放学后不愿离园，非要老师再陪他一起玩，怎么办？……………………………………………………………24

第二章 破解关于集体教学活动的12个难题

难题10：幼儿对教学活动的内容或形式不感兴趣，热衷于做自己的事情，怎么办？……………………………………………………28

难题11：面对教学活动中频繁举手、过度要求关注的幼儿，怎么办？……31

难题12：教师提问的有效性不高，幼儿答非所问，怎么办？……………34

难题13：幼儿在集体活动中不按要求操作使用活动材料，怎么办？……38

难题14：幼儿在教学活动中出现假合作的现象，怎么办？………………41

难题 15： 幼儿在集体教学活动中不愿意扮演"反面角色"，怎么办？ …44

难题 16： 教学活动结束后幼儿还想玩，怎么办？ …47

难题 17： 教师不知如何合理有效地利用多媒体，怎么办？ …50

难题 18： 教师在教学活动中出现失误，怎么办？ …52

难题 19： 教师缺乏有效地回应幼儿的技巧，师幼互动的效果不理想，怎么办？ …55

难题 20： 在集体教学活动中易出现教师的"高控制"现象，怎么办？ …59

难题 21： 集体教学活动中偏离或完不成预设目标，怎么办？ …62

第三章 破解关于区域活动的 10 个难题

难题 22： 幼儿对教师投放的区域活动材料不感兴趣，怎么办？ …68

难题 23： 教师不知如何利用乡土资源开展区域活动，怎么办？ …70

难题 24： 在区域活动中，教师的预设与幼儿的选择出现矛盾，怎么办？ …73

难题 25： 教师设计的区域活动与幼儿的年龄特征不符，怎么办？ …75

难题 26： 区域活动与主题教学活动容易脱节，不能相辅相成，怎么办？ …77

难题 27： 在区域活动中，教师不知如何有效地观察、正确地引导幼儿，怎么办？ …80

难题 28： 教师把握不好介入幼儿活动的时机，怎么办？ …82

难题 29： 教师在区域活动中对教育契机不敏感或抓不住教育契机，怎么办？ …85

难题 30： 幼儿在进行区域活动时经常出现争抢玩具的现象，怎么办？ …87

难题 31： 幼儿在区域活动时间频繁地换区，怎么办？ …89

第四章 破解关于户外活动的 11 个难题

难题 32：由于存在安全风险，教师不敢多组织户外活动，怎么办？ ……94

难题 33：活动场地有限，活动材料不足，户外活动难以有效地开展，怎么办？ ……97

难题 34：幼儿不爱参加室外体育活动，怕晒、怕累、怕吃苦，怎么办？ ……101

难题 35：在户外活动中，幼儿缺少安全和自我保护意识，教师该如何进行有效的指导？ ……104

难题 36：天冷了或天热了，家长不支持孩子参加户外活动，怎么办？ ……106

难题 37：有的幼儿不敢参加滑滑梯、攀爬、游泳等户外活动，怎么办？ ……109

难题 38：在户外游戏中，容易出现幼儿受伤、争执等情况，教师该如何应对？ ……112

难题 39：在户外游戏中，幼儿不知如何把握自主游戏中自由和规则的关系，教师该如何引导？ ……115

难题 40：户外混龄游戏容易出现问题，教师该如何指导？ ……119

难题 41：幼儿参加户外活动时的穿着不合时宜，影响活动效果和幼儿的健康，怎么办？ ……123

难题 42：家长陪同参加秋游等活动时过于保护自己的孩子，不让孩子做一些力所能及的事情，教师该如何引导？ ……125

第五章　破解关于安全与健康的 10 个难题

难题 43：家长的安全教育观念不强，安全责任意识薄弱，教师该如何引导？ ········· 130

难题 44：幼儿的安全防范能力与自我保护意识薄弱，教师该如何教育？ ········· 132

难题 45：幼儿入园和离园时容易出现安全问题，教师该如何应对？ ··· 135

难题 46：幼儿不讲卫生，卫生习惯差，教师该如何引导？ ············· 138

难题 47：在某些季节，幼儿容易出现传染病或常见疾病，教师该如何应对？ ············· 141

难题 48：某些幼儿容易出现食物过敏、药物过敏等情况，教师该如何应对？ ············· 143

难题 49：幼儿出现集体食物中毒情况，教师该如何应对？ ············· 147

难题 50：幼儿在幼儿园里突然受到意外伤害，教师该如何应对？ ··· 149

难题 51：幼儿园遭遇地震、火灾、水灾等灾害时，教师该如何应对？ ············· 152

难题 52：对班上有身体残疾的幼儿，教师如何确保他们在园学习和生活的安全？ ············· 155

第六章　破解关于幼儿行为与心理的 10 个难题

难题 53：幼儿爱告状或打小报告，怎么办？ ············· 158

难题 54：幼儿爱说脏话或给别人起外号，怎么办？ ············· 161

难题 55：幼儿缺乏自信、依赖性强，怎么办？ ············· 166

难题 56：幼儿动不动就哭，怎么办？ ············· 170

难题 57：幼儿参加集体活动时注意力不集中，怎么办？ ············· 174

难题 58：幼儿喜欢打人或咬人，怎么办？ ·················· 177

难题 59：幼儿爱拿别人的东西，怎么办？ ·················· 180

难题 60：幼儿爱发脾气，怎么办？ ························ 183

难题 61：幼儿经常在教室里捣乱，怎么办？ ················ 185

难题 62：幼儿擅自离开教室，怎么办？ ···················· 188

第七章 破解关于班级管理的 9 个难题

难题 63：教师要进行各类案头工作，却觉得做了很多无用功，
怎么办？ ······································ 192

难题 64：园领导布置的其他任务与一日活动的时间安排相冲突，
怎么办？ ······································ 194

难题 65：幼儿不服从班级规则或老师的指导，怎么办？ ······ 196

难题 66：幼儿因害羞或社交退缩，不愿参加集体活动，怎么办？ ··· 198

难题 67：某些不服从管理的幼儿拒不接受惩罚和教育，大哭大闹，
怎么办？ ······································ 201

难题 68：个别幼儿的自我意识过强，无法与其他小朋友合作共享，
怎么办？ ······································ 203

难题 69：交接班时教师之间因沟通不良容易出现问题，怎么办？ ··· 207

难题 70：幼儿不愿意参加值日活动，怎么办？ ·············· 211

难题 71：幼儿参加集体活动时纪律混乱，场面失控，怎么办？ ······213

第八章 破解关于教师人际关系的 9 个难题

难题 72：主班教师与配班教师意见不一致，怎么办？ ········ 218

难题 73：年轻教师的观念与老教师的经验做法发生冲突，怎么办？ ···221

难题 74：同事在背后非议其他同事或领导，怎么办？ ········ 224

难题 75：遇到问题时同事推卸责任，怎么办？ ……………………… 227

难题 76：面对同事之间的矛盾冲突，怎么办？ ……………………… 231

难题 77：发现有人到领导那里投诉你或者打你的小报告，
怎么办？ ………………………………………………………… 234

难题 78：发现有些同事不服管理，当面顶撞领导，故意使其难堪，
怎么办？ ………………………………………………………… 237

难题 79：碰到同事体罚幼儿或非理性地对待幼儿时，怎么办？ …… 239

难题 80：遇到家长和同事之间发生激烈冲突时，怎么办？ ………… 242

第九章 破解关于家园共育和沟通的 10 个难题

难题 81：幼儿在幼儿园养成的良好习惯，无法在家中保持，教师该如
何引导家长？ …………………………………………………… 246

难题 82：面对把教育孩子的责任推给幼儿园的家长，教师应如何
沟通？ …………………………………………………………… 248

难题 83：面对过分溺爱、迁就、放纵孩子的家长，教师该如何
应对？ …………………………………………………………… 251

难题 84：家长存在"重保护、轻教育"的观念和做法，教师该
如何应对？ ……………………………………………………… 255

难题 85：家长更倾向于相信幼儿所说的话，而不相信教师的话，
怎么办？ ………………………………………………………… 257

难题 86：面对经常给孩子请假的家长，怎么办？ …………………… 260

难题 87：家长开放日时，孩子总是黏着家长，怎么办？ …………… 262

难题 88：部分家长走不出小学化教学的误区，幼儿园开展的活动
得不到家长的支持，怎么办？ ………………………………… 265

难题 89：两代教育观念不同，导致孩子无所适从，教师该如何与他们沟通？ ……………………………………………………268

难题 90：当幼儿在园受到意外伤害，家长过度责备甚至侵害教师的权益时，教师应该如何应对？ ……………………271

第一章
破解关于一日生活的 9 个难题

幼儿在园的一日生活涉及入园、晨检、早操、盥洗、游戏、睡眠、饮食、如厕、户外活动、离园等方方面面。从目前我国幼儿园的实际情况来看,幼儿在园的生活活动要么被忽视,要么因为教育者经验的缺乏而不能得到科学合理的安排。其实,规范合理的一日生活管理对幼儿身心健康的发展、能力的培养、品德的塑造、个性的养成等方面都起着至关重要的作用。本章旨在对幼儿在园一日生活中常见的困扰教师的 9 个难题,通过典型案例、案例分析、应对策略进行阐述,从而给新教师提供一些科学的指导方法。

难题1：幼儿入园时哭闹，不想上幼儿园，怎么办？

【典型案例】

每年九月，幼儿园都会迎来新的小朋友，早晨入园时总少不了这样的镜头：有的幼儿在幼儿园大门外就开始哭；有的一看见自己的老师就抓住家长不放，拼命推开或撕扯老师；有的干脆躺在地上打滚儿。托班的奕霏小朋友从早晨入园到下午离园一直背着自己的小书包，拿着自己的小狗熊玩具不肯放下，每当老师劝她放下的时候她都大哭不止。

【案例分析】

从家庭走向幼儿园，是幼儿社会化进程中的重要一步。幼儿园这一新的环境对幼儿提出了新的要求，这种新要求与他们原有的发展水平存在矛盾，造成了幼儿的心理冲突，必然会使之产生焦虑的情绪。入园焦虑严重的幼儿会出现饮食、睡眠等方面的问题，如：就餐时，不吃、少吃，也不愿意让人喂；午休时，不肯睡觉或者躺在床上哭。有的幼儿会在行为方面出现变化，如不愿参与集体游戏，喜欢单独活动。还有的幼儿心理依恋现象比较突出，如：对老师比较依恋，老师走到哪里就跟到哪里，一直牵着老师的手、衣服等；对自己带的物品特别依恋，会长时间甚至一整天都将这些物品背在身上、抱在怀里。上述案例中的奕霏小朋友就属于最后一种情况。

幼儿不想上幼儿园的原因主要包括三个方面：

（1）幼儿自身的原因。性格内向的幼儿，不愿意主动和其他小朋友说话，这样的幼儿会因没有伙伴而想念家人；适应新环境较慢的幼儿，会因无法与新环境共融而产生不安全感和恐惧感；认知发展水平较低的幼儿，会因情绪的表达和调整能力较弱而产生严重的入园焦虑。

（2）家庭的原因。

①幼儿生长环境封闭。入园前，家长没有给幼儿提供充足的与外界接触的机会，幼儿在相对封闭的人际交往环境下成长，入园时适应环境的经验较少，容易产生心理压力。

②家长过于包办代替。在家里，家长对幼儿照顾得过于全面，包办代替现象严重，导致有些幼儿自理能力不强。入园后，面对"自己的事情自己做"的要求，幼儿会遇到生活上的一系列问题，产生压力和不适应。

③家长的"入园焦虑"。家长的焦虑情绪会导致幼儿的情绪不稳定。不少家长在送幼儿入园时恋恋不舍，过分迁就或无原则地满足幼儿的要求，总希望再抱一下、再说几句话或长时间待在教室门口不肯离开。幼儿在陌生情境中，对环境的判断很多时候是参考成人的反应的，家长焦虑的表情和担忧的目光会通过微妙的亲子互动传递给幼儿，强化幼儿对陌生环境的不适感。

（3）教师的原因。幼儿园教师在班级环境、物质准备上是否充分，一日生活的组织是否有趣、有序，以及教师自身的性格等因素都会影响幼儿的情绪变化。比如，严厉的老师易让幼儿产生紧张感、距离感，而温柔、慈爱的老师则易使幼儿产生亲近感。

【应对策略】

入园焦虑产生的心理压力对幼儿性格的形成、幼儿交往能力的发展等多方面有着不可估量的影响。因此，帮助幼儿顺利度过入园分离焦虑期至关重要。

（1）入园分步走，帮助幼儿逐步适应幼儿园生活。

第一步：体验入园。邀请家长带幼儿一起来幼儿园1~2个半天，与幼儿一起熟悉环境、创设环境，一起了解、体验幼儿园的生活流程，一起认识老师、新朋友，一起与老师、同伴做游戏。一方面消除幼儿对环境的陌生感，另一方面使家长对幼儿入园后的环境和生活有初步的了解，消除家长的顾虑。

第二步：半天入园。在园独自午休是幼儿初入园时哭闹、焦虑的主要原因之一。利用1~2周的时间，让幼儿上午入园，午饭后离园。缩短幼儿在园时间，一方面让幼儿觉得等待家长接的时间较短、有盼头，缓解心理上的压力，另一方面也有利于调整幼儿饮食、睡眠等方面的生理习惯。

第三步：全天入园。经过前两步的铺垫，大部分幼儿已经适应了幼儿园的环境，熟悉了老师、小朋友，所以在这个阶段，教师便有精力去关注个别适应慢、入园哭闹、焦虑较为严重的幼儿，更好地帮助他们度过入园焦虑期。

（2）帮助家长做好幼儿入园的准备。首先，提醒家长要多带孩子到大自然中，多让孩子接触外界环境，提高幼儿适应环境的能力。其次，要求家长在家中不要过分溺爱幼儿，要让幼儿做力所能及的事，逐步锻炼幼儿动手及自我服务的能力。最后，多途径减轻家长的焦虑。入园初期，教师可及时通过照片、视频等形式将幼儿在园的生活情形上传到班级QQ群、微信群等，让家长了解幼儿的情况并建立对教师的信任；通过电话、面谈等多种形式与家长进行交流，了解幼儿的焦虑表现和家庭因素的影响，双方共同商讨科学的方法来缓解幼儿的入园焦虑；引导家长正确看待幼儿哭闹、不愿入园的现象，坚持每天送幼儿入园，以乐观的态度和积极的情绪来对待这件事，坚信幼儿有很强的适应能力，只要成人给予适当的帮助，上幼儿园对幼儿来说就会是一件快乐的事情。

（3）教师做好充分的准备。

①转移幼儿的注意力。3岁左右幼儿的无意注意明显占优势，他们的注意力较容易被转移。教师可以为幼儿准备更多适合这个年龄段又能吸引其注意力的丰富的操作材料，使幼儿"有事可干"；教师可以组织有趣的游戏活动，让幼儿参与其中，把幼儿的注意力从与家长分离的痛苦中转移出来。

②教师做好观察。教师要细心观察幼儿，尤其是分离焦虑较严重的幼儿，了解幼儿为什么会出现沉默不语、午睡惊醒、频繁尿床等情况，正确把握幼儿的需要，为幼儿提供适合的活动资源，帮助或支持幼儿，使幼儿尽快适应幼儿园环境。

③鼓励幼儿寻找同伴。交往是每个幼儿的需要，是否有自己相对固定的玩伴是其能否尽快适应幼儿园生活的重要因素之一。

④教师自身不断加强职业道德修养，规范自己的言行举止，用自己的爱

心、耐心、责任心为幼儿营造舒适、温馨的环境，以赢得幼儿的信赖。

（临沂市市直机关幼儿园　张树芳）

难题2：幼儿在幼儿园里不爱喝水，怎么办？

【典型案例】

我们班的静静小朋友一到喝水的时间就坐在小椅子上不肯站起来。虽然老师反复地提醒，但她就是不愿意去。老师拉着她的手去喝水，还用水杯帮她接好水，她也只是喝一两口便不愿意再喝了，以至于她的嘴唇总是干干的。静静的妈妈说，她在家也是这样，每次都是妈妈把水递到嘴边，她才勉强地喝几口。不仅是静静的妈妈，班里其他一些家长也都反映孩子不爱喝水，希望老师在幼儿园里能帮助孩子改掉不爱喝水的习惯。

【案例分析】

通过与家长交流，我们发现，静静的妈妈是一个特别细心的人，对静静总是不放心，什么事情都舍不得让她做，每次静静喝水都是妈妈拿着杯子追着让她喝。当静静想端杯子自己喝水的时候，妈妈又不放心，不让她自己喝，久而久之，静静就养成了喝水不主动，甚至不喜欢喝水的习惯。3—6岁正是幼儿的快速发育时期，幼儿喝水少会给健康带来一系列不利的影响，容易导致皮肤缺水、上火、便秘、感冒等，同时不利于体内排毒，抵抗力也会受影响。因此，帮助幼儿养成爱喝水的习惯非常重要。通过观察，我们发现幼儿不愿意喝水的原因主要有以下几方面：

（1）父母及长辈溺爱幼儿，在饮食方面过分地包办代替，使幼儿养成依赖家人照顾的习惯，在幼儿园里不愿意甚至不会独立地喝水。

（2）幼儿到了新环境里，生活作息规律发生了变化，生理和心理尚未适应新环境。

（3）年轻家长常用牛奶、果汁等代替白开水，忽视白开水对幼儿身体健康的积极作用，使幼儿养成了不愿意喝白开水的习惯。

（4）教师对幼儿喝水方面的引导不到位，只是单纯地提醒幼儿喝水，或者只是提醒幼儿喝水的次数，忽视幼儿每次的喝水量，致使个别不喜欢喝水的幼儿"有机可乘"。

【应对策略】

水是生命之源，中国自古就有"药补不如食补，食补不如水补"的说法。水是人体所需的六大营养素之一，可以帮助身体调节体温，保护器官和组织，促进新陈代谢。3—6岁幼儿体内的水分约占体重的65%，水对幼儿的成长和发展至关重要。因此，教师和家长需要通过多种方法，正确引导幼儿主动喝水、喝足水，以补充其身体所需的水分，促进其正常发育和健康成长。

（1）《幼儿园教育指导纲要（试行）》（以下简称《纲要》）指出："既要高度重视和满足幼儿受保护、受照顾的需要，又要尊重和满足他们不断增长的独立要求，避免过度保护和包办代替，鼓励并指导幼儿自理、自立的尝试。"教师首先要和幼儿家长进行沟通，让家长了解幼儿不断增长的喝水需求，不包办代替，放手并鼓励幼儿自己的事情自己做，培养幼儿自己喝水的习惯。

（2）利用环境，促进幼儿喝水。在饮水区附近的墙面上，教师可以设计功能性标记、图片等，在吸引幼儿主动喝水的同时，方便幼儿自主记录喝水的"量"，还可以在地面上设计标记，有效地避免幼儿集体喝水环节的安全隐患。通过这些细致入微的环境引导，逐渐使幼儿养成良好的喝水习惯。

（3）家园协作，共同教养。幼儿良好行为习惯的养成，需要家长的积极配合。身教重于言教，家长自己喝着可乐，却要孩子多喝白开水，孩子也会觉得不公平，所以家长要以身示范。同时，教师要向家长积极宣传幼儿喝白开水的好处及养成喝白开水的习惯的重要性，争取家长的支持和配合。作为家长，也应该紧密配合幼儿园，在幼儿喝水以及其他教育问题上，与幼儿园多沟通。只有做到家园共育、协调一致，教育才会取得事半功倍的效果。

（4）教师正确引导，帮助幼儿养成科学饮水的习惯。

①利用实验让幼儿了解喝水的重要性。在班级植物角放置两盆"蒜苗宝宝"，教师带领幼儿每天只给其中一盆"蒜苗宝宝"浇水。几天后会发现，浇水的那一盆生长得很好，没有浇水的那一盆快要枯死了。教师组织幼儿讨论："为什么两盆'蒜苗宝宝'会出现不同的生长现象？"最后，幼儿找到了答案："蒜苗宝宝"在生长的过程中需要"喝水"，有水才能健康成长，如果不喝水，会慢慢地停止生长。这样，通过形象直观的生活小实验，可让幼儿认识到日常喝水的重要性。

②多途径鼓励、规范幼儿的喝水行为。教师在组织幼儿集体喝水的基础上，还应做到个别提醒，鼓励幼儿随渴随喝。此外，教师可以利用相关的儿歌、童谣、绘本故事等，激发幼儿喝水的兴趣，切实保证每个幼儿每天喝足量的水。

（临沂市市直机关幼儿园　王晓伟）

难题3：幼儿洗手时总是应付，怎么办？

【典型案例】

上午11点，到了午饭时间，小二班的老师组织小朋友到盥洗室洗手，可不到1分钟的时间，大部分幼儿都从盥洗室里出来了。老师走进盥洗室，看到幼儿洗手的情景是这样的：有的幼儿打开水龙头，冲一下手指就关了水龙头，走出盥洗室；有的幼儿打开又关上水龙头，没有洗手就走出了盥洗室；有的幼儿在玩水……

【案例分析】

认真洗手是幼儿健康的第一道防护措施。洗手看似是小事，但对身体健康的意义重大，对幼儿来说尤其重要。他们玩玩具、看图书、找地上的小虫子……手上有可能会沾染细菌、病毒和寄生虫卵等，如果饭前便后、玩耍之后不及时洗手，就容易引起各种疾病。洗手是预防疾病的重要措施，可很多幼儿洗手时总是敷衍了事，究其原因，有以下几个方面。

（1）不适应盥洗室的环境。幼儿园的环境对于新入园的幼儿来说是陌生的，盥洗室的灯光、毛巾、洗手液等物品都可能会使幼儿不愿意待在盥洗室里，只想尽快地完成老师要求的任务后离开。

（2）不了解洗手的重要性。多数幼儿觉得洗手是件很麻烦的事情，出去玩完滑梯要洗手，吃饭前、吃水果前要洗手，上完厕所还要洗手，手看起来不脏，为什么还要洗手？

（3）家人包办代替致使幼儿的自理能力差。有的父母对幼儿照顾得非常细致，父母会随时帮助幼儿洗脸、洗手等，导致幼儿非常依赖大人。当他们在父母身边的时候，手能够保持干干净净，而一旦到集体环境中，没有人帮忙，他们就不会洗手，不会照顾自己。

（4）教师要求洗手的时间不合适。餐前或活动后，幼儿正玩在兴头上，有的没搭完小房子，有的没听完语音故事，有的没看完手里的图书……这个时候，教师要求幼儿集体去洗手，幼儿急于回来完成自己的事情，洗手时就常常应付。

【应对策略】

科学合理地组织幼儿洗手、培养幼儿良好的卫生习惯是一个长期的过程，它受到环境、幼儿的认识、成人的行为等多种因素的影响。要将幼儿应付洗手的行为，培养成自觉、自主洗手的行动，最后形成勤洗手的习惯，可以从以下几个方面入手。

（1）为幼儿提供合适的环境。教师和幼儿一起布置盥洗室的环境，比如：幼儿的毛巾用幼儿的照片、可爱的贴画等来区分，张贴正确的洗手步骤图，合理摆放盥洗室内的物品，等等。另外，老师要时刻确保地面干燥、灯光明亮，以保证幼儿有温馨、舒适的洗手环境。

（2）让幼儿了解洗手的重要性。教师只有利用各种方式让幼儿明白饭前便后洗手的重要性，才能使幼儿主动勤洗手。

①故事引导。利用《小脏猪》《小猪佩佩握手》《红眼病》等有关讲卫生的故事，让幼儿从"不讲卫生，大家不愿意跟他玩""不讲卫生容易生病"等具体内容中得到启发，懂得讲卫生的道理。

②儿歌引导。搜集、学习一些有关洗手的儿歌，和幼儿一起学一学、唱一唱；也可以和幼儿一起把洗手的过程编成儿歌，在洗手前、洗手时边唱儿歌边洗手；还可以把配有洗手过程的图画和儿歌贴到洗手池前，潜移默化地影响幼儿，使其真正做到认真洗手。

③直观演示。很多幼儿觉得手不黑、没有泥巴就是干净的，他们会说，"手不脏"为什么要洗呢？细菌是看不见摸不着的，教师可通过课件、视频，让幼儿直观地认识到：洗手前，一只手上有几十万个细菌、病毒以及寄生虫卵，不洗手它们就有可能进入体内，从而导致腹泻或传播感冒等其他疾病，只有常洗手，才能减少病菌进入体内的机会，降低身体感染疾病的风险。

（3）家园配合，教会幼儿正确的洗手方法。好习惯的养成非一日之功，要想让幼儿养成好的洗手习惯，教师和家长要给幼儿提供正确的示范，饭前便后、玩耍之后要引导幼儿正确洗手：挽起袖口，打开水龙头，双手淋湿并抹肥皂，掌心、掌背、指隙、指头、指尖、手腕都要分别搓洗，然后用清水将手冲洗干净，再用干净的毛巾将手擦干。

（4）关注幼儿的不同需求。幼儿是独立的个体，不同的个性、性别、兴趣决定他们有不同的需求，这些随时都有可能和集体要求产生冲突。因此，教师要尊重幼儿的需要，根据实际情况采取不同的策略。比如，幼儿有没完成的事情，可以建议其暂停，等吃饭后继续，或者完成这件事情后再洗手。

（临沂市市直机关幼儿园　张树芳）

难题4：幼儿爱在厕所或盥洗室里玩，怎么办？

【典型案例】

去厕所或者盥洗室的时候，总会有部分幼儿迟迟不出来，教师认为可能是因为盥洗室偏小，幼儿需要等候而耽误了时间，于是就将幼儿分组，让他们轮流去，可还是有幼儿长时间待在盥洗室。教师带着疑惑悄悄去观察，这才发现盥洗室真是个好玩的地方：刘子豪小朋友将水龙头开到最大位置，用手堵住出水口，水花溅在水池外面、镜子上、自己和别人的衣服上，他玩得不亦乐乎；刘新硕在玩肥皂，双手已经看不见皮肤的颜色，只有白色的泡泡；朱子诺和刘可菲在讨论各自刚买的鞋子……

【案例分析】

在职场中，成人也喜欢在盥洗间聊天打趣，放松心情。幼儿园是一个小社会，一日生活中的各环节幼儿都在"做事"，会受到各种约束。而利用如厕、盥洗间隙在厕所或盥洗室里玩耍，幼儿能够体验到一种自由、放松带来的乐趣，因而这成为一种常见的现象。

（1）盥洗室是个相对慢节奏的环境，在如厕、盥洗时，幼儿来来往往，在等待的过程中嬉笑打闹，不知不觉拖延了时间。

（2）盥洗室是个相对自由的环境，尤其是对于中大班的幼儿来说，他们具备基本的如厕、盥洗自理能力，如厕、盥洗时，教师不会给予过多的关注。

（3）可以玩水，可以玩肥皂，可以玩毛巾……对于幼儿而言，盥洗室成了一个自由的、好玩的场所。

（4）家庭习惯。有些家长喜欢在盥洗间玩手机、看报纸，这些都潜移默化地影响着幼儿，使其习惯于在盥洗间玩耍，甚至还有幼儿在家中的盥洗间玩水。

【应对策略】

幼儿园的盥洗室会存放洗涤用品、消毒药剂,而且潮湿的环境容易滋生病菌,如果幼儿在盥洗室逗留、玩耍,就会存在较多的安全隐患。那么,教师该如何让幼儿顺利地改掉爱在厕所或盥洗室里玩的习惯呢?

(1)创设环境。环境是重要的教育资源,良好的环境能促使每个幼儿在不同水平上得到发展。

第一,在盥洗室张贴相关图片,给幼儿正确示范,指导幼儿掌握常规的洗手、如厕的方法。

第二,将幼儿分组,让其轮流如厕,避免其拥挤和消极等待。

第三,利用各类标签、标记,引导幼儿有序如厕,消除安全隐患。

(2)建立常规。良好的盥洗常规,不仅可以减少教师不必要的管理行为,还能引导幼儿进行自我管理。

第一,利用故事、图书以及身边的案例对幼儿进行常规教育,让幼儿认识到盥洗室里的安全隐患;

第二,拍摄幼儿盥洗实录,通过观看视频,幼儿可以直观地判断哪些行为是正确的,哪些行为是不正确的,教师可以通过对正确行为的肯定,激励幼儿形成良好的盥洗习惯。

第三,重视自由活动。重视自由活动在幼儿成长中的价值,每天给幼儿充分的自由、自主活动时间,满足幼儿充分展示自我以及与同伴无拘无束地交流、玩耍的需求,这样,不仅能促进幼儿的自主发展,也会使幼儿自然而然地降低在盥洗室里玩耍的欲望。

第四,丰富幼儿一日活动内容,让幼儿有喜欢的事可做,从而减少幼儿在盥洗室里玩耍的行为。

(3)组织玩水主题活动。爱玩水是幼儿的天性,教师可为幼儿创设开放、宽松的活动环境,开展玩水游戏活动,让幼儿在宽松、自由的环境中尽情地玩水,从而减少他们在洗手过程中玩水的现象。

（4）家园合作。了解幼儿在家的盥洗习惯，有针对性地引导和指导幼儿及其家长，督促家长以身作则，通过家园合力来培养幼儿良好的盥洗习惯。

（临沂市市直机关幼儿园　张树芳）

难题 5：幼儿挑食、厌食或进餐时爱说话，怎么办？

【典型案例】

案例一：午餐时间到了，小三班的教室里，大多数孩子都能够在老师的引导下正常进餐，刘洋却只吃白米饭、面食和肉食，几乎对所有的青菜都无动于衷。虽然老师多次告诉他多吃青菜好，但对他没有效果，他要么不吃，要么把菜从碗里挑出来，有时甚至偷偷地将菜倒在桌子底下，有时还会哭闹着要零食吃。通过跟家长沟通，老师了解到，刘洋很挑食，在家也基本上不吃蔬菜，家长对此也是一筹莫展。

案例二：中班时，班里转来一个男孩，瘦瘦的，看上去特别弱。每到吃饭时，他就看着饭碗发呆、发愁。老师刚开始觉得他已经是中班的幼儿，便想提醒、鼓励他自己吃，但他仍然无动于衷。老师只好尝试喂一喂，但他的吞咽能力特别弱，每次只能一个米粒一个米粒地吃，稍多点就干呕。与家长沟通时，孩子的妈妈说：孩子从小跟着奶奶，一直喂流食，直到现在都拒绝吃需要咀嚼的饭菜，看到饭菜就发愁、厌食，没办法只好把他从奶奶家接回来，想送到幼儿园让老师帮忙纠正。

案例三：每个班都会有个别幼儿喜欢在就餐时交头接耳、不专心就餐，等大多数幼儿吃完了，待老师催促时才狼吞虎咽地吃，或以菜凉了为借口不想吃，导致衣服上、桌子上、地上到处都是撒的饭菜。

【案例分析】

幼儿来自不同的家庭，受各方面环境的影响，在饮食上会存在各种各样的不良习惯，究其原因，主要有以下几个方面。

（1）家长的喂养方式不当。家长过于溺爱、迁就孩子，在饮食方面也以孩子为中心：孩子喜欢吃什么，就给他做什么，久而久之使其形成了挑食的不良习惯；孩子的日常饮食中，肉蛋类多、蔬菜类较少，导致幼儿排斥没见过、没吃过的蔬菜，形成挑食的不良习惯；无节制地给孩子吃零食、喝饮料，导致进餐时孩子食欲不振或厌食；家长本身缺乏合理膳食的意识，对孩子合理膳食的重要性认识不足，没有注意营养搭配、膳食平衡等；家长自身挑食，平时只做家庭成员喜欢吃的饭菜，或当着孩子的面说××菜不好吃，带孩子外出就餐时当着孩子的面挑食，潜移默化中影响了幼儿。如案例一中刘洋的奶奶反映，刘洋妈妈本身就不喜欢吃青菜，平日家庭餐食以肉食为主。

（2）幼儿偏好或讨厌特殊食物。大多数幼儿喜欢吃肉，有的幼儿不喜欢吃芹菜、胡萝卜、豆芽等难嚼的菜，有的幼儿不喜欢香菜、茼蒿等有异味的菜，有的幼儿不敢尝试颜色暗的蔬菜，等等，这也是造成幼儿挑食、厌食的原因。

（3）幼儿园、家长烹饪的食品没能引发幼儿的食欲。食物没有做到多样化，制作的食品色泽不美、香味不够、味道单一以及很少有创新的食谱等，都会让幼儿挑食、厌食。

（4）教师的指导和管理不得法。对于挑食、厌食或进餐习惯不好的幼儿，教师的指导和管理仍存在一定的问题：有时因为幼儿人数多，个别指导、关注不够；有时操之过急，想尽快纠正，反而适得其反，导致幼儿吃饭犯愁，甚至不想上幼儿园；有时没有为幼儿提供良好的就餐环境，等等。

【应对策略】

良好的饮食习惯是幼儿健康成长的基础。《3—6岁儿童学习与发展指南》（以下简称《指南》）中明确指出：教师应帮助幼儿养成定点、定时、定量进餐的习惯，帮助幼儿了解食物的营养价值，引导他们不偏食、不挑食，提醒幼儿要细嚼慢咽，不要边吃边玩等。作为幼儿园教师，从幼儿入园开始，就必须把培养幼儿养成良好的饮食习惯作为重要的培养目标。

（1）及时与家长进行沟通，找出导致幼儿挑食、厌食等不良饮食习惯的原因，改变以往的教育方法，家园达成共识，做到教育同步。幼儿在家就餐时，家长要以身作则，不要在幼儿面前表现出特别的饮食偏好，适当节制幼儿的零食，丰富家庭菜谱，鼓励幼儿品尝不同的食品。针对案例二，教师可建议家长在家每一餐都不要把菜做得太细小，给幼儿锻炼咀嚼的机会，可以通过游戏"我与鳄鱼比一比，谁的牙齿最厉害"来促进幼儿主动咀嚼。也可请家长在家里制定一个幼儿进餐进步表，哪一天幼儿主动进餐了，有进步了，就奖励一朵小花贴上，激励幼儿进步。

（2）针对挑食、厌食的幼儿，不要急于求成，可采用多种方式帮助幼儿养成好的进餐习惯。

①跟幼儿一起制订一个小计划，先从尝一尝开始，然后少吃一点，再到可以多吃一点，让改变有一个循序渐进的过程。幼儿每取得一点进步都给其表扬和鼓励，并与家长一起分享和反馈，让幼儿体会到进步的快乐后，坚定克服困难的决心。比如，案例二中的幼儿，经过近一学年的努力，咀嚼和吞咽能力得到增强，吃饭挑食的习惯逐渐得到纠正，到大班时，他的饮食不仅完全正常，而且饭量明显增加，体重也随之大增，与刚入园时判若两人。

②通过游戏的方式来纠正幼儿挑食。如，带领幼儿一起玩卖饭的游戏："又香又有营养的菜啊，谁想买一点？"结果幼儿你一点、我一点很快就把饭菜给买完了，吃掉了。

③将幼儿饮食与区域游戏相结合，提高幼儿对食物的认知。如：在宝贝餐厅里，幼儿操作的材料就是当天的食材，让幼儿提前认识，有利于挑食现象的改善；在阅读区提供关于饮食方面的绘本故事、图书资料，让幼儿体会到故事中主人公的快乐，慢慢帮助幼儿纠正不良的饮食习惯。

（3）制定科学的食谱，提高食品制作质量，丰富食品花样，用色、香、味俱佳的食物激发幼儿的食欲。可以改变幼儿不喜欢吃的蔬菜原有的形状，从而改变幼儿对蔬菜原有的认识，使其愿意尝试着接受，如把胡萝卜刻成小花、小动物等，以促进幼儿良好饮食习惯的养成。

（4）科学组织幼儿就餐，循序渐进地培养幼儿的饮食习惯。

①创设良好的进餐环境。进餐时间可以播放轻柔的音乐；不在进餐时间做与进餐无关的事，以免分散幼儿的注意力；不在进餐时间批评幼儿，关注幼儿进餐时的情绪，发现问题及时疏导，引导幼儿愉快进餐。针对案例三中的幼儿，教师可以激励的口吻提出要求，如："我相信×××今天会吃得很安静，吃得很舒服，而且桌子上和衣服上都会很干净。"这比直接说"进餐时说话会有危险、容易呛着，饭凉了再吃肚子会不舒服"效果要好，有利于纠正幼儿边吃边说的不良进餐习惯。

②每周对幼儿的就餐情况进行总结。教师可以每周把进餐进步的幼儿的情况编到故事里，让幼儿充当故事里的角色，使之体会到进步带来的快乐，这样更有利于纠正幼儿不良的饮食习惯。

（临沂市市直机关幼儿园　范翠莲）

难题6：幼儿进餐时总是要求老师帮忙，怎么办？

【典型案例】

案例一：入园第一周，早餐时间，托班。晞蓓还没适应幼儿园的生活，小朋友吃饭时她在哭，我过去安慰她，这时候子轩喊我："老师，你过来！她自己会吃饭，你不用陪她，你来陪我教我吃饭。"我笑了，因为子轩在班里是能力非常强的幼儿，会穿脱衣服，会穿脱鞋子，还会用勺子和筷子。

案例二：入园第一周，午餐时间，托班的小朋友都在吃饭，只有明轩手里抱着外套、背上背着书包，看着自己的饭却不拿勺子。我走到他跟前对他说："明轩，该吃饭喽！"他怯怯地说："喂喂！"我说："你都长大了，该自己吃饭了，我来教你。"明轩的眼泪出来了："老师喂喂，老师喂喂！"

【案例分析】

幼儿入园前，在家里进餐时大多需要成人的帮助。入园后，面临独立进餐，幼儿或畏难、发愁不吃，或一直等老师的帮助，或进餐方法不对，饭菜撒得满身、满地都是。究其原因，却不尽相同。

（1）家长方面。

①家长主动喂饭，不给幼儿独立进餐的机会；进餐不固定时间、地点，家长追着喂……这些非常普遍的现象致使幼儿不会使用餐具、不会自己吃饭。案例二中的幼儿，不知道怎么使用餐具而希望得到帮助，便只能依赖或者求助于成人。

②家长给幼儿自主吃饭的机会，但觉得孩子还小，不注重教幼儿正确使用餐具的方法，幼儿的饮食习惯不好，进餐时用手抓饭、撒饭的现象普遍。

（2）幼儿之间相互模仿。幼儿在进餐时会相互模仿，有时看到老师帮助某个幼儿，其他幼儿也会模仿并寻求帮助。如案例一中的子轩希望得到老师的帮助，其实并非吃饭需要帮助，而是他看到老师在照顾晞蓓，便希望引起老师的关注。

（3）部分幼儿自主进餐的能力不足。比如，不会正确使用餐具，进餐时手、眼、口的协调能力不足等。

（4）进餐环境影响幼儿自主地、愉悦地进餐。

【应对策略】

一日三餐是幼儿在园生活的重要保障，独立、自主进餐是幼儿良好的进餐习惯之一。但进餐时总有一些幼儿不想自己吃，要求老师帮忙或不喂不吃，这种现象在幼儿刚入园阶段尤为突出。怎样有效地引导幼儿养成独立、自主进餐的习惯？总结起来，大体上有以下几种方法。

（1）家园合作培养幼儿独立、自主进餐。教师可以通过家长会、家长开放日等形式，引导家长认识到幼儿独立、自主进餐的重要性，及时反馈幼儿在集体进餐中的情况，帮助家长走出教育误区，使家长重视并在家庭中有目的地培养幼儿独立、自主进餐的能力和习惯。

（2）树立榜样。幼儿动作及能力的学习通常是通过其对身边榜样的模仿来实现的。在就餐时，教师可将幼儿合理分组，将进餐能力强的幼儿和能力弱的幼儿搭配让其坐在一起，使进餐能力强的幼儿成为榜样，进而影响、带动进餐能力弱的幼儿主动进餐，同时，通过观察同伴、模仿同伴，幼儿也会慢慢地喜欢上自己进餐。

（3）采用多种方法锻炼幼儿独立进餐的能力。

①做游戏。游戏是幼儿最喜爱的活动形式，也是教师最有效的教育方式。教师要充分发挥游戏在培养幼儿进餐自理能力中的作用，开展多种形式的游戏活动。如：在娃娃家，为幼儿准备丰富的材料，幼儿可以玩给宝宝做饭、喂宝宝吃饭等角色游戏；在生活区，可以准备勺子、筷子、自制大嘴巴动物模型等，幼儿根据自己的情况选择餐具，喂小动物豆子、花生等食物；在生活区，还可以设置有情境的拧瓶盖、扣扣子等小游戏，发展幼儿的手眼协调能力，锻炼幼儿的小肌肉，有利于其灵活地使用餐具。

②多鼓励。在幼儿取得进步时，适时地赞赏和鼓励。教师可以定时对幼儿的进餐情况进行小结，对每一个幼儿的点滴进步都给予多种方式的鼓励，使幼儿有信心面对"自己的事情自己做"这一挑战。如案例二中，明轩小朋友不会自己拿勺子吃饭，教师可以在手把手教他使用餐具的基础上，通过语言、动作、眼神以及"爱的抱抱""棒棒的大拇指"等方式方法，引导、鼓励他，从而帮助其逐渐摆脱对成人的依赖，学会独立进餐。

（4）创设温馨舒适的进餐环境。安排幼儿定时、定点就餐，保持餐桌、餐具的整洁卫生，进餐时播放轻柔的音乐，进餐过程中不批评幼儿，等等，都有利于幼儿良好进餐习惯的养成。

（临沂市市直机关幼儿园　张树芳）

难题7：午休时幼儿不愿睡觉或喜欢打扰别人，怎么办？

【典型案例】

又到午休时间了，小一班的小朋友们在老师的提醒下，如厕—脱鞋子—摆放鞋子—脱外套—躺在床上—盖被子，一套程序做下来，乖乖地听故事睡觉。可是还有几个幼儿不肯睡，其中一个是刚来不久的棒棒小朋友，她照例坐在床上，坚决不睡觉。刘老师变着法子哄她睡觉，她只是那一句："我坐着睡！"然后很淡定地坐在床上东张西望。张老师建议让她坐着，困急了倒头就睡着了。可是，即使到最后困得东倒西歪的，她也能强撑着睁开眼睛，动动身体调个舒服的姿势继续坐着，连续几天都是如此。霖霖小朋友倒是很听话地躺下了，但手脚总是闲不住，拉拉凯凯的床，扯扯婧婧的被子，拽拽萱萱的小辫子，王老师多次提醒，一个多小时过去了，他好不容易才睡着。菁菁小朋友一进休息室就哭，必须抱着自己的娃娃才肯去睡觉。在幼儿园，无论哪个年龄班，都会有一些午睡困难的孩子，这让老师们很头疼。

【案例分析】

在小班中，有些幼儿的午睡习惯不太好，像本案例中的三位小朋友，他们在午睡时的表现就比较典型，也比较有代表性。但其实，在幼儿园的各个班级中，都会存在这几种类型的幼儿。总结起来，幼儿在园不愿午睡的原因有以下几点。

（1）幼儿上午的运动量不够，导致其体能过剩。有的幼儿精力旺盛，在家也从来不午睡，他们需要一些体力活动消耗其体能。如果幼儿在园上午的运动量不足，体能过剩，那么午睡的时候就会睡不着。如案例中的霖霖小朋友就属于这种情况。

（2）家园午休作息不同步。有的幼儿在家一直没有养成按时午睡的习惯，什么时候犯困什么时候睡，上幼儿园就跟不上集体生活的作息节奏。还有的幼儿在幼儿园坚持午休，但到周末则我行我素，没有午休的习惯。家园午休不同步，导致幼儿在幼儿园午休时没有睡意。

（3）睡觉有特殊的习惯。有的幼儿有睡觉恋物癖，比如：摸着妈妈的手，抱着布娃娃，用自己认可的小枕头或毛巾被等。案例中的菁菁小朋友一旦在幼儿园午睡时离开了自己熟悉的依恋物，就拒绝入睡。

（4）安全感缺失。案例中的棒棒小朋友，因为刚进入幼儿园，内心有焦虑、紧张、恐惧等情绪，对幼儿园的环境和老师有排斥心理，没有安全感，所以不愿意午睡。

【应对策略】

《指南》指出：保证幼儿每天睡11~12小时，其中午睡一般应达到2小时左右。所以，幼儿在园的午休是必要的，也是非常有利于幼儿生长发育的。教师应该针对不同的原因采取有效的措施帮助幼儿尽快入睡。

（1）加大幼儿上午的户外活动量。《幼儿园工作规程》(以下简称《规程》)明确规定：幼儿每天的户外活动时间不得少于2小时，其中，户外体育活动时间不得少于1小时。因此，教师应保证幼儿有足够的户外活动时间，为幼儿提供不同的活动材料，让幼儿的身体得到充分的活动，释放幼儿过多的体能。

（2）取得家长的配合。对于幼儿园教师来说，家长的配合是十分重要的。要想让幼儿能按时在幼儿园午睡，教师应引导家长有意识地改变家庭中那些不良的睡眠习惯，让幼儿在家的作息时间和睡眠习惯跟幼儿园保持一致。

（3）对于已经形成物品依恋的幼儿，教师不必强制其去"戒"。可以先允许幼儿带着他们熟悉的物品来幼儿园，午睡时让这些物品陪伴幼儿入睡。随着幼儿对园所环境、同伴和老师的熟悉，他们自然就会慢慢转移自己的注意力，这样顺其自然、循序渐进，教师再辅以有效的教育干预，便会获得良好的效果。另外，教师要和家长积极沟通，找出幼儿依恋物品的深层次原因，从根本上解决问题。

（4）采用多种方式缓解幼儿焦虑，培养幼儿良好的睡眠习惯。

①布置温馨的睡眠环境，创造良好的睡眠气氛。幼儿园休息室的设计色调要以暖色为主，为幼儿创设安静、舒适、整洁的睡眠环境，增强幼儿的安全感。同时，教师要安抚好幼儿的睡前情绪，比如，可以带幼儿散散步，听听故事和轻柔的睡眠音乐，让幼儿身心放松，尽快入睡。

②多关注个别入睡困难的幼儿。案例中的棒棒小朋友，因为缺乏安全感而不肯躺下入睡，教师应耐心地多关注她，坐在她旁边，拉着她的手给小朋友们讲睡前故事，或者和她说悄悄话，轻轻地拍一拍或摸一摸她的头，也可以对她降低"要求"，如："你不必睡觉，只是躺下放松放松就行啦！"同时，在日常生活中也要注意多关心她，让她慢慢地对老师产生信赖感。

（临沂市市直机关幼儿园　张红丽）

难题8：教师该如何避免幼儿在一日生活过渡环节中的消极等待现象？

【典型案例】

幼儿园一日生活中的活动主要有游戏活动、生活活动和集体教学活动，具体包括幼儿的入园、晨间锻炼、如厕、教学、盥洗、进餐、午睡、游戏、离园等。一日生活中的每个活动之间都有一个转换的环节，称为过渡环节，在这些过渡环节中经常会出现幼儿消极等待的现象。

案例一：吃点心时，先吃完的幼儿坐在椅子上无所事事地等着没吃完的幼儿，准备进入下一个活动。随着吃完点心的幼儿人数的增多，教室里到处都是叽叽喳喳的吵闹声。这时还没吃完的幼儿也忘记吃点心了，直接与同伴交谈了起来。

案例二：操作练习、绘画时，速度较快的幼儿很快就完成了，无聊地坐在座位上三三两两地聊着天。老师则指导其他未完成的幼儿。随着时间一分分地过去，越来越多的幼儿都完成了任务，他们在活动室里追逐打闹，直到小朋友们全部完成，老师才进入下一个活动。

案例三：集体活动结束，老师就组织幼儿："请男生先去小便，女生一起数数，看数到多少个数字他们才能全部回来。"然后，女生去小便，男生数数。最后，比一比哪组幼儿的速度最快。

案例四：户外活动时间，老师带领幼儿拍球，因为皮球的数量不多，老师把幼儿分成三组，一组幼儿拍球，其他组的幼儿观赏。拿到皮球的幼儿有的在拍球，有的抱着球到处跑，有的一屁股坐在皮球上不动弹，没有拿到球的幼儿渐渐不耐烦了，叽叽喳喳地打闹起来，老师赶紧维持秩序……

案例五：马上就要进行集体语言活动"云朵棉花糖"了，陈老师急急忙忙翻箱倒柜地找教学挂图，活动室里三十多个幼儿无所事事地盯着陈老师。

【案例分析】

《纲要》指出：在科学、合理地安排和组织幼儿的一日生活时，尽量减少不必要的集体行动和过渡环节，减少和消除消极等待现象。幼儿园一日活动包括生活活动、教学活动、游戏活动、区域活动、户外活动等环节，如果这些环节之间的衔接安排不当，幼儿就会出现消极等待的现象，进而影响幼儿的学习与发展。造成幼儿消极等待的原因来自以下几个方面。

（1）幼儿园的作息制度不合理。作息制度是幼儿园安排一日活动的准则，幼儿园一日活动是根据作息时间进行安排的，其中有许多不合理之处。很多幼儿园的时间安排都细化到几点几分，这样虽然给教师安排活动提供了参考，给幼儿园管理工作带来了便捷，却限制了教师自由组织活动的时间，更限制了幼儿自由玩耍的时间。很多教师严格按照园方的作息时间表组织活动，每天像打仗一样从一个活动快速转换到另外一个活动。

（2）幼儿园教师的专业素养有待提高。幼儿的消极等待分为两种：一种是动作或表情上的消极等待，一种是精神和思想上的消极等待。前一种主要是通过外显行为（动作或表情）呈现出来，易被教师发现；后一种则是隐性的消极等待，存在于幼儿的意识之中，教师不易察觉。消极等待最根本的原因在于教师。教师的时间观念、教育理念、活动组织能力以及保教人员之间的分工合作，这些因素都直接影响着过渡环节的处理。

（3）幼儿间存在个体差异。《纲要》指出："尊重幼儿在发展水平、能力、经验、学习方式等方面的个体差异，因人施教，努力使每一个幼儿都能获得满足和成功。"全班三四十个小朋友肯定存在着个体差异，如果教师忽略了幼儿的个体差异，就会出现让许多幼儿消极等待的现象。

【应对策略】

消除幼儿在一日生活过渡环节中的消极等待，需要在合理、科学安排作息时间的基础上，考虑教师本身的能力和实际状况，从尊重幼儿的主体性出发，充分挖掘过渡环节的教育资源，抓住过渡环节的教育契机，找到组织过渡环节的有效方法。

（1）完善幼儿园一日作息制度。在幼儿园中，一张好的作息时间表，不仅使幼儿能够在一天当中生活得有条不紊、富有节奏，而且对提高幼儿的独立性、自主性以及生活习惯和行为习惯的条理性与自理能力都会产生重大的影响。这就需要各个幼儿园因地制宜，结合自己幼儿园所处的地理位置、教育资源、幼儿发展状况、师资力量等，制定出适合本园教师和幼儿的独具特色的一日作息时间表和常规制度。班级教师在执行园方的作息时间安排时，也应该根据幼儿的活动情况灵活调整。

（2）提升教师专业水平，从细处入手，减少过渡环节的消极等待。

①整合户外活动与自主游戏。如案例四，为解决幼儿户外拍球时的消极等待现象，教师可以开展混班自主游戏，允许幼儿自主选择自己喜欢的游戏活动。摆脱了班级固定场地、固定游戏内容的束缚，幼儿会玩得更起劲。推小车运篮球、打"怪兽"、跳彩圈、走小桥……操场上有几十种游戏供幼儿自由选择，每个幼儿都可以自主选择自己感兴趣的、有挑战性的游戏。有的游

戏需要几个人合作才能完成，幼儿就自由结伴商量游戏规则。这种游戏形式不仅能让幼儿达到锻炼身体、增强体质的效果，更重要的是，幼儿在游戏的时候可以自主选择游戏内容，从而满足幼儿真正的需要，大大减少幼儿等待的时间。

②利用游戏的有效介入减少消极等待。如案例三，在分组进行如厕活动时，女生可以跟着一位老师如厕，男生可以跟着另一位老师在活动室里做做手指游戏、唱唱儿歌等，然后两者交换，这样不仅能丰富幼儿自身的语言，明显的等待时间也没有了。又如，在案例一中的集体生活活动和案例二中的集体教学活动后，教师可以组织幼儿开展一些区域游戏，让幼儿根据自己的兴趣和需要去阅读区读书，去生活区练习如何系鞋带、叠衣服，去科学区探索物理现象，去建构区进行各类拼搭活动，等等。用区域游戏的方式改善幼儿之间的嬉闹、乱跑乱窜现象，把无所事事的消极等待在游戏中自然地取代掉。

③在开展活动前做好充分的准备。例如：在集体教学前，教师就要将教具和幼儿需要的操作材料准备好，将幼儿的座位按照合理的教学需要安排妥当，这样师幼就能顺利地进行集体教学活动，减少不必要的消极等待；在户外活动时，教师需要根据幼儿活动的内容，提前准备好活动材料，如进行"小马运粮"游戏时，教师要提前将呼啦圈、平衡木和拱形门等摆放到位，让幼儿能立刻进入活动状态，避免教师在幼儿的等待中急急忙忙地准备材料。

④建立规则意识，提高自律能力。只有建立了科学的常规，幼儿才能在一日生活过渡环节中自主完成活动。例如，分组如厕时，教师可根据幼儿的分组情况准备两段音乐，每段音乐的时间刚好是每组幼儿如厕的时间。每组幼儿根据音乐的顺序，有序地如厕，并在音乐结束时回到座位。

（3）尊重幼儿的个体差异，减少消极等待。在一日生活的过渡环节中，对于完成任务较慢的幼儿，教师可以采取鼓励、小游戏等方式，逐步提高幼儿做事的速度；对于完成任务比较快的幼儿，可以让其打扫卫生、自主选择一些安静的游戏或阅读等，让"消极的等待"变成"积极的活动"，让过渡环节发挥其独有的教育功能。

（临沂市市直机关幼儿园　张红丽）

难题9：幼儿放学后不愿离园，非要老师再陪他一起玩，怎么办？

【典型案例】

"爸爸，下午晚点儿来接我！"每天早上入园时，浩浩小朋友总是这样叮嘱爸爸。其实不仅仅是他，班里还有几个孩子也像浩浩一样，下午离园时总是不愿意走，想在班里多玩一会儿。于是每天下午放学后，老师总是陪伴着浩浩最后一个离开，这既耽误了老师整理卫生，又耽误了老师正常下班。

【案例分析】

离园活动是幼儿在园一日生活的重要组成部分，是幼儿园一日生活中不可忽视的环节。大部分幼儿都希望离园时家长按时来接，但班级中总会有个别幼儿，尤其是中大班的幼儿，放学后不愿离园。究其原因，主要有以下几个方面。

（1）能更充分地玩自己喜欢的玩具。幼儿在一日生活中，会按时间段参加集体活动、区域活动、户外活动等，有时因班级幼儿人数较多需分组开展活动，有时因活动材料有限，有时因正常在园时户外活动、自由活动受时间限制，等等，幼儿玩得不够尽兴、还想玩。下午离园后，大部分幼儿都走了，晚走的幼儿便可以进自己心仪的活动区多玩一会儿，在户外丰富多彩的大型玩具上多玩一会儿。同时，在大部分幼儿离园后，只要安全，老师一般对晚走的幼儿玩什么、怎么玩都不干预，幼儿可以在这个时间段更自由地玩耍，故不想离园。

（2）能和自己的好朋友自由地玩。尤其是中大班的幼儿，有自己固定的几个较好的玩伴，他们有时会相约带自己喜欢的玩具、图书等，在大部分幼儿离园后分享，享受好朋友在一起、不受其他因素干扰的宁静和快乐。

（3）能得到老师更多的关注。每个幼儿都渴望自己能够得到老师的关注。单独与老师聊天，老师单独陪着自己，都会让幼儿获得幸福感、满足感。幼儿园的一日生活是繁忙、琐碎的，老师要组织几十个幼儿完成各项集体活动，还要负责幼儿的吃喝拉撒睡，往往容易关注乖巧能干或者调皮爱动的幼儿，而忽略那些性格内向、不哭不闹的幼儿。在离园活动中，大部分幼儿陆续被家长接走，但仍然有一小部分幼儿留在活动室里，这时候留下的幼儿更容易得到老师的关注。

【应对策略】

幼儿离园前的活动是烦琐的，也是幼儿一日活动中不可缺少的，教师应该在思想上高度重视，在行动上高度自觉，认认真真地组织好幼儿离园前的活动。

（1）合理地安排一日活动。

①教师在一日活动的组织中，要保证幼儿游戏的时间，在保证2小时以上户外活动时间的基础上，丰富室内游戏、区域活动的内容与形式，为幼儿提供足够的活动材料。在游戏活动、区域活动中，教师应把选择权还给幼儿，让幼儿发挥自主性，玩得尽兴。除此之外，教师还应合理安排离园活动，使离园环节成为教师和幼儿互动的欢乐时光，教师可以和幼儿聊聊一天的快乐生活，并有意向幼儿提出要求，如"回家把学会的儿歌唱给爸妈听""用灵巧的双手把小兔子折给爷爷奶奶看"等，让他们期待回家向家人汇报自己的收获。

②适当延长离园时间。针对幼儿在离园时间玩不够的情况，教师可以提供两个方面的指导：一是适度满足，给幼儿延长一定的时间，给他们提供一个心理的缓冲期；二是要注意培养幼儿的时间观念和说到做到的能力，比如说好再玩5分钟，那么到了第4分钟老师提醒一次后，第5分钟幼儿就应该收拾玩具并向老师道别。这样既可让幼儿对幼儿园生活保持一种稳定、持久的兴趣，又能让其对明天的学习生活充满期待和向往。

（2）珍惜幼儿间的友谊，为幼儿提供和朋友相处的机会。在幼儿园中，教师可以多给幼儿提供一些自由分组、自由交流的机会，让幼儿有更多的机会和好朋友一起玩耍。离园后，家长可以为幼儿和他的朋友提供联系或者相处的机会，比如打电话、视频聊天等，也可以带着幼儿和他的好朋友一起外出游玩或者到彼此的家里玩耍，满足幼儿与好友独处的愿望。

（3）关注幼儿的心理状态。教师只有对幼儿进行认真的观察，才能知道幼儿的意愿、听到幼儿的话语，才能了解幼儿的心理发展状态。幼儿自由活动、区域活动、就餐、午休期间都是教师观察幼儿的好时机，教师可以对某些方面有明显差异的幼儿进行个别指导，或者读懂个别幼儿的心理期待，允许幼儿做自己想做的事情。在站队做操、离园时，教师还可以检查、整理幼儿的衣着，看看幼儿的鞋子是否穿反、裤子是否穿对、衣服领子是否翻好……在为幼儿整理衣着的过程中，教师与幼儿既有肢体的直接接触，也有眼神、语言的单独交流，会让幼儿感受到老师的爱和关注。在晚走的幼儿等待家长的过程中，教师要善于发现幼儿心理的变化，积极引导，如面对幼儿的不安情绪，为了缓解幼儿因家长迟迟没来接而产生的害怕和紧张，教师可以给幼儿讲故事或与幼儿合作开展游戏。

（临沂市市直机关幼儿园　张树芳）

第二章
破解关于集体教学活动的 12 个难题

集体教学活动是我国大部分幼儿园现阶段较为普遍的一种教学活动形式，也是促进幼儿发展的主要途径之一。活动目标、活动准备、活动过程及方法策略的预设是组织集体教学活动的前提。但由于幼儿的年龄特点、认知发展水平以及教师自身在教学经验、技能技巧等方面存在差异，在实际的活动过程中，幼儿对活动内容不感兴趣、不按要求使用操作材料、回答问题答非所问，教师活动过程高控、组织形式单一、不能灵活应对突发状况或幼儿生成的话题……这些都是集体教学活动中面临的难题，有待于广大幼儿园教师在实践中不断地去摸索，去反思，去总结。

难题 10：幼儿对教学活动的内容或形式不感兴趣，热衷于做自己的事情，怎么办？

【典型案例】

案例一：离公开课开始还有一刻钟的时间，我在参观园内环境时，正巧碰见执教公开课的老师在组织幼儿做课前准备。幼儿们面向老师站成一排，老师表情严肃，低声而严厉："上课的时候，我——看——谁——坐——得——好！谁——积——极——举——手！如——果——表——现——不——好，就直接留在那里别——回——来了！"……此次观摩的是中班语言活动"水珠宝宝"，孩子们把小手背在后面表情呆板地坐着，老师满面含笑，先请幼儿观察图片并提问："图上有哪些景物？"没人回应。我看了看孩子们，他们有的在玩衣服上的拉链，有的在咬指甲，有的在回头看听课的老师……执教老师说了声"小朋友们看这里"，接着又换了个问法："你从图片上看到了什么？"几个幼儿举起了手，先后说出了"大海""帆船""睡觉的水珠宝宝""风儿姐姐"和"小鸟"。朗读儿歌时，教师先完整地朗读，再让幼儿学说，幼儿坐在椅子上动来动去，心不在焉地随老师说着，看不出孩子们的兴趣和对学习的激情；动作表演时，幼儿动作整齐但表情木讷，看得出，老师事先让幼儿练过；仿编儿歌时，老师点名叫起了两个幼儿……

案例二：上午第一节室内活动课上，中三班的李老师正在声情并茂地给幼儿讲绘本故事，只听"啪、啪"两声。李老师循声望去，看见王浩小朋友正在低着头用自己外套上的拉链头敲打桌子，李老师停下来看着王浩，可是他由于玩得太投入，根本没注意到李老师在看他，继续用拉链敲了三下桌子。李老师不想破坏安静的课堂氛围，就把他请到没有桌子的地方坐下。李老师继续讲故事，王浩也安静地听了1分钟，他见老师继续讲故事不再理会他，就蹲下来用拉链敲了小椅子一下，声音很小。他看了看老师，见老师没有注意到他，就大着胆子又敲了两下，这一次一声大一声小。李老师走到他跟前，请他坐到椅子上，可过了不到1分钟，声音又响起来了，这次是三声：大、小、大。紧接着是四声：大、小、大、小。这次王浩没有蹲下，而是直接转过身子用拉链敲打椅子背。李老师实在忍不住了，问："王浩，你在干什么？"王浩说："按规律排序。"原来他还沉浸在上课前的按规律排序的游戏中。

【案例分析】

在观摩教学活动的过程中，我们经常可以看到一些幼儿对教学活动不感兴趣。有时教师讲得眉飞色舞，但幼儿反应平淡、不积极回应，课堂气氛比较沉闷；有时部分幼儿引发秩序混乱，导致教师需要不断地管理和组织幼儿，但仍无法有好的效果，幼儿累，教师更累。从案例中我们可以看出：

（1）案例一中的教师自身存在较大的问题，课前过于强调课堂纪律，束缚了幼儿，致使幼儿在活动中不能积极思考、不敢大胆说出自己的想法，师生互动明显减少。教师在课前让幼儿练习过活动的内容，使幼儿在活动过程中没有新奇感，激不起学习的兴趣。教师的教学形式和方法策略缺乏新意，提问缺乏技巧，活动过程平淡无趣，不能充分调动幼儿学习的积极性，导致幼儿因无聊而小动作不断。

（2）案例二中，幼儿的思维还沉浸在自我游戏当中，无意参与当前的活动。

【应对策略】

在集体教学活动中，教师要根据幼儿的年龄特点和心理特点，选择幼儿感兴趣的学习内容和学习方法，引导幼儿主动探索、学习。

（1）加强自身组织集体教学的能力。扎实的知识功底、过硬的教学能力、科学的教学方法，是优秀教师的必备条件，教师需要在实践中认真勤勉，不断学习，不断实践，不断反思，不断积累，逐步提高。而教学反思是构建有效课堂必不可少的一个组成部分。一位好的教师必定是一位会反思的教师，每一次教学活动结束后，教师都应及时总结幼儿出现的问题，反思以后怎样更有效地提升自己的教学效果，提高自己的教学能力。案例一中的教师要抛开用"高控制"来维持秩序的观念，不断探索怎样"解放"幼儿，激发幼儿积极参与活动的兴趣。

（2）未知与挑战是激发幼儿活动兴趣的基础。教师除了提高自身语言、教态、综合组织教学能力外，还要在活动环节的趣味化、游戏化上下功夫。"备幼儿"不是提前渗透知识点，而是要充分了解本次活动内容对幼儿来说有哪些未知与挑战，通过什么方法和策略能引发幼儿参与认知与挑战的兴趣，帮助幼儿积极思考、参与活动，从而让幼儿在轻松愉悦的氛围中达成活动目标。案例一中，教师请幼儿创编动作时，大家做出了一样的动作，虽然不提前渗透，大家的动作可能不是很整齐，但是如果教师给了幼儿充足的想象空间去自由表现，就能激发幼儿的想象力和创造力，幼儿也不会表情木讷、参与的积极性不高了。仿编儿歌时，教师应鼓励所有的幼儿，允许他们天马行空地驰骋想象、大胆表达，促进幼儿在原有水平上不断发展。

（3）理解幼儿的学习方式和特点。幼儿的学习是以直接经验为基础，在游戏和日常生活中进行的。因此，在组织教学活动时，活动内容要贴近幼儿的生活，这样幼儿在活动过程中才会有话说，才会积极地说。教师应以游戏为基本的活动形式，精心设计教学环节，自然、巧妙地组织幼儿开展适宜、有趣的游戏。案例一中，教师可以请幼儿分组扮演角色，进行儿歌表演，提高幼儿的参与度，让他们在活动中获得快乐的体验。另外，教师还可以制作一些适宜、直观的教具（如帆船、睡觉的水珠宝宝、风儿、小鸟），最大限度地支持和满足幼儿，让他们在表演时通过直接感知、实际操作和亲身体验获取经验。教师应重点关注幼儿在活动过程中是否认真专注、是否敢于尝试和探究、是否乐于想象和创造，并及时给予评价。

案例二中的王浩小朋友，其实并不是一个"故意捣乱"的孩子，他还沉浸在按规律排序的游戏中，并自己创造了新的玩法，只是他玩的时间不恰当。教师首先要及时了解原因，并明确地告诉他当下的行为是不对的，已经影响到同伴听故事了，此时他应该怎样做。同时，对于他感兴趣的事情，教师要鼓励他在活动结束后再去做。然后，教师可以用一些幼儿感兴趣的方式把王浩的注意力吸引过来，还可以给他树立一个学习的榜样，实际上这也是把抽象的要求具体化。最重要的是，教师要让他知道集体教学活动时要遵守一定的规则，这样才能有效地达成教学活动的目标，促进幼儿能力的提高。

（临沂市市直机关幼儿园　张云）

难题 11：面对教学活动中频繁举手、过度要求关注的幼儿，怎么办？

【典型案例】

案例一：翔宇小朋友是中班的一个表现欲望非常强烈，特别爱回答问题的孩子。每次集体活动时，他总是抢着回答问题，甚至不等老师把话说完，就着急地抢话。有时他还一边举手一边抢着说："老师，我、我、我说。"有时不等别人说完他就打断别人，抢着发表自己的意见。今天的教学活动中又出现了这样的情况：丽丽正在回答问题，翔宇却高高地举起了手，大声地说道："老师，我来，我来……"这导致其他幼儿无法听清楚丽丽的回答。

案例二：强强是中班的孩子，上课特别爱举手回答问题，每次老师一提问，他第一个就把手举起来了，有时为了得到回答的机会甚至离开座位，冲到前面拽老师的衣服。但老师让强强起来回答的时候，他很少能回答得很好，有时回答得磕磕绊绊，有时重复别人的问题，有时根本回答不上来，还用动作或表情引得小朋友们大笑。

【案例分析】

提问能有效地激发幼儿的思维，发展幼儿的智能，是师幼互动的重要途径之一。幼儿有序地举手回答问题，既有利于教师、幼儿都听清楚而给以适宜的回应，又有利于保障良好的课堂秩序。案例中，幼儿过于频繁地举手，只顾自己的想法，不倾听别人的意见，甚至在课堂上大声叫喊，打断别人发言，属于过度要求关注的行为。究其原因，主要有以下几个方面。

（1）部分幼儿表现欲强，想通过频繁举手得到更多表现自己的机会。

（2）个别幼儿自我控制能力弱，会跟随其他幼儿举手或大声叫喊，不但影响了活动秩序和集体活动的连贯性，还会打断其他幼儿的思维，阻碍其他幼儿全身心地参与活动。

（3）教师的提问不得当或过于简单，容易引发幼儿争相回答；或者，教师只提问个别幼儿，不能兼顾全体，致使没有机会回答问题的幼儿因着急而频繁举手，甚至通过"争抢"的方式来获得表现的机会。

【应对策略】

集体教学活动中，教师应通过问题引导幼儿积极主动地思考、学习，让他们以恰当的方式回答问题，既学会把自己的想法与人分享，又学会尊重、倾听同伴的想法，尽可能减少或避免个别幼儿通过"抢答"而过度要求关注，这需要教师在实践中不断地摸索。

（1）保护幼儿的表现欲，引导幼儿寻找表达的契机。寻求过度关注的幼儿，只有在得到关注时才有归属感。在集体教学活动中，教师提问要面向全体幼儿，尽可能给每个幼儿均等的表现机会。所以，对于频繁举手"抢答"的幼儿，教师既要肯定其积极表现的行为，又要告诉他们：不要着急，要遵守规则不"抢答"，要在老师表示可以举手回答的时候再回答，给其他小朋友回答问题的机会，这是对其他小朋友的尊重。同时，教师要注意：不要忽视"按规矩举手、不抢答"的幼儿，要通过他们给"过度抢答"的幼儿树立榜样。

（2）培养幼儿的自控能力，学习用正确的方式来展现自己。

①在日常生活中，教师应多与幼儿交谈，课余时间给幼儿提供宽松的语言表达的环境，多让他们说。教师要耐心地倾听幼儿讲话，以良好的态度对待和回应他们。另外，教师要使那些过度要求关注的幼儿明白：在上课的时候发言一定要先举手，得到许可后再发言；既要自己讲，也要安静地听其他

小朋友讲，打断别人说话是不礼貌的行为。

②引导幼儿学习用表情和老师交流。在教学活动中，教师可以告诉幼儿：如果这个问题你会，看着老师，点点头，即使你不站起来回答，老师也知道你会；如果你不会，也可以看着老师，摇摇头或摆摆手，向老师示意。

③通过游戏，培养幼儿的规则意识。如教师可以通过木头人、猜谜语等游戏，锻炼幼儿的自我控制力和约束力。

（3）运用提问技巧，避免幼儿寻求过度关注。

①倡导"好好想一想"再发言。对于那些总是举手，但是站起来却又不知道说什么的幼儿，教师可让他们稍微多思考一会儿，引导他们不要为了表现自己而去抢着举手发言，要在自己的心里"好好想一想"再发言，同时也给那些思考问题稍微有点慢的幼儿一点时间，免得他们每次刚有点想法就被别人抢着回答了，也被别人"拐跑了"自己的思路。

②适当冷处理。关注过度举手、大声叫喊的幼儿，将会使他们更有可能重复这种行为，教师可试着冷处理，多提问"按规矩举手、不抢答"的幼儿。这就是发出一个信息，即遵守规则回答问题要比过度举手、大声叫喊得到更多的关注。

③坚持给幼儿均等回答问题的机会。教师在设计教学活动时要根据幼儿的不同发展水平，分层次预设问题。简单的问题，可以让幼儿一起说；需要讨论的问题，可以集体或者分组自由说；一般的、常规的问题，可以请幼儿依次回答，每人都有机会；有一定的挑战性，思考、想象的空间较大的问题，可以让思维活跃、积极抢答的幼儿回答或组织幼儿自由讨论。这样既可以调动想过度得到关注的幼儿参与的积极性，满足他们的愿望，又可以促进同伴之间的相互学习。同时，教师要避免因忽视个别幼儿而出现"抢答"的现象，要及时调整自己的教学策略，以保护幼儿的积极思维，促使每一个孩子都能在活动中愿意表达、大胆表达。

（临沂市市直机关幼儿园　杨秀萍）

难题 12：教师提问的有效性不高，幼儿答非所问，怎么办?

【典型案例】

案例一：以下是一段教学活动中的师幼问答。

师：今天我们一起来听个小故事，好不好？

幼：好。

师：这是一个关于猴子和长颈鹿的故事，老师觉得特别棒。请大家听的时候保持安静，行不行？

幼：行。

……

师：听完这个故事，喜欢吗？

幼：喜欢。

师：那我们再听一次，好吗？

幼：好。

案例二："蜈蚣叔叔的袜子"是按规律排序的数学活动。首先，根据班级幼儿的学习特点，教师采用了情境故事导入法，使得幼儿对故事情节的兴趣异常浓厚，随后教师便开始循序渐进地引导幼儿，通过操作展示让幼儿明白什么是有规律排序，并适时用故事中的语言提醒幼儿："我们的蜈蚣叔叔是一位特别爱美的叔叔，它喜欢有规律地给脚穿袜子，今天他有些不舒服，没有力气穿，请小朋友们都来帮助它……"然后，教师给幼儿示范展示简单的规律：红黄—红黄—红黄，红蓝—红蓝—红蓝。紧接着，教师开始第一次提问："老师刚才给小朋友们展示了这样两种不一样的规律，有哪位小朋友可以排出跟老师不一样的规律？"大家立刻跃跃欲试，想要说出自己的想法。教师以为他们会说出许多有关按规律排序的问题的答案，没想到有的幼儿回答："老师,我觉得绿色袜子也很好看。"然后陆陆续续有幼儿回答:粉红色、紫色、褐色……此刻,教师只好打断幼儿在这个话题上的讨论,让他们回到规律排序的问题上来:"小朋友们真了不起,能够说出这么多种颜色,但是请小朋友们再仔细听一遍。很遗憾,我们的蜈蚣叔叔家里此刻只有红色、黄色、蓝色这三种颜色的袜子,请你利用现有的袜子给蜈蚣叔叔搭配一下,有规律地帮它穿上……"幼儿若有所思地安静了片刻,又接着说道:"老师,蜈蚣叔叔为什么不买其他颜色的袜子呢?""老师,我们可以送给蜈蚣叔叔……"兴奋中的孩子们立刻进入了这个话题,此刻教师很无奈……

【案例分析】

在集体教学过程中,提问是最常用的一种教育策略,也能反映出一个教师教育教学的能力与艺术。有效的提问,能够激发幼儿的兴趣,引发其思考和探索,推动教学目标的达成。因此,通过提高教师有效提问的能力来减少幼儿答非所问的现象,能起到事半功倍的效果。上述两个案例中,引起幼儿答非所问的原因有很多,具体表现为以下几种。

(1)教师对教学内容的理解不够深入。教师对活动内容的理解不到位,对相关知识的掌握不扎实,以至于不能把握主要问题,并提出有效的关键性问题,导致幼儿答非所问。案例二中,教师在引出问题的环节中,没能强调按规律排序的特点与认识颜色的关键经验并加以区分,导致幼儿在教学活动的大部分时间里都在讨论颜色。

(2)教师对"教学活动中需要提出的问题"预设不周全。活动前准备不充分,导致教师没法在教学过程中灵活运用预设问题来启发幼儿积极思考。无效问题或无效回应的出现,往往会减少师幼在活动中进行有价值互动的机会,不利于幼儿聚焦教学活动的主要目标。比如,案例二中,当幼儿说出与问题不符的答案时,教师显然没有做到对问题的充分预设,而是用"小朋友们真了不起,能够说出这么多种颜色"作为回应,让幼儿在理解上出现偏差,鼓励了幼儿继续在颜色上进行思考,而没有考虑按规律排序的问题。因此,教师在组织活动前要重视问题预设的重要性,充分准备适宜的、开放的、有层次的问题，争取在组织活动时对所提出的问题"胸有成竹"。

（3）教师过多使用无实际意义的封闭式问题。在教学过程中，如果教师过多地使用封闭式问题，将不利于幼儿发散性思维的发展。案例一中的教师大量运用无实际意义的提问，如"好不好""行不行""喜欢不喜欢"等。幼儿几乎不需要思考，根据习惯或现场氛围就能回答老师提出的这些问题。

（4）教师缺乏组织教学活动的经验。教师组织教学活动的经验不足，尤其是新教师，遇到幼儿答非所问时不知道该如何引导、启发幼儿。

【应对策略】

从某种意义上来说，教学过程是由师幼将零碎的教学内容串联起来的互动过程，在此过程中提出的问题就是串联整个活动的一个个关键节点，教学活动的效果在很大程度上受制于提问的有效性，因此，有效的提问是教学活动成功的基础。从另一个方面来讲，有效问题的提出，可以成为幼儿学习过程中推动其思维活动的催化剂，也是减少幼儿答非所问最好的方法。

（1）深入研究教学内容。教学内容是教学活动的载体，是师幼交流最重要的信息。教师在组织教学活动前，要充分理解教学内容：对于那些不理解、理解不深入的知识，应通过查阅资料、请教相关专业人员等方式进行学习，避免在教学过程中出现失误；对于教学过程中的重点、难点，要做到心中有数，避免教学活动结束后完不成教学目标，如案例二，教学过程中师幼交流的内容明显偏离了教学重点、难点。

（2）充分做好问题的预设。

①问题需要预设。为了保证教学过程中具有良好的师幼互动，教师在备课时必须围绕着教学目标"备问题"，预设一些有效的问题和提问模式，确保问题措辞正确、目标适宜，把握这些问题有助于教师掌握总体的教学思路。由于幼儿的思维具有较强的发散性，所以他们经常会冒出一些奇怪想法和问题，如教师介绍《猜猜我有多爱你》是明天出版社所出版的绘本时，幼儿问："老师，为什么不是'昨天出版社'？"这是绝大多数教师都无法预料和感知的。为了避免幼儿提出与教学活动无关或无效的问题，防止教师被幼儿的问

题打乱思路，被幼儿"牵着鼻子走"，教师在备课时应把一些重要的问题预设在教案当中。

②问题本身要清晰、有逻辑性。如果教师想让自身的提问变得有效，首先必须要清晰、简洁地陈述问题。然而，很多时候教师提的问题常常无法让幼儿明了教师究竟想要他们回答什么、怎么回答。其次，教师提出的问题要有逻辑性，在实际教学过程中，一般每一个问题都是围绕实现教学目标提出的，必须要有内在的逻辑结构，如问题由浅入深，由易到难，这样不但能帮助幼儿理解并接受，还能让教学活动更有序，也容易培养幼儿有逻辑地思考问题的习惯。所以，思路清晰、有逻辑的问题才更有效，才能更好地启迪幼儿，促进幼儿动脑思考。

③问题要有启发性。有效的问题需要有启发功能，能够引导幼儿思考。当教师提出问题后，幼儿能够根据正在学习的内容"组织"答案，而非案例一中简单地回应教师"是""好""行""可以"，这种封闭式问题是让幼儿"选择"一个答案而不是在"组织"一个答案。教学的本质就是一种师幼互动的过程，其效果很大程度上取决于提问是否具有有效性。如在语言活动中，教师在提出"你们喜欢这个故事吗？"这一问题后，追问"为什么喜欢？"或者"你喜欢故事中的哪一点？"等问题，幼儿便会根据故事内容进行思考，组织自己的答案。

（3）尽可能抛出开放式问题。相对于封闭式问题而言，幼儿回答开放式问题时，一般需要运用自己掌握的信息进行更多的分析、综合、对比等思考，然后还需要进行一系列的信息加工。在案例一中，教师如果能将"喜欢吗？"换成"为什么喜欢？"，那么幼儿就需要进行一系列的回忆、分析、对比等思考，然后再回答问题。只有这样，将封闭式问题变成开放式问题，幼儿的思维才能在"提问—回答"的过程中得到有效的发展。

（4）善于积累，养成反思、总结的习惯。扎实的知识功底、过硬的教学能力、勤勉的教学态度、科学的教学方法，既需要日积月累，又需要教师善于反思、总结，有效的反思和总结是不断提升自身教学综合能力的有效途径。

①加强学习，提高自己组织有效问题的能力。教师能在教学过程中用有

效的问题贯穿整个活动是一种能力，它需要教师长期的积累和学习才能获得。优秀的教育教学杂志和报纸上载有大量被实践证明了的成功经验，教师可以学习参考别人组织有效问题的方法与技巧。

②在教学活动中要机智应对。教学过程是动态的，什么情况都可能出现。案例二中，如果教师这样应对——"现在，我就是那只爱美的蜈蚣，今天我想穿红色和蓝色的袜子，你们先把红色和蓝色的袜子在桌子上摆一摆，看谁摆得最好看？"也许就可以转移幼儿的注意力，促使幼儿通过和老师角色的直接交流达到经验的建构和迁移，并调动幼儿探究规律的主动性。

（临沂市市直机关幼儿园　李飞飞、吴春宁）

难题 13：幼儿在集体活动中不按要求操作使用活动材料，怎么办？

【典型案例】

在中班数学活动"按规律排序"中，执教老师带领幼儿观察学习了按规律排序，在进行到幼儿自主操作练习环节时，老师又为幼儿提供了非常丰富的操作材料，如小鸡和小鸭的动物类图片、白菜和萝卜的蔬菜类图片等，请幼儿自主选择，练习刚刚学到的知识，按照 AB、AABB 或 ABABBA 等规律进行排序。但是幼儿在自主练习时似乎只对图片感兴趣，幼儿间的讨论很热烈，甚至有的幼儿还做起了角色游戏。老师无奈地提醒幼儿要按照规律给图片排序。再次自主排列时幼儿安静了许多，个别幼儿开始尝试按照规律排序。老师在个别指导时发现很多幼儿排着排着就没有了规律，甚至当老师提醒一位小朋友要按照规律排序时，这名幼儿却说："老师，我不想按规律排序。"这给老师组织活动带来了不小的考验。面对幼儿不愿意按照要求操作材料的状况，教师究竟应该怎么办？

【案例分析】

在幼儿园各领域的集体活动中，教师经常会遇到类似的幼儿不按照要求使用活动材料的情况，尤其是数学活动，一般操作性很强，需要老师投放材料供幼儿在操作中得到知识的启蒙。按规律排序对中班幼儿来说也是有些难度的，幼儿虽然能够用眼睛看出排列好的规律，但是当自己进行规律排列时却不再对"规律"感兴趣。"规律"这个词对中班孩子来说既陌生又抽象，如果教师一味地强调"按规律排序"，反而会引起幼儿的排斥，容易降低幼儿对数学探究和学习的兴趣。本案例中的幼儿不按要求使用材料的现象比较有代表性，分析起来可能有如下几个原因。

（1）幼儿的动手操作经验不足。教师容易按照自己的理解界定操作的难度，看起来简单的操作活动对幼儿来说往往具有挑战性。本案例中，按规律排序，幼儿需要弄清楚：从哪个地方开始排第一个？按照什么方向排下去？同时还需要确定按哪种规律排，这一系列的心理活动需要和谐统一，幼儿才能有条不紊地完成操作。幼儿是否已经掌握这些操作方法，决定了他们能不能进一步按照学习的要求操作材料。

（2）教师缺乏引导幼儿进行材料操作的条理性。对于中班来说，操作环节是幼儿学习的重点和难点，更是教师指导的重心。教师应该对幼儿的操作环节分步进行指导，而不是单纯放手，让幼儿自由操作，单纯放手容易让幼儿忽视学习的目标和在活动中操作的意义。

（3）幼儿对抽象概念的兴趣不足。幼儿教育是一种启蒙教育，如果要求幼儿在一次活动中学习了某个知识概念，就能立即理解，并能拓展应用到自己的操作练习中，是非常有挑战性的。也许极个别幼儿能够达到目标，但对大多数幼儿来说，他们感兴趣的是在老师的引导下能看到生动形象的规律，而对于运用规律、认知抽象概念却兴趣不足。

【应对策略】

作为一名幼儿园教师，在组织集体活动时，要以幼儿为本，以幼儿的知识经验水平为参照，准备符合幼儿学习需要的活动材料，让幼儿和材料之间能真正良性互动起来，既不能让幼儿自己盲目地瞎玩，也不能让幼儿感觉自己是被教师牵制着玩。针对如何引导幼儿进行有效操作的问题，教师可以参照以下策略。

（1）教师要观察和评估幼儿的动手能力。在设计操作活动和准备活动材料时，教师应先看看幼儿的动手能力怎么样，尽可能地根据幼儿的操作行为预估可能出现的状况。只有充分了解了幼儿，教师才能预设出自己指导的重点和难点，例如：在本活动的教研案例中，再次观摩活动时执教教师在材料准备中增加了操作板，并明确地标出了起点位置和排列路线，这样，幼儿就可以专注地思考排列规律问题，而不是无章法地乱放材料了。同时，幼儿在与材料的互动过程中，也可能会迸发出不一样的火花。幼儿在使用活动材料时，即使短时间内偏离了教师的目标要求，他们的探索也是积极、有意义的安全行为。面对这种情况，教师应该客观对待，预设的目标固然不可替代，但教师也要认识到幼儿学习的本质，允许幼儿合理地、灵活地使用材料，支持幼儿对材料的探索欲望。比如：本案例中，面对操作材料，有的幼儿会观察到材料数量的不同，有的幼儿会观察到材料颜色的不同，有的幼儿会把自己的材料跟同伴的材料做一些比较，这些小插曲正是幼儿在探究学习的表现。教师在指导时只要适时介入，顺应幼儿的兴趣，就能逐渐把幼儿引导到本次活动目标的探索中去。

（2）活动材料的呈现应与活动目标的层次相结合。集体活动中的操作环节都应该带有明确的教学目的和探索目标，对于幼儿来说，一次呈现的材料并不是越多越好，而应该根据活动的目标有相应的层次。如果把所有的材料一股脑儿地呈现在幼儿面前，或者乱七八糟地全部堆放在桌子上，就会使幼儿无所适从，使得教具成为他们的玩具，从而偏离了探索的意义。在本案例中，老师把丰富的材料诸如动物和蔬菜的图片同时呈现给孩子，吸引孩子的是图片本身,而老师的操作要求却被淡化了。再次组织活动时,教师可把目标分解成由简到难的形式:按照 ABAB 规律排列时发放小鸡和小鸭图片,请幼儿帮忙排队;按照 ABABBA 的规律排序时发放蔬菜的图片,请幼儿帮忙种菜。这样做,条理清晰、步骤明确,幼儿能够做到理解概念,操作到位,真正体验到成功的喜悦和操作的乐趣。

(3)培养幼儿对抽象概念的学习探索兴趣。幼儿的学习活动应考虑幼儿期形象思维的特点,可运用生动形象的教具或课件充分展示抽象的数学概念,帮助幼儿理解概念的由来。像"规律"这个概念,就需要幼儿真正认识到"有规律"和"杂乱无序"的不同,认识到规律的美感,以本次活动为例,教师可以在导入环节增加生活中按规律排序的实物或图片,如一些项链的设计、花边图案的设计等,引导幼儿认识到有规律地排列会增加美感,无规律地排列则会给人乱糟糟的感受。由此一来,幼儿就会明白,探索规律是一件有意义、有美感的事情,从而激发幼儿想要按规律排序的动力。

(临沂市市直机关幼儿园 张庆霞)

难题14:幼儿在教学活动中出现假合作的现象,怎么办?

【典型案例】

在大班科学活动"影子的秘密"中,执教老师说:"请小朋友们4人一组,分工合作进行实验,找出哪些材料有影子,哪些材料没有影子,共同完成记录表。"话音刚落,幼儿争先恐后地来到实验桌前争抢操作材料。老师说:"要一起合作,不要争抢。"第一组的4个男孩各自拿了一个手电筒和一个实验材料,然后分头实验。其中两个男孩一边操作一边讨论:"你看,玻璃没影子,你那个有吗?""我这个有!"但当其中一个男孩向另一个男孩提出交换材料时却被拒绝了,而另外两个男孩早就把兴趣转移到了照在教室墙面的光斑上,

两人晃动手电，玩得不亦乐乎。第四组有一个男孩迫不及待地验证所有的材料，不出两分钟就得出了实验结果，填完了表格，而同组的三个女孩只在一旁看着他操作，等他填完表格后，她们拿着手电筒随意地对着桌上的一两个物品照了照，然后开始看其他组……

【案例分析】

　　合作是人们为达到共同目的，彼此相互配合的一种行动方式。对幼儿来说，真正的合作等于搭建一个平台，让不同发展水平的幼儿相互学习和借鉴，实现智慧的互补与共享。但是，在实际教学活动中容易出现一些表演式的"假合作"。这种合作方式大多流于形式，通常会出现各种各样的问题。比如在一些活动中，教师为幼儿提供材料，首先让其进行自由探索，然后让他们围在一起操作讨论。几分钟后，教师说"时间到"，幼儿马上安静下来匆匆收场，最后由个别幼儿展示成果。这种浮光掠影式的"假"合作根本起不到合作、自主、共同进步的作用。

　　在上述案例中，一组和四组的幼儿出现了"假合作"现象：一组的4名幼儿只是在按各自的兴趣做事，而四组的男孩则包办了许多工作，导致女孩们几乎插不上手，失去了探索热情。究其原因，主要有以下几个方面。

　　（1）教师对幼儿合作的理解较为片面。教师认为，只要几个小朋友在一起就是合作。这种错误的认识导致教师在教学活动中为了合作而合作，在日常生活中对幼儿合作意识的培养不够。

　　（2）教师指导幼儿合作的要求不明确。既然是合作，就应该有分工，教师只是简单地要求"4人一组，分工合作进行实验……共同完成记录表"，却没告诉他们如何分工合作，没有具体的分工要求，引导语不明确、不具体，从而导致幼儿不知道如何合作。

　　（3）幼儿对"合作"这种抽象概念的理解较为模糊。幼儿受年龄特征的影响，缺乏合作的意识和方法，需要成人的引导和帮助。在家庭中，有些幼儿作为独生子女很少体验到合作行为带来的愉悦感和成就感，父母也容易忽视幼儿合作能力的培养，对幼儿缺乏科学的指导。

（4）幼儿自主合作的能力不够。老师平时只关注教育活动的即时效果，在活动过程中留给幼儿的合作学习时间较短，往往是浅尝辄止，使幼儿不能充分理解如何进行合作学习，不能充分体会合作带来的快乐和高效。

【应对策略】

幼儿的合作学习不仅仅是学习的过程，还是与人交往、与人分享的过程。在集体活动中，良好的合作关系能让小组成员获得集体荣誉，有助于幼儿形成集体荣誉感、同伴间的信任感和自身责任感。

（1）营造良好的交往氛围，多给幼儿提供合作交流的机会。合作意识的培养并非一日之功，要渗透在幼儿的一日生活中。教师应为幼儿提供尽可能多的自由活动时间，多创设需要共同参与、分工合作的活动，鼓励幼儿大胆地、积极地与同伴交流，把解决问题的权利交给幼儿，这样幼儿便会自然地进行分工合作。而教师自身，以引导者、支持者与合作者的身份参与，给予适时的、适宜的帮助和指导，以此激发幼儿充分地、有始有终地进行活动。

（2）教师要不断提高自身设计活动、组织活动的能力。本案例中出现了"假合作"的现象，教师首先要反思：该环节的设计是否科学？幼儿在本次学习过程中是否需要合作？如果需要，教师应该如何引导？如，大班科学活动"熄灭的蜡烛"中有一个合作环节：用大小不同的玻璃杯同时扣住两支点燃的蜡烛，观察哪支蜡烛先熄灭，哪支蜡烛后熄灭。教师要求：幼儿自主组合、4人一组，其中力气大的一名幼儿负责用点火器点燃蜡烛，两名幼儿负责用玻璃杯同时扣住点燃的蜡烛，大家共同观察蜡烛的变化，最后一名幼儿负责记录结果。由于要求清晰、明确，合作过程有序、有效。因此，教师要根据活动特点和任务要求，对确实需要合作的环节，从内容、形式、材料、分工到规则等，都要做好安排，这样有利于促进幼儿真正意义上的合作。同时教师，要根据幼儿合作的情况给予客观的评价或指导，鼓励幼儿愿意合作、喜欢合作。

（3）向家长宣传相关理念，使合作精神延伸到家庭中。家园共育本身就是一种合作。家长和老师之间相互信任、相互配合，为了幼儿的发展共同努力，也会对幼儿产生积极的影响。而家长和幼儿之间的合作也有利于增进亲子关系。比如，家长和幼儿一起分工做餐前准备或者合作做家务等，在合作中，幼儿不仅能体验到跟大人合作的乐趣，而且能萌发幼儿的责任感。

（4）通过多种途径，帮助幼儿掌握合作的方法与技巧。教师要教给幼儿合作的方法，指导幼儿怎样进行合作。首先，锻炼幼儿的语言表达能力，使其语言能较准确地表达自己的思想、要求和愿望，能更好地与同伴沟通。其次，从幼儿身边的小事入手，引导幼儿尝试合作的方法。比如值日生的分工，班里开始实行值日生制，小朋友们干得很带劲，有的擦桌子，有的扫地，但合作出现了问题：有值日生刚把地扫干净，负责擦桌子的就一不小心把饭菜渣擦到了地上。针对这一问题，教师组织幼儿进行讨论，引导幼儿调整工作顺序，问题由此得以解决。再次，教师可以经常组织幼儿进行合作小游戏，如"传口信""花样运球""两人三足走""童话剧表演"等，提高幼儿的团队意识和合作意识。最后，还可以借助于绘本（如《月亮的味道》《好大的苹果》《蚂蚁和西瓜》《一起去露营》《南瓜汤》等）的影响力，让绘本中一个个鲜活的故事形象为幼儿做最生动的示范和榜样。

（临沂市市直机关幼儿园　徐晓晓）

难题 15：幼儿在集体教学活动中不愿意扮演"反面角色"，怎么办？

【典型案例】

案例一：老师正在栩栩如生地给幼儿讲《小红帽》的故事。孩子们聚精会神，个个都听得很认真，教室里鸦雀无声。伴随着猎人的出现，故事结束了。贝贝说："这么快就结束了，再讲一遍吧。"于是，其他幼儿也开始要求再讲一遍。没办法，老师只好又讲了一遍。既然幼儿非常喜欢这个故事，故事情节简单，思路又清晰，在第二遍结束后老师就提议进行一次角色表演，幼儿表示同意。"我演小红帽。""我演姥姥。""我演猎人。"就这样，各种角色都被认领，有的角色还被争着抢着，唯独大灰狼没有人愿意表演。老师点名让浩浩表演大灰狼，他连忙摆手："我不演，我不演。"老师点名让俊俊表演，也被拒绝了。就这样，老师一连指派了几名幼儿，都没有成功，最后只好自己来表演大灰狼。

案例二：大班老师正在组织幼儿学习童谣《抬花轿》："八只小狗抬花轿，老虎坐轿把扇摇。一只小狗摔一跤，老虎对它踢一脚。小狗气得汪汪叫，老虎却在睡大觉。小狗抬轿到山腰，想个办法真正好。一二三，往上抛，老虎摔了一大跤。"小朋友们笑得前仰后合，角色扮演时纷纷要求扮演小狗，却无人扮演老虎这一角色……

（临沂市市直机关幼儿园　李飞飞、姜彩霞）

【案例分析】

角色扮演是幼儿喜欢的活动之一，在每所幼儿园中，几乎都能见到角色表演区。而在角色扮演游戏中，经常会遇到幼儿拒绝扮演"反面角色"的情况。案例一故事《小红帽》中的大灰狼就是一个地地道道的反面角色，"他"狡猾凶残地吃掉了小红帽和她的姥姥，最后被小红帽和猎人打死。案例二童谣《抬花轿》中的老虎作威作福，欺负弱者，不论是角色的行为、性格，还是结果，都是不好的，许多幼儿都不愿意去表演这一反面角色。

每个人都愿意接受真善美，幼儿更是如此。他们不愿意演反面角色的原因主要有以下两个方面。

（1）与幼儿对反面角色的认识有关。幼儿容易将角色扮演等同于现实，认为"坏人都是坏的""坏人最后都会有不好的结果"等，幼儿不愿意接受自己成为这样的人。而正面角色一般人多势众，反面角色一般势单力薄，在表演过程中，反面角色一般都会被嘲笑、被批评、被制服。同时，幼儿还担心扮演反面角色，待游戏结束后同伴们就不愿意和自己玩了。事实证明，在幼儿表演结束后确实有类似的事情发生，幼儿将故事中的人物关系复制到现实生活中，表演正面角色的幼儿成群结队地对表演反面角色的幼儿说："你是大灰狼（老虎），我们不和大灰狼（老虎）玩。"虽然这种现象只是暂时的，但也容易使扮演反面角色的幼儿感到孤单。

（2）与家长对反面角色的认识有关。生活中，家长对待反面角色的态度是"坏人是一个消极的人物形象""反面角色所呈现的价值观是不对的"，担心幼儿因为在游戏中对坏人感兴趣而过多地模仿，价值观会受到影响；反面角色在角色游戏中有时会有打斗类的身体接触，家长害怕此类游戏会让幼儿受到伤害。因此，部分家长为了培养幼儿正确的价值观，也为了幼儿的安全，不赞成幼儿扮演反面角色。有些家长为了让幼儿听话，经常会用"再不听话，就让大灰狼来……"等类似的语言来吓唬他们，在幼儿的心中种下了大灰狼这一角色的反面印象，让幼儿从潜意识里就不喜欢类似的反面角色，从心里排斥表演反面角色。

【应对策略】

幼儿之所以在角色扮演中不愿意演反面角色也是"人之初，性本善"的一种本能反应。故事或游戏中的反面角色都是作者为了故事情节的需要而编撰出来的。由于受生活经验、认知理解、外部评价等因素的影响，幼儿心目中的反面角色都是不好的人和事，因而他们不愿意扮演或勉强扮演反面角色。要想让大多数幼儿转变不愿意表演反面角色的现象，教师应做到以下两点。

（1）帮助幼儿分析现实与故事中角色的区别。首先，教师要向幼儿解释并帮助幼儿理解：大家不管扮演什么角色，都只是一种表演游戏，不是真实的。例如，教师可以对幼儿说："当《抬花轿》游戏结束后，你就由老虎的角色变成了真正的自己，与故事中的老虎角色没有关系了。"其次，教师可以通过正确的评价引导幼儿明确：在角色表演中，不是以谁扮演正面角色、反面角色为评价标准，而是以谁把角色表演得更好为评价标准，即无论是正面角色还是反面角色，谁表演得最好谁就是最棒的。

（2）引导家长树立正确的角色扮演评价标准。首先，教师应引导家长认识到：不同的角色扮演能锻炼幼儿不同的表现力，要正确评价幼儿扮演的角色，并鼓励幼儿尝试扮演不同的角色。其次，教师要在道具、情节设计、表演要求等方面做好预设，做好幼儿表演过程中的安全保障，解除家长的后顾之忧。最后，教师要引导家长客观地、科学地标识生活中的角色。有些家长会反复跟幼儿强调："再不听话，就把你送给门口那个捡破烂的！""你不要学×××，他是坏人！"对于知识经验尚不足以支持正确推理的幼儿来说，他们容易将生活中的经验直接迁移到游戏中，这些消极的暗示会潜移默化地影响幼儿的价值观，时间久了就会使幼儿形成思维定式，他们会错误地认为扮演反面角色不光荣、大家会不喜欢自己。

（临沂市市直机关幼儿园　徐艳）

难题 16：教学活动结束后幼儿还想玩，怎么办？

【典型案例】

"水果发电"是深受幼儿喜爱的科学活动。在一次教研活动中，老师带领幼儿通过假设、猜想、试误等方式尝试着寻找哪些水果能"发电"，探究如何利用水果发出更多的电。活动中幼儿个个都大胆地猜想，细致地操作，目不转睛地观察，认真地记录和统计，在沟通交流中对水果能够发电的神奇进行简单的总结和推理。可以看出，他们是真的沉浸在神秘的科学探究过程中，现场没有了平时的喧闹和嘈杂，取而代之的是"哇，我也成功了""原来土豆也能发电""我们平时得吃多少电呐，哈哈"等惊叹和喜悦。随着时间一点点地过去，大部分幼儿基本上都完成了此次活动的目标，探索活动也随之结束。可收拾材料的时候，有些幼儿很不情愿，类似"怎么这么快就收了，不能再玩一会儿吗""老师，等会儿再收吧"等声音不绝于耳。

【案例分析】

教学活动结束后幼儿还想玩，这样的情况比较普遍，其原因有很多种。

（1）幼儿没能充分体验到活动的乐趣。幼儿园的很多教学活动都为幼儿所喜欢：有的是因为幼儿被活动里的角色吸引，比如，幼儿天生对小动物感兴趣，那么有关动物的活动（如"三只蝴蝶""拔萝卜"等活动）也就成了他们乐意参与的活动；有的是因为教师巧妙的设计（如"谁的本领大""动物法庭""一分钟"等活动）抓住了他们的兴趣点；也有的是因为内容本身的罕见或奥妙（如"熄灭的蜡烛""神奇的表面张力""水果发电"等活动）让他们感到神奇、好玩。但不论是哪一种能吸引他们的活动，都会让他们乐于参与并喜欢反复体验其中的乐趣，而不会感到枯燥和乏味。

（2）教学活动结束时，没能达到幼儿的心理预期目标。案例中，水果虽然很常见，但"水果发电"对幼儿来说却是一件很新奇的事情，虽然不知道其中的奥秘，但在活动中他们不仅能亲自操作，还能体验到成功带来的喜悦，这使得他们能够将全部精力投入到活动当中，因此活动结束时有幼儿说出"怎么这么快就收了，不能再玩一会儿吗""老师，等会儿再收吧"这样的话也就不奇怪了。同时，这也说明活动结束时部分幼儿的好奇心、愉悦感没有得到满足，可能是因为有的幼儿没有达到同伴已经达到的水平或自己的预期目标，也可能是想重复体验探索过程中的乐趣。因此，他们便会产生失落或抵触等情绪。

（3）活动过程受到个体差异的影响。每名幼儿的能力、做事的速度和性格等各有差异，教师组织集体活动时在照顾到幼儿整体水平的同时，也要考虑到幼儿的个性差异。即以整体把握、个别照顾为原则组织教学活动，设计延伸活动和区域活动，真正做到"整体和个别相统一"。

【应对策略】

教学活动结束后有些幼儿还想玩，在幼儿园里是一种常见的现象。作为幼儿园教师，设计并组织能让幼儿玩不够的活动是一件令人自豪的事情，但如何处理好活动后的事情，也是一名优秀幼儿园教师应该具备的专业素养。

（1）积极回应幼儿的反应。幼儿在活动结束后表现出仍然想玩的意愿，说明其对此活动非常感兴趣。然而在固定的时间内，他们的表现没能达到自己的心理预期，或者对活动本身的体验没有得到满足。作为教师，对这种现象应该做出积极的回应，让幼儿看到还有补偿和再次尝试的机会，比如，"等会儿老师和你一起再来尝试一下，好吗？""不用着急，很快就会再组织一次类似的活动。"……

（2）根据情况决定是否需要继续开展活动。在教学活动过程中，幼儿往往对一件事情非常感兴趣而集中精力参与，不愿意很快结束愉悦的体验。那么，教师可以适当延长活动的时间，连续或反复进行，让幼儿尽兴选择、充分参与。这样，不但能让幼儿保持对此活动的兴趣，还能让幼儿获得情感的满足，也能使知识技能得到巩固和练习。因此，有时候顺应幼儿的需要，适时延长教学活动是一种很好的选择。

（3）充分利用区域的辅助功能。有些知识、技能或能力的获得以及习惯的养成不能在一次或几次活动中完成，这就需要将活动延伸到活动以外继续开展。教师只要在活动结束后，将某些教具直接或做简单的修改后投放到相应的区域即可；幼儿在教学活动结束后，可以根据自己的需要和伙伴一起在区域内继续做想做的事情。所以，合理地将区域活动与教学活动相衔接，不论在活动时间的延续性还是空间的连续性上，都能为幼儿提供更多、更及时的学习机会，从而有效地辅助教学活动。如"水果发电"的活动，可以在区域内提供不同的水果（花草、蔬菜），让幼儿探索哪些植物"可以发电"，探索不同水果产生的电与灯泡亮度的关系，可以提供多根导线，让幼儿尝试探索不同的连接方式与灯泡亮度的关系等。

（临沂市市直机关幼儿园　李飞飞）

难题 17：教师不知如何合理有效地利用多媒体，怎么办？

【典型案例】

《秋天的雨》是一篇优美的散文，字、词、句都在向孩子们展示多姿多彩的秋之美。为了便于引导孩子感受这种美，教师运用了多媒体课件来组织教学。活动开始时，教师先通过简单的谈话引导幼儿用语言表达出自己对秋天的认识和感受，接着播放音乐展示一张张秋雨的图片，欣赏图片的时候插入了几个提问，询问幼儿秋天与其他季节的区别。在这个环节中，教师主要是通过PPT里的图片向幼儿展示秋天不同的场景。起初，幼儿在艳丽的色彩刺激下注意力比较集中，播放到后面几张图片时，有的幼儿注意力开始分散，聊天或拉扯嬉闹。在之后的环节，教师又播放了一小段秋雨的动画——《大雨哗啦啦》，目的是尝试再次引导幼儿感受秋雨的美。最后，伴随着背景音乐，教师带领幼儿一起朗读了这篇散文，至此，整个欣赏课便结束了。

【案例分析】

多媒体教学是集图形、图像、动画、声音、视频和文字等功能于一体的现代媒体教学技术，在幼教领域的应用日渐增多，它丰富了教学内容，改善了教学手段，优化了教学方法，提高了教学艺术性，增强了课堂感染力，备受教师的青睐和幼儿的喜爱。合理地运用多媒体进行教学，特别有利于突破教学重难点，更易于激发幼儿的学习兴趣。但在上述案例中，教师对多媒体的运用却不合理。

（1）对目标的把握不准确。从表面上看，该教师利用多媒体的图、文、声、像来辅助教学，整个活动有序地按照教师预设的教学环节——完成，比较流畅，在教学流程的层面上达成了教学目标。但认真反思，该教师基本依赖多媒体来实现整个活动的组织。而"秋天的雨"这个散文欣赏活动，重点要引导幼儿回忆已有的生活经验，用心感知散文中精美的语句，如："秋天的雨是一把钥匙，带着清凉和温柔，轻轻地，轻轻地，你还没注意，秋天的门就悄悄地打开了。"多美的意境，抛开多媒体直观的图、文、声、像辅助教学，反而更能激发幼儿更多的想象。

（2）多媒体图像比较单一。在案例中，教师主要以PPT的形式呈现"秋雨的美"，多幅图片简单罗列，不能充分地、持久地吸引幼儿参与活动。

（3）活动过程过于依赖多媒体。多媒体教学方式只是辅助教学，目的是提高教学艺术性，增强课堂感染力，有利于突破教学难点，更大限度地引起幼儿的有意注意与无意注意。案例中，所有的环节主要以多媒体教学为主，单纯依靠播放多媒体的音、图、像来教学是不可取的。

【应对策略】

多媒体课件的使用是为了辅助教师更好地组织教学内容，达成教学目标。在实践中，教师要准确把握利用多媒体的"度"，巧而优地制作、使用多媒体课件，为教学活动锦上添花。反之，可能会画蛇添足。因此，教师要注意以下几点。

（1）善于利用多媒体，突破重难点。活动前，教师要认真研究教材内容，把握教学重点、难点，对于抽象的、用语言表达不清的、幼儿难以理解的教学内容，可以通过多媒体课件形象、直观、生动地表现出来。相反，对于直观的、通过语言的表达能够理解，或者通过实物、教具等操作体验能够达成目标的教学内容，就尽可能避免使用多媒体来教学，以帮助幼儿逐步养成积极思考、认真专注、敢于探究和尝试、乐于想象和创造等良好学习品质。以《秋天的雨》为例，教师可以通过音乐来创设情境——"听！这是什么声音？""滴答、滴答……"——来引出教学内容："秋天的雨是一把钥匙，带着清凉和温柔，轻轻地，轻轻地，你还没注意，秋天的门就悄悄地打开了。"然后，通过动画呈现一扇门打开的过程，启发幼儿思考"什么是秋天的门？""如何打开这扇门？"等问题，也可以激发幼儿已有的生活经验，让其描述一幅多彩的、美丽的秋景，从而充分地体会散文的美。

（2）以幼儿为主体设计多媒体课件。教师要提高自己的信息技术水平，尽量自己设计、制作内容简洁、界面清晰、生动形象的多媒体课件。教学课件在制作上应尽可能做到儿童化、游戏化，以幼儿喜爱的动画、游戏为主要形式。把活动内容故事化、游戏化、趣味化，以此激发幼儿的学习兴趣，实现教育目的。

（3）把握多媒体课件使用的"度"。幼儿的学习是以直接经验为基础的。教师在组织活动时切记，不能把教学活动变成多媒体课件的演示、解说活动。该用多媒体课件时用，不该用多媒体课件时不用，不能全部教学流程都用多媒体课件。在借鉴别人优秀的多媒体课件时，教师可根据实际需求进行调整，切忌照搬、照用，要合理使用多媒体课件的特殊效果，让多媒体课件为幼儿服务，而不只是为教师的教学服务。

（临沂市市直机关幼儿园　吴春宁）

难题 18：教师在教学活动中出现失误，怎么办？

【典型案例】

一位年轻教师组织的教研活动"漂亮的小鱼"，给人留下了一个记忆深刻的画面。教学活动中，当屏幕上闪过形状各异又五彩斑斓的小鱼时，小朋友们都禁不住地发出"哇塞""哇，好漂亮啊"等感叹。教师对这个开场非常满意。看得出，此时的他对组织好这次活动很有信心。但有几个幼儿在"哇"的同时，站起来打算走到屏幕前，老师没有做任何提示和要求就说了一句："来吧，一起过来看。"于是幼儿便一拥而上，靠前的幼儿被挤到了离屏幕很近的地方，很难观察到画面。此时，教师几次上前提醒（"往后一点""离屏幕远一点""后面的小朋友都看不见了"），却没有起到什么作用。随后教师又用了很长的时间，也没能让他们回到原来的位置，凌乱中进行着下一个环节的活动。整个活动课在相对混乱的场面中结束，教学没能起到引导、启发等作用。

【案例分析】

在日常教学的过程中，教师和幼儿一样，也会出现一些失误或者错误，尤其是年轻教师，在教学经验不足的情况下出现类似的状况实属正常。教师在组织教学活动时，有的对幼儿参与活动的突发状况缺乏有效的应对，有的可能对在活动中引导幼儿遵守规则与自由学习的"度"把握得不好，有的在专业的知识结构和其他知识门类中存在盲区，有的对幼儿教育心理学方面的知识把握不准……这些因素都可能会导致教师在教学过程中出现失误或者错误，不利于其组织有效的教学活动。

案例中的教师，明显缺乏有效组织教学活动的经验。当教师调动起幼儿高涨的情绪后，没有任何要求和提示便让他们上前观看，就像粉丝遇到了心仪的明星一样，现场自然没法把控。导致此现象的具体原因可能有以下几点。

（1）教师在活动前没有充分了解班级幼儿。每个班级的幼儿都有其固有的行为习惯和活动特点，不同的活动组织方式给幼儿带来的刺激强度若与以往不一致，容易导致幼儿异常兴奋或消极沉闷。从案例中明显可以看出，该教师不熟悉幼儿，不熟悉所在班级教学活动的组织常态。

（2）教师对活动的节奏把握度不够。教师提前将幼儿的兴奋点点燃，消耗了幼儿过多的精力，容易降低他们对活动重难点的注意力，导致他们不能全身心地关注活动本身。

（3）教师在教学活动中缺乏引导幼儿活动的技能、技巧。比如：音乐、体育活动需要充分调动幼儿的情绪，幼儿热情高涨往往会出现意想不到的效果，而科学实验却有可能会因此出现失误或错误；教师的合理引导、简单示范对幼儿来说，往往比专业的讲解更有利于其理解和接受；有时教师可以将错就错，把课堂教学中出现的失误变成教学资源加以利用，这样往往能使幼儿在不知不觉中达成教学目的。

【应对策略】

在教学过程中，经常出现失误或错误会有损教师的专业形象、威信和地位。教师要想消除其带来的不良影响，就需要在日常的教育教学过程中，将理论与实践相结合，多总结、反思，常参加教育教研活动，向有经验的教师学习，阅读报刊上相关的案例等，不断积累经验，积少成多，进而提高自身的教育教学水平。

（1）加强对幼儿教育学、幼儿心理学等专业理论的学习，丰富相关基础知识。我们每个人都可以有很多种工作，但是要做得专业就需要掌握专业的知识，幼儿园教师也是一样。如果教师想在教学活动中少失误、不出错，首先就要掌握丰富的幼儿教育教学等相关的专业知识，只有做到知其然而后知其所以然，才能做得更好。案例中，幼儿明显对小鱼的各种形象非常感兴趣，注意力完全被形态各异的美丽小鱼吸引，导致教师没能把幼儿的吸引力拉回来。由于教师没能掌握此阶段幼儿的心理特征和兴趣爱好，所以导致教学活动几近失控。

另外，由于幼儿教学内容的广泛性和幼儿思维特点的发散性，幼儿园教师还需要掌握不同学科的大量基础知识，来应对不同的教学情景和幼儿的求知欲，以免幼儿提出问题时自己出现失误或无法回应。

（2）将教学实践和教材分析相结合，研究教学法。知识的获得相对容易，教给别人却难，教给幼儿更难。因为知识的获得有时只需要记住，即知其然；而让幼儿获得相关经验，教师还要了解知识背后的逻辑关系、原理等问题，即知其所以然。在此基础上，教师要面对的更难的问题是如何将自己的抽象知识转化为幼儿的经验，即教学法。年轻的教师则经常在教学法上遇到问题，出现失误或者错误。因此，在教学实践和教材分析相结合的基础上，教师要多研究教学法，尽量减少教学过程中出现的失误。

（3）扎扎实实做教育，在教学实践中积累教育教学经验。案例中，教师教学经验的不足所带来的不良结果，诠释了教师在日常教学过程的前、中、后进行反思和总结的重要性。如果教师在教学活动组织前，能尽可能预设幼儿在小鱼出现后不同的表现状态，并预设不同的解决方案，那么此次教学活动仍然可能会顺利开展；活动过程中，当幼儿争取往前靠的时候，如果教师不仅仅用"往后一点""离屏幕远一点""后面的小朋友都看不见了"等简单的提示命令幼儿，而是能用奇怪的声音提示或更能引起幼儿兴趣的活动等方式，将幼儿的关注点重新吸引到原来的教学中来，结果可能就不一样了，如："唉，这只漂亮小鱼的眼睛好像肿了，是不是因为看东西离得太近了？""谁能到这边来表演一下，这群小鱼是怎么游的？"所以说，该教师的教学经验不足，是导致此次教学活动失误的重要因素。可见，在教学中积累教学实践经验，有助于教师教学组织能力的提高。对于教师教学实践经验的积累，我建议从以下几个方面着手。

①教学活动前备好课。充分做到对活动内容、材料和幼儿的准备，将能想到的问题提前做好预案，年轻教师可以先试讲一次，做到心中有数。

②教学活动中要善于思考，面对问题沉着应对。教学过程是动态的，什么事情都可能遇到，有时出现失误在所难免，教师要善于将问题转化为有用的教学资源，如将教学失误变成短暂的、有针对性的讨论，引导幼儿回忆已有的相关经验等。

③教学活动结束后积极总结、反思。教学活动后的总结与反思既有利于教师总结此次教学活动，又能为其组织下一次活动提供教学经验。

④善于学习，从报刊或他人的教学活动中吸取并积累经验。

（临沂市市直机关幼儿园　李飞飞）

难题 19：教师缺乏有效地回应幼儿的技巧，师幼互动的效果不理想，怎么办？

【典型案例】

案例一：中班音乐欣赏活动"四小天鹅舞曲"中，教师提问："浮在水面上的动物都有什么？"几位幼儿说："鸭子。""大白鹅。""天鹅。"后边的幼儿回答："我上次在农村老家看见水里有鸭子，还有大白鹅，还有……""我知道水里的动物还有鱼。""还有虾、螃蟹。"……小朋友们的回答已经偏离了活动主题与目标，教师直接打断幼儿的回答："停！老师问的是能浮在水面上的有什么动物，没问你们在哪里见过，也没问你们水里还有哪些动物！"教室里一下子变得鸦雀无声。

  案例二：大班语言活动"如果我能飞"中，教师让幼儿进行仿编。教师问："如果你能飞，你想飞到哪里去？"幼儿回答："飞到花园里。""飞到楼顶上。""飞到外星球上。""飞到天堂里。"……教师只是回应："很好！""很棒！"在引导幼儿仿编诗歌时，教师花了很多时间，可幼儿始终积极性不高，仿编的语言也总是"踩"不到点上。

  案例三：科学活动"潜水艇的秘密"中，在幼儿自由探索环节结束后，教师提问："潜水艇为什么会升上来，沉下去？"涛涛兴奋地第一个高高地举手："我知道！是因为小瓶子轻，所以就浮起来了！"教师摇摇头："不对，再想想。"涛涛悻悻然地坐下了。教师又接连提问了几个小朋友，大家说得都不够准确。教师说："不对，再想想，再仔细想想。"举手的幼儿越来越少，教师有点着急了。这时一个女孩小声地说："灌的水多，它就沉下去了，水减少时，它就会慢慢浮上来，再灌满水就又沉下去了。"教师非常激动，指着这个小女孩："你说，你来说，大点儿声。"女孩又重复了一遍，教师竖起大拇指夸道："你真棒！说得太对了！你太聪明了！来，小朋友们，让我们一起给她鼓鼓掌。"其他小朋友机械地随着教师鼓了几下掌……

【案例分析】

  在幼儿园活动中，教师的回应既是一种师幼互动行为，有时也是一种评价行为，既关涉教师自身的教学行为，也与幼儿的发展密切相关。教师的回应是为了推进幼儿思维的碰撞、深入和拓展，促进其知识技能的掌握、能力的发展、情感的满足。通过以上三个案例，我们不难发现，教师在师幼互动的过程中存在以下几个问题。

（1）教师回应方式单一，没有尊重幼儿的个别差异。在案例二"如果我能飞"活动中，整个过程中教师自始至终只运用了一种回应方式——肯定，单一的肯定减弱了鼓励的效应，而教师对幼儿存在的问题并没有任何引导性的回应，对幼儿的语言没有进行梳理、完善和提高，这使得有些幼儿体会不到被鼓励的喜悦，导致活动气氛不高，仿编效果不好。

（2）缺乏教学实践经验，回应效果不理想。在集体教学活动过程中，很多教师特别是新教师，对于幼儿回答的回应常会出现或简单肯定、或随意应答的现象。在案例三"潜水艇的秘密"活动中，教师对幼儿使用了过多的否定性评价，没有有效地引导幼儿思考问题，挫伤了幼儿学习的积极性，也限制了幼儿的思维。

（3）回应不够机智，回应方法欠缺，师幼互动大打折扣。当幼儿的回答偏离教师预设的答案时，教师应对得不够机智，或简单打断，或直接忽略，完全依据预设的教案进行；对于幼儿在教学过程中出现的思维错误，教师或理解偏颇，或置之不理，或不能进行及时的引导与梳理，致使教师回应的价值没有得到有效的显现，师幼互动大打折扣。在案例一"四小天鹅舞曲"活动中，对于幼儿偏离主题的回答，教师不能做出适宜的回应，对于幼儿出现的预设之外的答案，教师显得比较紧张，甚至直接打断幼儿的回答，打击了幼儿参与活动的积极性。此案例中，如果教师追问，"刚才我们说了这么多动物都漂浮在水里，谁来给我们介绍介绍天鹅"，则既能提高幼儿的积极性，又能引导谈话回归原来的目标。

【应对策略】

在日常教育教学活动中，教师在树立科学教育观、加强反思的同时，还应把握回应时机、掌握丰富适宜的回应技巧，才能有效提高活动中回应的效果。

（1）加强学习，尊重幼儿差异，做专业型教师。了解不同年龄段幼儿的心理特点、思维方式，合理运用各种方式进行积极回应。幼儿个体之间存在着差异，教师要关注他们的思维水平和行为能力，采用适宜的评价策略，使每个幼儿都能从评价中获得激励。教师的回应可分为两种：言语回应和非言语回应。"孩子有一百种语言"，我们老师就应该有一百种回应方式。教师运用自己的语言或行为对幼儿产生作用的过程，是帮助幼儿积累经验、丰富知识的有效途径，以此促进每个幼儿在原有的水平上向前发展。

例如，在中大班的活动中，教师要合理利用鼓励性的语言："你会做的事可真多！""你真是老师的好帮手！""你的想法真独特！"同时，不要吝啬给予幼儿激励的目光和阳光般的笑脸，幼儿能读懂教师的表情，能从教师激励的目光、阳光般的笑脸、柔和的身体姿态中看到教师对他们的鼓励和期待。小班幼儿年龄偏小，而年龄越小的幼儿越渴望和教师的身体接触，在教师的怀抱中，他们会感到无比的安全和温暖，所以不要吝啬给予他们爱的拥抱。

（2）积极参加教研活动，不断总结、积累教学实践经验，做经验型教师。在日常教学中，教师不可能十分认真地揣摩自己每一节课中所做出的教学回应，因此，教师在教学过程中会留下许多遗憾。在教研活动中，教研组全体教师一起参与研讨，特别是骨干教师要参与指导，全程参与"听课、评课、反思、再听、再评、再反思"。大家在"看别人的回应，评别人的回应"的同时要"想自己的回应，改进自己的策略"。在此过程中，教师可以积累丰富的实践经验，而丰富的教学经验直接影响到其回应的有效性。在集体教学活动前，根据幼儿的发展需要以及自身的教学经验，教师要对自己预设的问题进行回应的预设，预设越充分，活动中的回应就越自如，经验越丰富，教师的回应就越有效。

（3）结合教育教学实际，巧用回应技巧，做机智型教师。

①质疑。质疑是幼儿主动学习的起点，因为有了问题，幼儿才会带着问题去寻求答案，教师的质疑是回应幼儿的一种良好催化剂。尤其是在科学活动中，教师可以对幼儿的活动提出各种问题，如试探性的问题、暗示性的问题、挑战性的问题等，引发幼儿的思考和进一步探究，可以增强幼儿的探索意识，培养幼儿的探索精神。

②追问。追问是提问的一种形式，是教育活动过程中教师与幼儿之间常用的一种互动交流方式。在活动中，有时幼儿的回答会让人意料不到，而有

时幼儿又常常会表述不清甚至偏离话题。此时教师需要及时分析，通过追问的方法帮助幼儿整理思路、归纳想法、大胆想象。

③梳理。梳理是教师运用自己的语言或行为，帮助幼儿积累经验、丰富知识的有效途径。在师幼互动中，有时幼儿表达的语言内容不太准确，或表达的方式不正确，或是表达不完整。此时教师不能漠视或放纵这一现象，而应在尊重幼儿的前提下顺应幼儿的思路，完善和提高幼儿的语言能力，鼓励其大胆表述。

④调控。调控是指教师在活动组织中具备的应变能力。教师应根据幼儿在活动中的反应，随时调整教学的内容和方法。当幼儿遇到困难无法进一步发展时，教师要进行适时的调控，用简练的语言、动作，自然地感染幼儿，有效地推进活动的开展。

（临沂市市直机关幼儿园　隋学婧、张媛媛）

难题20：在集体教学活动中易出现教师的"高控制"现象，怎么办？

【典型案例】

在大班科学活动"熄灭的蜡烛"中，教师引导幼儿通过实验来探索和了解蜡烛燃烧的原理和空气助燃的特性。活动开始了，教师出示蜡烛和广口瓶并向幼儿介绍："这里有一支燃烧的蜡烛，如果把广口瓶罩在蜡烛上，你们猜猜会发生什么事情呢？"幼儿讨论后，有的认为蜡烛会灭，有的认为不会灭。教师一边小心翼翼地示范，一边认真地讲解："我把广口瓶轻轻地罩在蜡烛上，仔细看，蜡烛灭了吗？""灭了。""这个实验有趣吗？""有趣！""请小朋友们来试一试吧！"于是，幼儿拿起教师为他们准备好的材料，学着老师的样子操作了起来。不一会儿，他们兴奋地告诉老师："我的蜡烛也灭了！"……

【案例分析】

在教学活动中，教师往往根据自己预设的活动环节控制着活动的方向和速度，这种"高控制"行为让幼儿处于被动状态，直接影响到了教学活动目标的实现和幼儿在教学活动中各种能力的隐性发展。导致这种现象的原因主要有以下两方面。

（1）教师自身的因素。

①教育理念与教育行为脱节。在实际的教学工作中，某些教师的新观念仅停留在口头上，不能真正做到尊重幼儿的学习特点和发展需要，不能充分体现幼儿的主体作用。如案例中的教学环节表面上比较流畅，活动中虽然每一位幼儿都有参与实验的机会，积极性很高，也获得了相应的经验，但不难发现，幼儿依然是被教师"控制"的。教师规范、详细的示范，将实验的过程和结果全部呈现给了幼儿，之后幼儿的实验只是简单的模仿和验证。虽然幼儿体验到了实验的全过程，却失去了自主探索发现、主动思考的机会，科学活动的实际意义也就不存在了。教师的这种"高控制"行为还有很多，如：在美术活动中教师对绘画或制作过程的完整示范；在语言活动中教师封闭式的提问；在公开课活动中，教师怕影响活动的完整性，匆匆结束幼儿兴趣正浓的游戏等；还有的教师经常在抛出问题后便迫不及待地替幼儿回答，或者对于应该深度思考的问题、有多种答案的问题不展开讨论，急于按照活动预设的结果加以总结，等等。

②教育经验缺乏。教师"高控制"行为有的是由教师的教育经验不足造成的。比如，在工作中不善于学习反思，不及时总结经验，在教学活动中遇到幼儿抛出的问题不能及时有效地回应，不能根据幼儿之间的差异和兴趣需要随机调整活动流程，为确保顺利"完成"教学活动，教师只能采取"高控制"的手段，牵着幼儿的鼻子走。

（2）管理者评价机制上的问题。管理者的评价也是造成"高控制"现象的重要原因之一。管理者在评价集体教学活动时，往往会结合活动时间、活动的完整性、幼儿的活动秩序等来做评议。如，在一次美工观摩活动中，时间接近尾声，教师说："请小朋友们拿着你们的作品交到老师这里来，然后回到座位上坐好。"某些幼儿在教师的催促下，快速地上交作品并回到座位上，可仍有几名幼儿在继续作画，教师匆匆拿走他们的作品，他们便很不情愿地回到座位上。教师没有给幼儿充分的时间来完成作品，而是强制他们放弃自己完成一半的作品。管理者的评价机制在无形中成为教师教育行为的标尺，它让教师在满足幼儿学习需要和遵循评价制度的选择中很难平衡，而大多数教师选择了后者。

【应对策略】

从幼儿发展这个最终目标来看，教师必须对自身的"高控制"现象予以重视，并采取积极的措施对其进行改善。

（1）全面提升教师自身的综合素质，实现教育理念和教育行为相结合。

①做到教师主导，幼儿主体。在集体教学活动中，教师要明确自己的角色定位。幼儿的学习以直接经验为基础，是通过直接感知、实际操作和亲身体验获取知识经验的。在集体教学活动中，教师要做幼儿活动真正的观察者、指导者和合作者，应尽量创造条件满足幼儿的好奇心和探究欲望，让幼儿实际参加探究活动，使他们了解科学探究的过程和方法，体验发现的乐趣，从而帮助幼儿不断积累经验。在"熄灭的蜡烛"活动中，因为幼儿对科学小实验有着浓厚的兴趣，也喜欢动手操作，教师可以直接向幼儿出示实验材料，并提出操作要求："请你把广口瓶轻轻地罩在燃烧的蜡烛上，仔细观察，看看会发生什么事情。"教师可以先让幼儿在尝试操作中，发现问题，再与幼儿一起讨论问题、解决问题，根据问题进一步探索，引发思考。

②创设平等、开放的师幼互动氛围。教师应给幼儿更多的自主和充分思考、探索、质疑的空间，激发幼儿参与互动的积极性，努力为幼儿创设和谐、有效的互动氛围。平等、开放、尊重是师幼有效互动的必要条件，幼儿只有在宽松愉悦的互动氛围中，才能展现出自己真实的发展水平，才会呈现出主动的探究欲望。

③加强学习，不断提升自身教学素养。教师要认真学习《纲要》和《指

南》等幼教文件，并理论联系实际。在集体教学活动中，教师应尊重幼儿的身心发展规律和学习特点，激发幼儿的学习兴趣。教师要根据不同的教学活动内容、幼儿的兴趣与发展水平，选择科学的教学方法，设置适宜的教学环节，采取合理的指导策略，支持和推动幼儿的主动建构和整体发展。

（2）完善教学活动评价机制。在评价教学活动时，我们更多地应该围绕幼儿来开展。比如：活动设计是否考虑到如何将幼儿的兴趣、需要与教学活动目标有机地结合，如何通过集体教学活动拓展幼儿的生活认知和经验；在教学实施过程中，是否创设了"高结构、低控制"的教学活动现场；活动内容和形式是否符合幼儿的年龄特点，是否能促进幼儿的发展，在活动实施过程中，认知挑战是否层层递进；幼儿是否享受到学习过程所带来的成长快乐；教学目标是否有效达成，等等。

（临沂市市直机关幼儿园　徐艳）

难题 21：集体教学活动中偏离或完不成预设目标，怎么办？

【典型案例】

在大班公开教学活动"美丽的河"中，教师将活动目标定为：①让幼儿了解祖国的名川河流；②激发幼儿热爱祖国的美好情感。从活动过程中可以看出，教师事先做了充分的准备，从网上下载了许多关于名川河流的图片，如黄河上中下游、长江各段、三峡水库等相关图片，但有些图片连成人都感到陌生。虽然教师熟练地讲解着各条河的形成、流经的地方以及每条大河的作用，但幼儿的兴趣并不高，对于过程中教师的提问，或不举手回答，或举手后站起来又不知怎么回答。在接下来的环节里，教师用了较多的时间组织幼儿进行关于河流的主题绘画活动，效果也并不理想。

【案例分析】

准确、适宜的教学目标,是优质集体教学活动在设计和把握时的依据和保证,教师对活动目标的提炼和完成度是评价集体教学活动成功与否的重要指标。在"美丽的河"这一教学活动中,教师过于重视教学活动的过程,出现了偏离和完不成预设目标的情况,没有充分发挥教学目标的指导作用。究其原因,主要有以下几点。

(1)活动内容远离幼儿的生活经验,超出了幼儿的认知水平。《纲要》中明确指出,幼儿园教育活动内容的选择应体现几个原则:既适合幼儿的现有水平,又有一定的挑战性;既符合幼儿的现实需要,又有利于其长远发展;既贴近幼儿的生活来选择幼儿感兴趣的事物和问题,又有助于拓展幼儿的经验和视野。案例中,教师搜集的黄河上中下游、长江各段、三峡水库等图片内容,对幼儿来说太陌生了,与他们的生活经验相去甚远;在活动过程中,只能依靠教师来讲解这些河流的形成、流经的地域及它们相应的作用,对幼儿来说太枯燥了;幼儿只是在被动地听老师讲述,没有真正地参与到活动中来,学习兴趣不大。因此,教师不能有效地完成两个预设目标。

(2)活动目标大而抽象,不具体。任何一个教学活动目标的确立,都要建立在对参与本活动的幼儿现有发展水平了解的基础上。案例中涉及的名川河流太多,如果幼儿在一次活动中学习过多,反而会贪多嚼不烂;热爱祖国的美好情感比较抽象,不是通过一次教学活动就能培养起来的。

(3)活动的流程偏离预设目标。案例中,教师用较多的时间组织幼儿画河流,偏离了本次活动目标。

(4)幼儿的经验准备和教育环境的渗透不够。幼儿的学习以直接经验为基础,是在游戏和日常生活环境中逐渐渗透的。案例中,如果前期在幼儿园的环境中布置祖国名川河流的相关图片、图书,或师幼一起,或家长与幼儿一起丰富相关知识、经验,那么幼儿在活动过程中便会有话可说,其参与的兴趣也会更大。

【应对策略】

实现幼儿园集体教学活动的灵活性、有效性，完成预设的教学活动目标，需要每位幼儿园教师不断地探索和实践。教师既要关注幼儿的学习兴趣，又要关注幼儿的现有水平；既要重视幼儿知识技能的掌握，又要重视幼儿情感体验的获得。

（1）选择的教学活动内容应该是幼儿感兴趣的，应来源于幼儿的生活，充分体现生活性和趣味性。兴趣是积极探索某种事物或进行活动的倾向，是发展智力的重要条件。我们要善于观察幼儿的举动，聆听幼儿的声音，了解幼儿的兴趣，关注幼儿的需要，捕捉有价值的信息，从而创造出有意义的活动。对于幼儿来说，最有效的学习内容就是他们可感知的、具体形象的内容，这种学习内容主要源自幼儿周围的现实生活。幼儿园的课程内容与现实生活越接近，越能引起幼儿的学习兴趣，越容易使学习内容与幼儿的经验产生共鸣，学习效果也就越好。因此，幼儿园教学内容的选择应源于幼儿的日常生活，充分体现生活的多样性、趣味性。

（2）科学预设目标，使其具体而有针对性。"预设"体现教学是一个有目标、有计划的活动，而目标又是教学活动的导向。教师在预设活动目标时，首先要熟悉教材、研究教材，探究教材所蕴含的意义及其为本年龄段幼儿发展所提供的新经验，结合新经验和幼儿的年龄特点、认知规律，预设具体而明确的活动目标，既面向全体学生，又兼顾个体差异，还要参考周边的环境，切忌照抄照搬教学参考资料。

（3）围绕目标预设教学环节，关注活动重难点。为了完成目标，教师要紧紧围绕目标预设活动环节。同时，教师应注意如下几点：活动材料是不是完成目标的最佳材料？活动环节是否以游戏为基本活动形式且动静适宜？教学策略和提问等是否围绕目标引发幼儿的思索与探究？每一个环节是不是有必然的联系，并紧紧围绕目标的重难点展开？如案例中：目标①是重点，教师要着重引导幼儿通过前期环境渗透、师幼一起查阅资料、对活动过程进行系统的梳理和认知，来了解祖国的名川河流；目标②是难点，教师要着重引导幼儿感知、表达自己怎样用实际行动爱祖国（如爱护环境、节约用水、诚实守信、遵守交通规则、做有礼貌的小公民等）。教学活动要避免单纯追求教具、环节花样繁多，每个环节浅尝辄止，幼儿感知、表达得并不充分，表面上组织得热热闹闹、开开心心，其实，活动目标完成得并不理想或偏离活动目标。

（4）发挥教学机智，有效组合课堂信息。教学机智是指教师在教学活动中，面对预设外出现的偶发事件随机应变，及时采取灵活而有效的措施，保证教学活动顺利进行的一种能力。教学活动中，常会出现以下情况：幼儿回答问题时答非所问、对活动不感兴趣、不按要求操作教具以及发生意想不到的偶发事件，等等。对于这些情况，如果教师处理不当，就会影响教学目标的有效达成。因此，教师的教学智慧和机智行为更显重要。

①随机应变。如"认识兔子"活动中，猜完谜语后，老师提问："小朋友们，你们喜欢兔子吗？"一个小朋友大声地说："不喜欢。"老师点点头说："每个人都有自己的喜好。就像这只兔子，有的人喜欢，有的人可能不喜欢。现在我们就来说说这只小兔子。它长得什么样子？"教师随机应变，及时调整好自己的预设，巧妙而不露声色地帮助幼儿参与到活动中来。

②顺水推舟。如"油水分离画"活动中，老师出示一张白纸给大家变魔术，用刷子蘸满蓝色颜料刷了一下，立马就出现了很多小鱼，全体幼儿发出"哇"的惊叹声。这时坐在侧面的一个幼儿跑到前面指着白纸大声说："老师，我看到你白纸上有画好的鱼，白色的。"老师轻轻地把这个男孩子揽到座位上，接着说道："他说得很对，神奇的不是白纸，而是老师事先在白纸上画画的笔。"说完，马上出示一只白色的油画棒……

③临场冷静。如科学公开课"神奇的小水滴"中，老师为了向幼儿证明硬币能漂浮在水面上，把准备好的硬币轻轻地放到装有水的杯子里，原本能浮在水面的硬币连放三个都沉到了水下。这时候，老师不慌不忙，笑眯眯地对小朋友们说："大家不要着急，要仔细观察。科学实验不一定一次就能成功，有时候要多次实验才行，做实验一定要有耐心……"最终实验成功，有三枚硬币浮在了水面上，所有幼儿一起用力地鼓掌。老师沉着机智，不但化

解了危机，而且将问题集中到教学活动目标上，在充满活力的活动中达成了活动目标。

（临沂市市直机关幼儿园　姜彩霞、庄飞飞）

第三章

破解关于区域活动的 10 个难题

在幼儿园的各项教学活动中,区域活动是幼儿的一种重要的自主活动形式,有其独特之处。幼儿可以根据自己的兴趣、需要和意志自主地活动,活动的内容、时间、节奏、顺序以及活动的伙伴、规则等都可由幼儿自己决定或与同伴商量、协调,在摆弄与操作、探索与发现、交流与询问的过程中,幼儿的身心得到了全面的发展。《纲要》中明确指出:"教师应成为幼儿学习活动的支持者、合作者、引导者。"区域活动中教师的支持性指导有别于集体活动中教师的主导式指导,教师在区域活动中要从一个引领者变成一个尊重幼儿意愿的支持者和推动者。这就要求教师关注幼儿探索学习的整个过程,充分了解每一位幼儿的发展水平,从而正确指导以满足不同层次幼儿的需要。

难题22：幼儿对教师投放的区域活动材料不感兴趣，怎么办？

【典型案例】

惬意的午休时光结束，拉开飘曳的窗帘，温润的春日暖阳轻柔地落在孩子们身上。孩子们刚刚经历了起床、如厕、喝水、吃点心等活动，但似乎还没有从他们天马行空的梦境中走出来。王老师说："现在，我们要进入今天下午的区域活动时间啦！"孩子们的眼睛瞬间亮了起来，欢呼雀跃地讨论着自己要选择的区域。很快，孩子们各自如愿地进入了科学区、生活区、益智区等，兴致勃勃地摆弄着他们手中的材料，只是几分钟过后，原本秩序井然的教室里忽然嘈杂起来。王老师通过仔细观察发现，中班的教室里少了活动时激烈的讨论交流，取而代之的却是孩子们在一起的打闹嬉笑。益智区的孩子们随意地摆弄着自己手里的汽车拼图。三个孩子迅速拼好，再打乱顺序，几个来回后实在无聊，干脆拿着手里的拼图玩起了汽车大战的游戏。还有一个孩子随便摆弄了几下拼图转身便离开了。在生活区，尽管教师投放了可爱的动物造型，几名"喂小动物吃饭"的幼儿却显得无精打采，重复着用筷子将弹珠喂给小动物的动作，整个过程基本没有难度，幼儿之间也几乎没有交流。而在科学区，几名小朋友拿着教师自制的沙漏玩具无所事事地聊起了天……

【案例分析】

从案例中我们不难看出，教师在各个区域都投放了相应的操作材料，但这些操作材料十分单一，一种材料只求实现一个目标，不能挖掘多维目标，限制了幼儿的发散思维。如生活区的"喂小动物吃饭"活动，老师只提供了简单的动物造型、一双筷子、少许弹珠，让孩子机械地不断重复一个动作。这样，只能达到锻炼幼儿小手灵活性的目的，整个过程中幼儿无须多动脑，操作起来枯燥乏味。此外，孩子在操作过程中用到的操作材料仅仅是同样的筷子和同样的弹珠，操作材料过于单一，也会在一定程度上削弱孩子参与活动的积极性。

益智区汽车拼图的材料投放则缺乏一定的层次性，老师只提供了两三种块数少的汽车拼图。对于能力弱的幼儿来讲，他们没有掌握拼拼图的顺序和方法，难以进行操作；而对于能力强的幼儿来讲，块数少、种类又少的拼图过于简单。这样的操作材料不能满足不同水平幼儿的需求。

科学区的幼儿只知道自己手里拿的教具是沙漏，瓶子倒换位置，沙子便可以从一个瓶子流向另一个瓶子。幼儿只是单纯地进行操作，缺乏思考、探究、观察和记录，因而也失去了科学区存在的教育价值。

【应对策略】

只有创设和提供有效的区域活动材料，才能更好地激发幼儿主动参与活动，促进幼儿在区域活动中主动发展。那么，教师应如何恰当地投放区域活动中的相关材料呢？

（1）提供多样性的操作材料，以实现多维活动目标。以"喂小动物吃饭"为例，除了投放弹珠、木筷以外，教师还可以采取以下方法：为幼儿提供大小不同、材质不同的各类珠子，如玻璃珠、木珠、塑料珠等；长短不同、材质不同的筷子，如不锈钢筷、竹筷、牙骨筷等；还可以在不同小动物的嘴巴下方分别标上10以内的数和圆点，让幼儿在相应的动物嘴巴里放上相应的珠子。通过"喂小动物吃饭"的活动，教师既可以锻炼幼儿手指的灵活性，让他们学习使用筷子，又可以让幼儿探究哪种珠子容易夹起，哪种筷子更好使用，还能让幼儿学习按数取物。这样的材料投放蕴含了多维目标，是多样有效的。

（2）提供具有层次性的操作材料，满足不同幼儿的发展需要。对于同一种区域材料，可以多层次展现，以适应不同的幼儿。以案例中的汽车拼图为例，教师可以重新制作拼图，从8块到10块，甚至是十几块，数量不等且种类不同，并提前设计好拼拼图的步骤图，让孩子们根据自己的能力自由选择操作材料。幼儿拼拼图遇到困难时还可以看步骤图掌握科学的方法，按车头、车身、车尾的顺序拼拼图，相信这样可以大大地增强孩子们的兴趣，更会让孩子们在操作中乐此不疲。

（3）提供探究性材料，不断引发幼儿思考。区域活动中材料的投放必须要吸引幼儿主动思考与探究，这样才能体现区域活动的价值。案例"有趣的沙漏"中，老师只提供了几个塑料瓶制作的放有大米的沙漏，幼儿没有办法探究，只能操作、观察和等待。教师可以提供漏口大小不一的沙漏，让幼儿先猜想，哪种沙漏漏的速度最快，把猜想的结果记录下来，然后将漏口不同的沙漏依次进行试验，并把速度快慢记录下来，最后总结出"沙漏的速度和漏口的大小有关"的结论。从实验到验证，幼儿既能体验到探究的快乐，又能增长知识、获取经验。

（4）根据幼儿已有的经验，及时添加区域材料。区域材料应该做到及时增补更换，教师应适当增加材料的难度，以调动幼儿操作的积极性，引发幼儿探索新的活动。同样以"有趣的沙漏"活动为例，当幼儿已经明确沙漏的速度和漏口的大小有关时，教师可以提供一些漏口相同但以大米、小米、红豆、绿豆、沙子和石头等为填充物的沙漏，让幼儿探索"沙漏的速度除了和漏口的大小有关，是否还和填充物的材料有关"的问题。幼儿带着原有的经验和获得成功后的自信逐级而上，在新情境中运用原有知识建构新经验，这样又能引起幼儿新一轮的探索。

（临沂市兰山区柳青街道中心幼儿园　王文静）

难题 23：教师不知如何利用乡土资源开展区域活动，怎么办？

【典型案例】

娃娃家一直都是备受孩子们欢迎的一个区域。为了结合主题"美丽的家乡"，激发孩子们了解家乡、热爱家乡的情感，周末卢老师特意让孩子们搜集一些家乡的农作物和农产品并把它们带到幼儿园。他们有的带了玉米，有的带了玉米皮，有的带了红薯，有的带了辣椒，有的带了花生，还有的带了高粱秆……卢老师将孩子们带来的材料全部投放到了娃娃家，让孩子们自由交流与玩耍。朵朵与她的几个好朋友率先插卡进入了娃娃家，他们开始分配角色：你当爸爸，我演妈妈，她是我们的宝宝。他们在娃娃家有模有样地进行着角色扮演，很快，新投放的材料吸引了他们的注意力，于是辣椒、玉米、红薯和花生成了他们做饭所需要的食材。但他们对材料的利用也仅仅是做一次"过家家"游戏，孩子们"进餐后"，便把这些材料丢在一边，而玉米皮和高粱秆由于颜色枯黄，并没有引起他们的注意，一直被摆放在角落里，无人问津……

【案例分析】

从案例中不难看出，尽管幼儿搜集来了一部分乡土材料，教师也将其投放到了区域内，但这些资源并没有很好地发挥出它们的教育价值。

从幼儿园教师对乡土资源的认知水平上来看，其对乡土资源的概念还比较模糊，只是一味地追求、模仿，乡土资源的概念被局限在了一些农作物和农产品上。其实，广义的乡土资源还包括乡土地理、民风习俗、传统文化、民间游戏、民间玩具、生产和生活经验，等等。

再者，教师缺乏对乡土资源教育价值的研究，或者说教师缺乏乡土生活的经验，甚至不知该如何去操作乡土材料。案例中，如果教师能给予正确的引导，那么红红的辣椒就不仅仅是孩子们做饭的食材，还可以成为装饰的耳坠和漂亮的头饰。另外，教师投放乡土资源的区域太过局限。一物多玩，一物多投，是挖掘乡土资源的根本，在投放乡土资源材料时，教师应尽可能地发挥它们在不同区域的教育价值。如案例中的高粱秆，可投放到益智区，让幼儿排列顺序、比较长短，还可以投放到美工区，使之成为幼儿手工制作的材料。

【应对策略】

不可否认，乡土教育资源是学前教育的重要资源，对儿童的全面发展具有重大意义。那么，教师应该如何挖掘、利用乡土资源，积极创设具有乡土特色的区域活动呢？

（1）充分了解本地乡土资源存在的优势。乡土资源是指我们出生、成长的地方的地域特色、自然景观、文物古迹、历史变迁、社会发展以及民间艺术、民俗风情、名人逸事、语言文化等。它包括自然地理资源、人文历史资源和社会发展资源等。每一个地域都有各种各样的特色小吃、土特产、风俗人情、名人逸事等，这些都可以作为乡土资源进行不同的区域活动。这就提高了对教师自身素质的要求，在利用乡土资源开展区域活动之前，幼儿园教师必须做好深入的走访调查，要熟悉和了解本地特有的资源优势，而不是盲目模仿，人云亦云。

（2）充分挖掘乡土材料在活动中的教育价值。每一种乡土材料都有它的教育价值，关键要看教师如何去挖掘和利用。以玉米为例：投放到生活区，幼儿可以剥玉米皮、剥玉米粒；投放到美工区，幼儿可以做玉米粘贴画；投放到益智区，幼儿可以数数、排序、比较大小；投放到搭建区，幼儿可以垒、搭、组合各种楼房；投放到体育区，幼儿可以进行蹦跳练习……

（3）使用经济实惠的乡土材料时，教师在操作过程中还要注意以下几点。

①区域中的乡土材料要具有可行性和操作性。在创设本土特色的区域时，教师应考虑所投放的材料对幼儿的教育价值，力求对幼儿的发展起到积极作用。

②投放的乡土材料要安全、卫生。一些乡土材料要清洗、整理后才能投放到区域中。例如，稻草应先清洗、暴晒，再投放到区域中。有的幼儿是过敏体质，对棉絮过敏，所以在投放棉花材料时，要用袋子进行封存，需要时再打开使用，以免造成个别幼儿身体不适。

③根据幼儿的需要，及时调整乡土材料。投放的乡土材料如果能激发幼儿的兴趣，就能使幼儿与材料产生良好的互动，达到较好的互动效果。在活

动中，教师应随时关注材料的适宜性，及时掌握幼儿的最近发展区，适时调整乡土材料，以达到良好的教育效果。

（临沂市兰山区柳青街道中心幼儿园　王文静）

难题24：在区域活动中，教师的预设与幼儿的选择出现矛盾，怎么办？

【典型案例】

星期三下午，又到了大四班区域活动的时间，宋老师让孩子们围成一个半圆，准备分配区域项目。首先，宋老师向大家介绍今天开放的区域有美工区、建筑区、益智区、操作区、科学发现区……还没等老师说完，壮壮就兴奋地喊起来："陀螺，我想玩陀螺！"在益智区，老师利用废旧材料做了好几种陀螺，有纸板陀螺、果冻壳陀螺、光盘陀螺、瓶盖陀螺等，孩子们玩得兴致盎然，该游戏成为大家争相选择的区域游戏。这时，宋老师瞄了壮壮一眼，提高声音严肃地说："今天我们选表现好、遵守纪律的小朋友玩陀螺。"随后，宋老师很快地完成了区域的分配，她把壮壮分到了积木搭建区。壮壮着急地向老师恳求道："老师，我想玩陀螺。""今天你违反纪律了，下次再玩吧。"宋老师说。壮壮只好在搭建区里心不在焉地插着积木，一边插一边看着益智区的孩子们热闹地玩着陀螺。宋老师巡视着、观察着各个区域里孩子们的活动情况，来到益智区时，看到壮壮竟然用塑料积木插了四个陀螺，他正在兴高采烈地玩着，一会儿一只手转，一会儿两只手一起转……

【案例分析】

针对上述案例，我们可以从教师为幼儿分配区域项目和师幼互动这两个方面进行分析。

（1）教师对区域活动的理解有偏差，观念有待更新。案例中的教师总是以管理者、约束者的身份出现，依次为班级幼儿进行区域的分配，她对幼儿的要求是：保持安静，等着老师给安排区域，否则就视为不遵守纪律。教师没有把握好自己的角色定位，她没有真正意识到，在区域活动中幼儿才是活动的主体。

（2）这是以"遵守纪律"为主题的师幼互动，是消极的师幼互动。当壮壮高喊"陀螺，我想玩陀螺"的时候，教师不但没有给予积极的肯定和鼓励，反而因他"违反纪律"而将其分配到了搭建区。可是，壮壮的兴趣点就在陀螺上，即使没有被分到益智区玩陀螺，也没能阻止他去探索、研究陀螺——他在搭建区用插塑积木自己动手插了四个陀螺。

【应对策略】

作为教师，在活动项目的安排上应如何引导幼儿？当幼儿的选择与教师的预设有冲突时又该怎么做呢？

（1）首先，教师应明确：幼儿是区域活动的主人，享有选择活动项目的权利。教师是区域活动的引导者，在安排区域活动时，可以向幼儿征求意见："今天，你想去哪个区玩？为什么？"让孩子们在交流讨论中把自己喜欢的区域推荐给大家，让他们有充分选择自己喜欢的区域的权利和自由。案例中，壮壮对陀螺情有独钟，他按捺不住自己兴奋的心情高喊"陀螺，我想玩陀螺"，其积极性已经被调动起来了。此时，壮壮是在向老师传达他的意愿，老师应该积极地回应，并在他玩之前进一步提出关于陀螺的一些小问题，比如：陀螺是怎样做成的？什么样的陀螺转得快？带着这些问题投入益智区的壮壮不仅会在情感上得到满足，而且会产生探索科学知识的兴趣。

（2）其次，教师应在充分了解幼儿的基础上预设活动。教师对区域活动的预设必须通过观察，了解幼儿的生活经验和学习兴趣，当幼儿发出信息时，教师要及时捕捉，并给予积极的回应和帮助，及时添加活动材料和内容，提升幼儿的活动自主性。

（3）最后，教师应学会倾听幼儿的想法，尊重幼儿的选择。教师要具备敏锐的观察力，善于捕捉来自幼儿的信息，使幼儿在区域活动中不断地探索和发展。教师要做到倾听幼儿、包容幼儿、支持幼儿，真正成为幼儿游戏的参与者、支持者和引导者，在区域活动中尊重幼儿的选择，支持、鼓励幼儿探索与表达，从而满足幼儿的活动需求。

（临沂市兰山区柳青街道中心幼儿园　王文静）

难题25：教师设计的区域活动与幼儿的年龄特征不符，怎么办？

【典型案例】

小班有个"剪窗花"的美工区，老师投放了五颜六色的彩纸，还剪了各种各样的窗花展示在美工区，供幼儿欣赏、模仿。每次活动总有五六个幼儿在美工区剪窗花，但是没有一个幼儿能剪出像样的窗花。一天，欢欢老师观察到美工区的幼儿都在认真地剪着，走近一看：文雅拿着剪刀，一开始还小心翼翼地、慢慢地剪着直线，但一不留神就把直线剪断了；涵涵在剪"之"字形时，拐弯的时候剪刀没控制好，把不该剪掉的部分剪掉了……一会儿工夫，两个幼儿就剪了一堆纸片。看到这里，欢欢老师明白了：剪窗花对于小班幼儿来说太难了。《指南》在健康领域中提出了幼儿"手的动作灵活协调"的具体目标，要求3—4岁幼儿"能用剪刀沿直线剪，边线基本吻合"。小班的幼儿手眼协调能力和控制能力较弱，不能很好地控制剪刀的力度和方向，三四岁的幼儿只能用剪刀剪直线。

根据小班幼儿的年龄特点，欢欢老师及时把"剪窗花"的美工区做了调整，改成了"面条加工区"。老师投放了各种各样的彩纸、包装纸、广告纸，孩子们每天都会生产出很多"面条"。为了增强幼儿的兴趣，欢欢老师还在区域中添设了几个大嘴娃娃，幼儿把生产出来的"面条"喂给娃娃吃，有用夹子的，有用筷子的，为活动增添了不少的乐趣。

【案例分析】

从上述案例中，我们不难发现，欢欢老师的初衷是好的，但是在实践中，存在着以下两个问题。

（1）欢欢老师对幼儿的年龄特点了解得不够准确，因此高估了小班幼儿的能力，准备了丰富的活动材料，却没有达到预期的目标。小班的幼儿手眼协调能力和控制能力较弱，不能很好地控制剪刀的力度和方向。所以教师在投放区域活动材料时要注意与幼儿的发展水平相适应，既不能脱离原有的水平，也不能缺乏挑战性。

（2）在上述活动中，幼儿达到目标的方式过于单一，操作方式过于机械化，只有用剪刀剪纸这一个动作，因此，即使幼儿最初被教师投放的五颜六色的彩条吸引，操作几次也容易丧失兴趣。教师应把握幼儿在认知水平和情感态度上的差异，分析其最近发展区并重新调整活动，使材料中蕴含的能力要求与幼儿的发展水平相适应。

【应对策略】

幼儿的年龄特点决定了他们的学习方式——在玩中学。因此，教师所创设的区域活动应符合幼儿的年龄特点。

（1）根据幼儿的年龄特点，确定适宜的活动目标。小班幼儿的身体器官和肌肉力量发展尚不成熟，教师应根据其现有的发展水平，制定出在幼儿最近发展区内的活动目标，既不能使幼儿达到目标过于容易，又不能让幼儿觉得无论如何也完不成目标。应使幼儿通过自己的努力或在教师、同伴的帮助下达到既定目标，如案例中，欢欢老师将剪窗花的活动更换为面条加工的活动，降低了活动难度，使之符合小班幼儿的年龄特点，使他们在操作过程中极大地增强了自信心与成就感。

（2）根据幼儿的年龄特点，选择适宜的区域活动内容。幼儿年龄不同，他们已有的生活经验、对事物的兴趣点与关注点、发展目标定位等也有较大的区别。这就要求教师在选择区域活动内容时，要从幼儿的年龄特点出发，关注内容的适宜性。

（3）根据幼儿游戏的特点，创设适宜的游戏环境。小班幼儿生活经验比较缺乏，倾向于关注事物的外部特征，具有好模仿的特点，处于角色游戏的萌芽期。教师可以为区域活动创设一个具体的情境或故事情节，吸引幼儿进行角色游戏，使幼儿乐此不疲地参与活动，不轻易丧失兴趣，以促进幼儿各方面的发展。案例中的喂娃娃吃面条就极大地增添了活动的趣味性。

（4）当幼儿的活动出现问题时，教师要及时反思，做出调整。在实际的活动中，难免会出现预想不到的情况，教师要及时查找原因，采取相应的措施，对症下药，以保证活动的顺利进行。

（临沂市兰山区柳青街道中心幼儿园　王文静）

难题26：区域活动与主题教学活动容易脱节，不能相辅相成，怎么办？

【典型案例】

上午，黄老师开展了一次集体教学活动"认识时钟"，孩子们通过学习认识了整点和半点。课堂上，老师拿着教具钟表提问小朋友："谁能在钟表中把三点、六点指出来？"俊文把手举得高高的，当老师点到他的名字时，他迅速地在教具钟表上把三点和六点分别标示出来，老师对他的突出表现提出了表扬。集体教学活动结束后，孩子们都到区域中活动去了，俊文这个区瞅瞅，那个区看看，好像在找什么东西。他来到黄老师跟前，对黄老师说："老师，刚才上课时的钟表在哪里？我还想再玩一玩。""哦，你在找钟表呀。"黄老师说着把放在讲桌上的钟表递给了俊文，俊文很开心地接过钟表，坐在桌子旁边认真地拨弄着，嘴里还默默地说："一点、两点、三点……"一会儿，俊文抬头问老师："三点半怎么弄？"老师想了想，一边拨弄着时针，一边问俊文："时针走一圈是一小时，那半点时针应该走多少呢？""时针走一半，对吧？"黄老师笑着点点头，说："那你试试吧。"俊文一边摆弄着指针（一点、一点半、两点、两点半……），一边不时地抬头问老师："对吧？"黄老师笑着频频点头。

【案例分析】

在集体教学活动"认识时钟"开展后，俊文小朋友仍然对钟表有强烈的兴趣，因此他试图在区域活动中搜寻钟表的踪影，以进一步满足自己探索钟表的兴趣。然而，教师在集体教学活动结束后并没有在区域里呈现与集体教学活动相关的材料。区域活动与集体教学活动的脱节，导致孩子的探索行为不能继续进行，探索欲望被遏制。

在区域活动中，当俊文寻找钟表时，教师也只是递给了他，任由孩子漫无目的地拨弄，尽管孩子对钟表十分感兴趣，但区域活动中没有背景环境和目标支持的操作会让孩子失去兴趣。如若围绕时钟这一主题，教师在区域里开展进一步的延伸活动，如体育游戏、阅读活动、艺术表现活动（绘画、手工制作）等，那么孩子们将在操作和游戏的过程中习得经验，感受快乐。而集体活动中设定的教学目标也会潜移默化地在区域活动中得到进一步的巩固和提升。

【应对策略】

随着教育理念的不断发展，区域活动的内涵也在不断发展。区域活动在一定程度上应与我们的集体教学活动相融合，通过环境的创设、幼儿与材料的互动促进幼儿的成长。那么在新的教育理念下，如何有效地将集体教学活动和区域活动相结合呢？

（1）区域活动的设置应充分考虑集体教学活动的内容和目标。有的区域活动是服务于集体教学活动的，是集体教学活动的一种有效补充，可帮助幼儿完成在集体教学活动中未完成的目标或者巩固幼儿刚刚习得的某种技能。因此，在创设区域环境时，教师要充分考虑教学活动的内容和目标。比如，案例中在集体教学活动结束后，教师可以将钟表投放在科学区，引导幼儿进行"你说时间，我来拨"或"老狼老狼几点了"的游戏，让幼儿进一步巩固其在集体教学活动中学习的内容，更好地完成目标。

（2）对于同一种集体教学活动，区域材料的投放形式可以多种多样。教师可采用不同形式与主题目标相结合。比如案例中"认识时钟"的活动，它的一个活动目标是"能结合一日活动的作息时间表拨整点，建立初步的时间概念"。针对这个目标，教师在益智区可以投放图片，让幼儿感知在哪个时间段该进行哪项活动，也可以投放钟表，让幼儿通过具体形象的实物观察和动手操作来感知时间的变化，另外，投放的数量也要满足幼儿的需要。

（3）集体教学活动前的知识经验储备可以在区域中进行。区域活动也可以为集体教学做准备。集体教学活动的开展需要幼儿有相关的经验准备，因此，教师在开展活动前可以帮助幼儿丰富有关的经验和技能，使区域活动成为幼儿获得集体教学活动所需经验和技能的有效渠道，为进行集体教学活动做好准备。比如，案例中，在开展集体教学活动"认识时钟"之前，教师可以让家长和幼儿合作制作钟表，并将这些各具特色的钟表投放到区域内，让幼儿在具体形象的操作中加深对钟表的认识。

（4）区域活动还可以成为集体教学活动的延伸，发挥重要的功能。围绕"认识时钟"这一主题，教师可以鼓励幼儿进一步开展延伸活动，如角色游戏（根据时间的变化决定什么时间干什么事情）、体育游戏（比比1分钟之内谁跳绳跳得多）、艺术表现活动（绘画、制作款式不一的钟表）等。教师还可以在娃娃家中布置钟表，让幼儿根据钟表上所显示的不同时间进行角色扮演。

（临沂市兰山区柳青街道中心幼儿园　王文静）

难题 27：在区域活动中，教师不知如何有效地观察、正确地引导幼儿，怎么办？

【典型案例】

又到了区域活动时间，孩子们在自由选择之后就投入到了各自的小天地里。他们在一起操作、交流，玩得不亦乐乎。每个孩子都在忙着自己的"工作"，班里的几位老师似乎得到了解放。他们漫无目的地巡视着每个区域里的孩子，最后干脆去忙各自的"工作"。而区域时间过半，孩子们又在做什么呢？美工区的孩子们在为如何将直线画得更直而争吵不休；益智区的华华因为掌握不好拼拼图的技巧而一筹莫展；娃娃家的壮壮把正在睡觉的"宝宝"抢了过来，导致"宝宝"的"妈妈"非常生气；还有几名幼儿看到哪儿新鲜就玩到哪儿，频繁地更换区域……

【案例分析】

从案例中可以看出，教师并没有参与到孩子们的区域活动中，更别提对幼儿进行观察和指导了。案例中的教师将区域活动置身事外，每次的区域活动时间就是教师的休息时间，而且在区域活动中，教师对自身的定位不够准确，导致区域活动流于形式，幼儿在活动中得不到应有的发展。

象征意义上的"巡回指导"，显得漫无目的，对幼儿没有起到丝毫的帮助。案例中，美工区的孩子们在为如何将直线画得更直而争论不休，如果教师观察到了孩子们争论的话题，对他们进行有效的引导（比如，教师可以抛出"我们可以借助于哪些物品来画直线？"的问题，让孩子们自由探究），那么这次区域活动就会显得更加有意义。如果孩子们的争论不了了之，那么他们将逐渐失去对区域活动的兴趣，而且他们自身也得不到应有的发展。

【应对策略】

区域活动是幼儿在有准备的环境中自由、自主选择的活动。但这并不代表它是毫无规律和秩序的。那么，在区域活动中，教师应该如何有效地观察和引导幼儿呢？

（1）明确自身定位，教师要做区域活动的有心人。虽然幼儿是区域活动的主体，但这并不意味着教师可以置身事外，因为在活动过程中，教师的责任更加重大。教师要时刻关注幼儿在区域活动中的情况，耐心观察幼儿的举动，这样不仅能了解幼儿的现有水平，还能及时发现他们在区域活动中存在的问题，及时采取应对策略，使幼儿得到更好的发展。而案例中，孩子们开展区域活动的时间却恰恰成了教师们休息的时间，教师对自己在活动中的定位存在偏差，也没有真正意识到区域活动的价值，于是对幼儿放任自流。

（2）深入观察幼儿的需要，了解区域活动实际操作的现状。观察是实施有效指导的基础和前提，只有通过细致的观察，才能找到正确的教育方法。教师要想发挥区域活动的作用，就应先观察和了解，对幼儿的发展状况了然于胸，再决定是否采取措施以及采取何种措施。例如，案例中，对于频繁更换区域的幼儿，教师在观察后可以具体地帮助幼儿了解每一个区域的玩法、游戏规则，帮助幼儿快速地找到合适的活动场地。对于在益智区一筹莫展的华华，教师应该通过观察，及时调整华华操作的材料，使其更适合其水平、兴趣和需要。

（3）有效的观察需要明确观察目标，选取适宜的方法，并选择恰当的视角，以获得有价值的信息。首先，在观察之前，教师要先确定观察的目的，只有清楚地知道自己想要什么，才能达到事半功倍的效果。其次，教师要根据观察目的确定适当的观察方法，如横向观察或纵向观察。如果是想了解幼儿某一特定的行为，可采取横向观察法，即在同一时间观察多名幼儿；如果是想了解某一幼儿的进步情况，则可采取纵向观察法，即在不同时间观察同一幼儿，以了解幼儿的状况。再次，教师要选择适宜的角度，保持观察活动的客观性，尽量避免幼儿发现自己正被观察，以免影响其心理活动，使观察结果存在偏差。此外，教师还要采取恰当的观察方法，如填写观察记录表、拍照、录像等,及时记录有价值的信息。最后,教师要综合分析观察数据,做出总结,为后续的指导提供第一手资料。

(4)掌握区域活动中有效的引导方法。区域活动是幼儿自主进行的活动,但这并不是说就要任其完全自由地进行而不需要教师的指导。相反,教师在区域活动中起着很重要的作用。在蒙台梭利的教育理念中,活动室内的自由和规则是同时存在的,幼儿的行为需要教师的有效引导。此外,教师对幼儿区域活动的指导必须以保证幼儿游戏的特点为前提,否则,一切指导都是徒劳的,甚至可能成为幼儿发展的障碍。

除此之外,教师在引导区域活动时还应注意以下两点。

(1)尊重幼儿区域活动的意愿和兴趣。当幼儿想按自己的意愿和兴趣活动时,他们对活动就会有较高的自主性。教师应予以尊重,不能因不符合自己的设想或实际生活就予以批评否定,甚至强行制止。如幼儿进什么区、扮演什么样的角色都应由幼儿自己决定,而不是由教师全权安排,过度干涉。

(2)教师在幼儿进行区域活动时要适时地、适度地介入和引导。当幼儿的活动出现困难时,当幼儿对活动失去兴趣或准备放弃时,当活动的秩序受到威胁时,都需要教师选择适宜的时机介入,以保证幼儿的活动能够顺利进行。案例中的教师没有仔细观察幼儿的活动,更没有任何引导幼儿活动的行为,导致美工区、益智区、娃娃家的幼儿状况不断,失去该区域活动的实质意义。

(临沂市兰山区柳青街道中心幼儿园 王文静)

难题28:教师把握不好介入幼儿活动的时机,怎么办?

【典型案例】

有一次,在"宝宝小厨师"的活动中,有个小厨师在工作台上认真地制作美食,台下做顾客的小朋友也都非常积极。小厨师说:"香喷喷的羊肉串做好了,想吃的快来买呀!"这一句话刚说完,所有的小朋友便涌到了柜台前,这时有很多小朋友来告状:"老师,浩文在插队。""老师,欣然挤我,踩着我的脚了。"尽管教师多次教育孩子们要守秩序,可总有那么几个孩子我行我素。其他排队的小朋友见不守秩序的孩子很快"买"到了"羊肉串",心里着急,也试着往柜台前挤。教师见状一边喊着"别挤别挤",一边扶起差点被挤倒的小朋友。又过了一会儿,小朋友们都"买"到了美食,也安静了下来。但是,由于刚才的拥挤,"美食"散落了一地。

【案例分析】

教师介入幼儿活动时机的选择主要取决于两个因素:一个是幼儿客观的需要,即看幼儿的活动行为是否自然顺畅、是否需要帮助;二是教师的主观心态和状况,即教师希望幼儿在游戏中表现出的水平、态度和情绪体验,也包括教师是否具备投入幼儿活动的热情和精力。在介入之前,教师一定要仔细观察,选择适宜的时机再介入。案例中,面对幼儿"买美食"出现的拥挤现象,教师应适时介入,参与到游戏中。教师可到队伍中排队,提醒幼儿按规则进行游戏,帮助幼儿实现自己的设想。然而,案例中的教师未能注意观察并了解幼儿的活动情况,未能寻找恰当的时机介入幼儿的活动,而且在介入活动后只是向幼儿喊着"别挤别挤",并没有做出相应的指导。因此教师的介入是毫无意义可言的。

【应对策略】

在区域活动中,教师应该在何时、采用什么样的方法介入,才能有助于幼儿进行区域活动,促使其个性与创造能力得到主动、充分的发展呢?

(1)在区域活动中,当幼儿在活动内容发展或技能方面遇到困难时,需要教师的介入。当幼儿在区域活动中反复操作材料一直没有进展、活动无法向前推进时,则需要教师适时地介入。教师可以作为游戏同伴介入活动,给幼儿示范,或者让幼儿相互启发、相互影响,以帮助幼儿克服困难,拓展游戏。比如,案例中,如果小厨师的生意一直无人关照,而小厨师又一直在重复着叫卖的话语，无法往下进行活动，那么就需要教师以顾客的角色介入游戏，从而不露痕迹地促进幼儿的发展。

（2）在区域活动中，当幼儿遇到困难或出现认知偏差时，需要教师的介入。幼儿通过活动积累经验，获得认知的提升。当然，在进行活动时，幼儿可能会遇到困难，所获得的认知可能有正确的，也可能有错误的。如，案例"宝宝小厨师"的活动中，一拥而上的小顾客在向老师告状："老师，浩文在插队。""老师，欣然挤我，踩着我的脚了。"幼儿进行区域活动的秩序已经混乱，孩子们有了困难无法解决，在向老师发出求助信号，这时教师就要巧妙地介入游戏。同样，排队的小朋友看到不守秩序的孩子很快地"买"到了"羊肉串"，心里着急，也试着向前挤，认为这样就可以很快"买"到"羊肉串"，显然这是一种错误的认知。出现此种现象时，也需要教师适时地介入。教师可以同样以顾客的身份参与到活动中，主动地排队，孩子们看到教师的行为，自然而然地会模仿，潜移默化中就规范了排队的秩序。

（3）在区域活动中，当幼儿之间发生冲突、面临安全隐患时，需要教师的介入。许多幼儿到了幼儿园后，才真正有了与同龄伙伴进行交往与交流的活动。幼儿在交往中或多或少地会发生冲突，如案例中，当幼儿因为"买羊肉串"排队拥挤而发生争吵打闹，甚至出现安全隐患时，教师只冷静观察和等待幼儿解决问题是不够的，而应该在安全事故发生之前及时地介入活动。教师可以将争吵打闹的幼儿暂时请出活动区并对其进行言语教育，有时，适当的惩罚也是可取的。

（4）在区域活动中，当活动秩序受到影响时，需要教师的介入。当正常的活动秩序受到影响时，教师可用游戏的口吻自然地制止幼儿的干扰行为，并提出活动建议。每一个区域都有它相应的进区规则，幼儿只有在遵守游戏规则的基础上才能更好地进行操作与游戏。而在实际的区域活动中，如果因为某些幼儿的特立独行导致活动无法开展，便需要教师及时介入，以保证区域活动的顺利开展。另外，教师还要提高自身素质，恰当地运用各种介入方式，以保证活动的完整性。

（临沂市兰山区柳青街道中心幼儿园　王文静）

难题29：教师在区域活动中对教育契机不敏感或抓不住教育契机，怎么办？

【典型案例】

又到了区域活动时间，淘淘和芊芊来到角色美食区穿上围裙，戴上厨师帽，等待顾客的光临。3分钟过去了，一个顾客也没来，淘淘坐不住了，站在门口招呼客人："瞧一瞧，看一看，我们家的'烤串'可好吃了！"可旁边的几个孩子只是往这边看了看，仍低头做自己的事情，没有过来。他正喊得口干舌燥，一转头，看到了娃娃家的花花（一个布娃娃的名字），于是跑过去抱起花花来到美食区对芊芊说："花花来了，快给花花来五个'烤串'、三个'包子'。"淘淘一会儿拿"烤串"给花花吃，一会儿拿"包子"给花花吃，嘴里还不停地说："多吃一点。"淘淘忙得不亦乐乎，大约过了10分钟，芊芊把花花用过的盘子随手丢到了一边，而淘淘拿了一张餐巾纸为花花擦嘴巴，然后直接把用过的餐巾纸扔到了活动区的地板上。

这时唐老师走过来，随手捡起地板上的餐巾纸丢到了垃圾桶内，便去了下一个活动区。而芊芊和淘淘仍然在津津有味地进行着自己的活动。

【案例分析】

在区域活动开展的过程中，教师最需要做的就是观察。观察可以帮助教师了解与反思自己前期的工作状况，即区域活动的种类与位置是否适当，这是教师介入与指导幼儿活动的前提。教师只有在充分观察的基础上，才能对活动做出正确的判断，有的放矢地引导、帮助幼儿全面发展。

然而在案例中，唐老师没有充分观察和了解游戏活动的整个过程，只是看到了扔在地上的餐巾纸，没有发现被幼儿随手丢在一边的盘子。虽然唐老师将餐巾纸捡起来扔进了垃圾桶，但这对芊芊和淘淘来并没有产生任何影响，他们不知道自己的行为是对是错，以后仍然可能会随手乱丢垃圾。因此，唐老师错过了教育幼儿爱护环境的良好契机。

【应对策略】

在幼儿园区域活动中，教育契机是经常、大量出现的，也是稍纵即逝的，一旦错过，教育效果就可能会大打折扣。而及时把握和利用教育契机，会达到事半功倍的效果。那么什么是教育契机，教师又应如何把握和利用教育契机呢？

（1）教师要加深对教育契机的理解，树立时时处处抓教育的观念。所谓"教育契机"，即教师对幼儿进行教育的最佳机会。教育契机不是某一种教育，而是方方面面的教育，如思想品德教育、良好行为习惯教育、陶冶情操教育等。教育契机随时随地都可能出现，教师一定要树立随机教育的观念，抓住教育契机，对幼儿进行教育。

（2）抓住教育契机，需要教师具备一颗善于观察的心。细致、充分的观察是了解幼儿的基础，只有通过观察，教师才能在第一时间发现幼儿在活动中出现的问题，才能抓住教育契机，提升教育价值，并以适当的方式对幼儿进行教育，使之得到意外的收获，以促进幼儿更好地发展。

（3）当游戏开展不下去时，需要教师及时抓住教育契机，帮助幼儿拓展思路，深化游戏主题。案例中，淘淘、芊芊已经有了当顾客、营业员的初步经验，并具备了积极想办法解决问题的能力。假如教师能够在"怎样有礼貌地送走客人"和"怎样让更多的顾客来美食区用餐"这两方面对其进行引导，游戏会更加深入地进行。

（4）利用教育契机需要恰当的方式。当幼儿在区域活动中出现不当行为，需要介入时，教师要综合考虑幼儿的年龄特点、出现问题的类型、幼儿具体的发展水平等，对自己的角色进行正确的定位，以支持者、合作者、引导者的身份，循循善诱，因材施教，促进幼儿主体的发展。如案例中，当唐老师发现淘淘乱扔垃圾时，可以主动以游戏参与者的身份将垃圾捡起扔进垃圾桶，并借机教育淘淘应注意保持活动区域的环境卫生；当发现芊芊把盘子随手丢在一边时，教师可以参与游戏，建议幼儿帮用过的盘子找到家。这样有利于促进幼儿良好行为习惯的养成。

（临沂市罗庄区教育实验幼儿园　高巍）

难题30：幼儿在进行区域活动时经常出现争抢玩具的现象，怎么办？

【典型案例】

娃娃家一直都备受孩子们的青睐，他们喜欢在活动区里体验角色扮演带来的快乐。周三下午，王老师在娃娃家投放的材料有厨房用品、卧室用品和其他生活用品等。大壮等五名小朋友顺利地插卡进入了该区域，他们兴致勃勃地操作着手里的材料，但是不一会儿，娃娃家便传出嘈杂的声音。老师循声望去，原来是大壮和浩然为争抢一个炒锅，互相拉扯争吵起来，都说"我要做厨师，我要用炒锅做饭"。两人都说是自己先拿到炒锅的，都要用炒锅来做菜，小手将炒锅抓得紧紧的，谁都不肯松手。后来，王老师引导他们重新分配了游戏角色："大壮力气比较大，可以当厨师；浩然力气比较小，可以做配餐员。一个炒菜一个洗菜，这样更好玩。"于是两个人停止了哭闹争吵，开心地玩了起来。

【案例分析】

区域活动里的争抢现象可以说是时有发生，一块不起眼的积木，一张弄皱了的画纸，一把倒水用的水壶，都有可能成为孩子们"抢夺"的对象。出现这种争抢现象的原因主要有以下几点。

（1）幼儿自身的原因。现在的幼儿大多是独生子女，家里好几个大人众星捧月般地呵护他们，致使他们不懂得分享，形成了唯我独尊的心理。再有，幼儿的心智发展尚不成熟，在非常喜欢一个玩具的时候就会产生一种错觉，认为这个玩具就是自己的，从而做出较为"随心所欲"的行为。正如案例中，大壮和浩然都很喜欢炒锅这个道具，认为这就是属于他们自己的，因此在老师介入之前谁都不肯让步。

（2）家庭教育的原因。每个幼儿几乎都是家里的"掌上明珠"，集万千宠爱于一身。在长期的溺爱环境中，幼儿已经习惯了将自己喜欢的东西占为己有，他们认为这理所当然，并逐渐养成了"自私"的习惯。而很多家庭并没有科学地纠正幼儿的这种行为，反而最大限度地满足了幼儿的欲望。在区域活动中，当孩子们对同一个玩具"情有独钟"时，大家都想将之占为己有，于是便出现了争抢的现象。

（3）幼儿园的原因。幼儿园活动空间狭窄，所能提供的操作材料与幼儿在数量方面不成比例，当操作材料数量比较少时，容易出现操作材料分配不均的问题，加上幼儿还没有真正懂得分享的意义，自然就会互相抢夺玩具。

【应对策略】

区域活动中经常出现幼儿争抢玩具的现象，其主要原因是幼儿自身思想和心理不成熟，没有意识到争抢玩具的错误性和共享玩具的意义。再者，家庭环境的影响和幼儿园操作玩具的匮乏也为争抢创造了条件。为此，我们有针对性地提出以下教育策略。

（1）制定合理的进区规则，让幼儿学会等待，学会合作。教师要让幼儿明白进区也有一些相关的规则，如：进娃娃家，要插卡才能进区，卡片只有6张，如果卡片没有了，就要选择其他区域的卡片，或是选择等待。进区后，幼儿在玩耍的过程中要学会谦让和合作。如："你玩一会儿我再玩好吗？""你来洗菜，我来炒菜。"渐渐地，帮助孩子掌握一些交往的经验。争抢事件减少了，区域游戏才能顺利开展。

（2）区域里投放的材料要充分，要根据幼儿的主题活动内容而不断地更新，只有教师定期往区域里投放新的材料，才能满足更多孩子的需求。孩子们选择的余地大了，就不会因对一种材料情有独钟而争抢不休了。

（3）加强与幼儿家长的沟通。每个孩子都是家里的小太阳，集万千宠爱于一身。在孩子们的家庭生活中，物质比较丰富，家长总是尽可能地满足孩子的需求。但很多家长并没有意识到，正是家庭提供的丰富物质助长了孩子们的占有欲，从而导致幼儿出现争抢玩具的现象。因此幼儿园教师在与幼儿家长沟通联系时，应提醒家长注意引导孩子学会与他人分享自己喜欢的东西。而对于不重视"幼儿分享玩具"的家长，教师可以鼓励幼儿在幼儿园里过生日，大家一起唱生日快乐歌，一起分享蛋糕，让小朋友感受到大家的祝福，同时与大家一起分享吃蛋糕的快乐，体验幼儿园集体生活的氛围。

（4）幼儿教育方法的合理运用。在幼儿开展区域活动前，教师要先讲好进区规则再让幼儿进行活动。一方面，如果区域的幼儿人数较多，则可分组活动，譬如分为若干组，在规定时间内轮流活动；另一方面，在出现玩具争抢情况后，教师要用艺术性的引导语言让幼儿认识到自己的错误行为，并因地制宜地采取措施，结束"争抢"行为，将"争抢"行为转化为"共享"行为。

（临沂市罗庄区教育实验幼儿园　魏娟）

难题31：幼儿在区域活动时间频繁地换区，怎么办？

【典型案例】

夏天是小班的小朋友，性格活泼的他很快就适应了幼儿园的生活。区域活动开始了，夏天很开心地来到生活区，因为老师新做了几个"娃娃吃豆"的盒子。他拿起勺子舀了一勺豆子给"小花猫"吃，"小花猫"的嘴有点小，夏天一下子没拿稳，结果，送到小猫嘴边的豆子，倒进嘴里一半，漏在外面一半，张老师上前纠正，告诉他手要端平，他把小勺一扔走开了。这时夏天听到搭建区有小朋友拍手叫好的声音,他走过去一看,家畅和大川搭了一个和他们一样高的"大高楼"。他想参与进去,也拿了一块积木往上搭,结果没放好,"大高楼"一下坍塌了,家畅和大川生气地埋怨:"都怪你!都怪你!你赔!你赔!"夏天不知说什么好,委屈地扑到老师的怀里哭了起来……

【案例分析】

在上述案例中,夏天对区域活动抱有极大的兴趣,但是他在每个区域中活动的时间都相对较短,而且频繁地更换区域,这不仅使区域活动的价值大打折扣,也不利于培养其兴趣的稳定性,会影响其性格的发展。针对幼儿频繁换区的现象,具体原因分析如下。

(1)幼儿的年龄特点。小班的幼儿活泼好动,动作更加灵活,他们对周围的一切都感到新鲜好奇,喜欢探索,且以无意注意为主,思维活跃,注意的稳定性差,容易被新鲜的事物吸引,即注意力容易转移,做事缺乏耐心。因此在五花八门的区域活动中,夏天很容易就被新做的盒子和热闹的欢呼声吸引。

(2)区域活动的设置。首先,在上述案例中,拿勺子喂"小花猫"吃豆子的动作对夏天来说有点困难,他的小肌肉动作发展尚不成熟,因此在操作时他没有达到预想的目标,产生了挫败感,从而失去了继续活动的兴趣,转而寻找其他区域。其次,案例中不同区域之间的间隔性和封闭性相对较差,降低了幼儿更换区域的难度,使得夏天听见搭建区的声音时,轻易便加入了该区域的活动。

(3)教师的不当指导。上述案例中,夏天在喂"小花猫"吃豆子时遇到了困难,没法将豆子全部喂到"小花猫"的嘴里,教师发现了这个问题之后,以指导者的身份直接介入夏天的活动,教给他正确的操作方法,却没有采取措施维持夏天的兴趣使他继续之前的活动,没有让夏天体会到成功的喜悦与自豪,因此夏天才会转移目标,寻找其他的区域活动。

【应对策略】

区域活动是幼儿教育的重要组成部分，稳定有效的区域活动是发展幼儿个性和身体机能的重要方式。那么在具体的实践中，应如何在区域活动中维持幼儿的兴趣并促进幼儿健康发展呢？

（1）区域的设置要尊重幼儿的年龄特点和兴趣爱好。不同年龄的幼儿身心发展水平也处于不同阶段，教师要充分理解和尊重幼儿的年龄特点，并根据幼儿的兴趣爱好，投放适宜的活动材料，设置相应的操作方法，不应太难或太易，以免挫伤幼儿的积极性，使幼儿对当前的活动失去信心，从而转向其他区域的活动。

（2）注意不同活动区域间的分割与相对封闭。教师在设置区域活动时，应注意在活动区之间形成间隔，使每个区域独成一体，特别是操作性较强的活动区。这样，不同活动区域之间互不干扰，从客观上增加了幼儿频繁换区的难度，有利于幼儿专心于当前的区域活动，做事有始有终，促进幼儿稳定性的发展和良好行为品格的养成。

（3）教师对区域活动的指导要采取适当的方式。教师要充分认识到，幼儿才是区域活动的主体，自己只是活动的观察者、引导者，而不是控制者。当幼儿在活动中遇到困难时，当幼儿对当前的活动失去兴趣时，教师要摆正自己的位置，可以以活动参与者、合作者的身份巧妙引导幼儿向正确的方向发展，同时注意维持幼儿的兴趣，让幼儿体验到成功与快乐，提升幼儿的成就感，增强幼儿的自信心，这样才能使幼儿专注于当前的活动区域。

（临沂市兰山区柳青街道中心幼儿园　陈美荣）

第四章

破解关于户外活动的 11 个难题

作为幼儿园教师,我们有敏锐的眼睛,可以看到孩子们欢快的笑;有神奇的手,可以拭去孩子们委屈的泪;有拳拳的爱,可以感应孩子们稚嫩的心。正是由于这份热爱,我们张开臂膀,呵护着孩子们……"若有蛛丝轻拭去,莫让伤害近幼苗"。

本章中的 11 个户外活动案例,都是教师亲身参与或亲眼所见的,具有真实性和典型性。老师们以专业的视角从教师层面、幼儿层面、家长层面对活动表象进行深入剖析,提出了一些具有共性的问题,并追根溯源,探索实质所在,寻找最优的解决策略。本章用通俗易懂的语言,鲜活生动的事例,深入浅出地向大家阐释了教师在组织幼儿户外活动过程中经常遇到的困惑和疑难,具有重要的现实意义和指导意义。

难题 32: 由于存在安全风险，教师不敢多组织户外活动，怎么办？

【典型案例】

今天教研组开展活动，针对"如何更好地开展幼儿园户外活动"进行研讨。在研讨的过程中，老师们提出了许多问题，同年级组的小徐老师说："组织户外活动风险太大了，我真的不想多组织。我们班昨天就有个孩子在户外活动的时候，被其他小朋友不小心碰倒了。当时她额头微微泛红，幸好经过保健医生处理后没有大碍。下午离园我一番解释后，原本家长也挺理解的，但第二天孩子的奶奶还是找到了幼儿园，要找人家小朋友，还怪幼儿园场地太硬，责怪老师没看好，我再三解释才安抚好孩子的奶奶。"听了徐老师说的案例，同事们也纷纷议论，大家认为，开展户外活动对于幼儿发展的确是好处多多，可是在活动中，孩子们一不小心就会磕磕碰碰，遇到理解的家长还好说，遇到不太理解的家长就很难应对，教师对孩子所有的付出、所有的辛苦就因此而白费了……

【案例分析】

《纲要》明确要求："幼儿园必须把保护幼儿的生命和促进幼儿的健康放在工作的首位"。《指南》进一步要求，要全面发展幼儿的平衡能力，使其动作协调、灵敏，并具有一定的力量和耐力，同时规定了不同年龄段幼儿在各个领域中应达到的目标要求。因此，幼儿园户外体育活动必须纳入幼儿园的活动之中。但是在幼儿园的实际工作中，幼儿年龄小，缺乏生活经验，自我保护能力差，安全意识薄弱，大多数幼儿又天性好动，没有自我约束力，不能很好地控制自己的力量，缺乏良好的应变能力，等等，从而导致幼儿在参加户外活动时常常发生一些意想不到的危险事故。现在，家长对孩子的安全十分重视，一旦孩子在幼儿园内发生磕碰事件，家长往往不依不饶，教师在工作中也显得非常被动、尴尬。

再者，幼儿园教师是户外游戏的组织者和指导者，处在"安全重于一切的高压"下，很多教师担心自己万一没有照看好孩子，孩子出了事故自己没法和家长交代，于是只好将幼儿的游戏活动限定为玩积木、画画等室内活动。时间长了，造成幼儿在户外游戏时就像脱缰的野马，一出教室就撒欢乱跑，他们几乎要把全部的力量用来跑、抢、闹。他们随意地玩，根本不考虑后果，很容易导致安全问题。有些教师本身理论知识不够，在组织幼儿户外活动时又没有提前做好规划，导致幼儿因秩序混乱而发生事故，由此一来，教师们就更不愿意开展户外活动了。

【应对策略】

对于幼儿来说，户外总是充满了诱惑和刺激，因为户外活动空间广阔，意味着更多的自由和快乐。户外游戏是幼儿生活中不可或缺的重要内容，我们国家也明确规定，幼儿园要保证幼儿每天户外活动时间不低于两个小时。但因为种种原因，教师在开展户外活动时又面临着诸多问题。那么，应该如何解决幼儿在户外活动中存在的风险，提高教师组织户外活动的积极性，更好地开展幼儿园户外活动呢？教师可以从以下几点来考虑。

（1）加强家园之间的沟通交流。教师应加强与幼儿家庭之间的交流沟通。通过电话、家访、家园联系栏、家长会、亲子运动会等多种方式，向家长宣传幼儿户外活动的好处和安全教育的重要性。教师应引导家长在家庭教育中，有意识地给孩子讲解一些安全常识，对各种安全危害行为做出解释说明，帮助幼儿树立安全意识。同时，教师应引导家长培养孩子的自立能力，平时有意识地放手让幼儿自己面对困难，使其有能力面对并处理问题。而家长也要配合教师的工作，让幼儿穿方便活动的衣服入园，尽量不在幼儿的口袋里放东西。如此，家园双方才能互相交流，吸取经验，共同提高幼儿户外活动的安全意识。

（2）加强户外游戏理论和意外伤害急救知识的学习。通过教研或自主学习，教师可以不断提升自身的理论水平，提高自己对户外活动的掌控能力，增强自己在户外活动时的安全防范意识。虽然人人都希望没有危险事故，但有时，意外事故还是会降临。所以，教师应该定期地巩固和提高自身的安全技能，熟悉运动中一般的跌伤、骨折、脱臼、扭伤等情况的应对措施。

（3）加强幼儿户外活动安全常规的建立。在一日活动中加强幼儿常规的建立和学习，孩子年龄越小，各种良好的行为和习惯越容易养成。在开展户外活动之前，教师应该先强调户外活动的规则和注意事项，让幼儿知道自己在户外游戏中可以做什么，不可以做什么，在明确规则的前提下给予幼儿充分的活动自由。

（4）加强户外游戏的安全教育，提高幼儿的自我保护能力。幼儿园教师应对幼儿开展户外游戏安全教育，提高他们的自我保护能力。因幼儿年龄小，自我保护经验缺乏，所以教师应把安全教育的内容直观形象地渗透在幼儿的游戏活动中，使幼儿通过轻松愉快的场景了解安全教育，增强户外安全意识。教师还可以为幼儿播放户外游戏安全视频等，帮助幼儿理解安全常识并提高自我保护能力。

（5）加强户外活动设备、材料、场地的安全检查。幼儿园户外活动设备、材料、场地是保障幼儿户外活动安全的前提，教师在活动开始前一定要检查活动器械，看材料是否存在安全隐患，活动场地是否有影响幼儿游戏的障碍，一旦发现问题，就要及时解决，以确保幼儿在户外活动中不会因器材、场地等外在因素而发生危险。

（沂水县第一实验幼儿园　李霞）

难题 33：活动场地有限，活动材料不足，户外活动难以有效地开展，怎么办？

【典型案例】

户外自由活动开始了，孩子们飞快地跑向轮胎架和篮球筐：跑得快的孩子成功地选到了自己想要的玩具；没有拿到玩具的小朋友表现出着急、焦虑的情绪，一部分幼儿试图加入拿到玩具的小朋友的游戏中，一部分幼儿准备争抢玩具……活动刚开始没多久，晨晨就哭着跑过来向老师"告状"说浩浩打他。经过了解，事情是这样的：浩浩因为跑得慢，没有拿到玩具，他等了一会儿就是没有人放下手中的玩具，他就去抢晨晨的玩具，晨晨不给，两个孩子便打了起来。不一会儿，涵涵又过来"告状"说美美欺负她，原来是由于活动场地比较小，孩子们在玩的时候，腾挪不开，经常会不小心碰到其他孩子，因此引起很多的小纠纷。在这种情况下，孩子们玩得不尽兴，老师也因为解决孩子的纠纷而疲惫不堪，更不用谈户外活动的有效性了。

【案例分析】

《纲要》中提出，要"开展丰富多彩的户外游戏和体育活动，培养幼儿参加体育活动的兴趣和习惯，增强体质，提高对环境的适应能力"。幼儿园的活动场地、活动设施、活动材料和教师的有效指导能够促进幼儿的自主学习，增进幼儿之间的交往，促进幼儿的全面发展。但是大多数幼儿园都因为场地或材料的问题，影响了幼儿园户外活动的质量。具体表现在以下几个方面。

（1）户外活动场地不足，导致幼儿发生纠纷。研究表明，在固定面积的游戏场地中，随着儿童数量的增加，其攻击性行为发生的数量也会相应增加。如上述案例中的涵涵和美美，他俩就是因为场地太小，所以在"争夺"活动地盘的过程中发生了纠纷。

（2）活动材料少，幼儿各方面的能力得不到深层次的提高。现在，很多幼儿园除了配备组合滑梯、攀爬网、攀爬架等大型的活动器械外，还会配备一些相对简单的活动材料，如脚踏车、呼啦圈、球、轮胎等成品器械和材料，而且这些器械材料更换频率低，玩法简单，且没有层次性，容易使幼儿失去参与活动的兴趣及探索的欲望。反之，那些半成品材料和原始材料的投放则相对较少，幼儿在户外活动时，会因为缺少材料而影响玩的兴趣及其各方面能力的发展。比如，沙水区只有几个铲子、小水桶，幼儿除了铲、装，便不会挖掘出更多的玩法，如果我们再添置一些鹅卵石、或直或弯或切分开的塑料管、沙漏、水管子等材料，相信孩子们会玩得不亦乐乎。

（3）教师户外活动的经验少，指导能力有待提高。很多教师缺乏户外活动的指导经验，在户外活动组织过程中对幼儿的问题不能及时回应，对活动的适时调整也缺少度的把握，而且对幼儿的户外活动有时候欠缺有效的介入。

（4）过分注重安全，限制了幼儿的创造能力。安全是幼儿园教育工作的重中之重。户外活动中的安全也是教师们特别关注的。有的教师为了将安全风险降至最低，往往不组织户外活动，即便到户外进行活动，教师对幼儿"额外"的玩法、想法也进行安全限制，从而扼杀了幼儿的兴趣和创造性。

【应对策略】

在户外活动的开展过程中，教师应从幼儿的发展规律和身心特点出发，创设良好的户外活动环境，合理投放并使用户外活动材料，有效地指导户外活动，让幼儿可以在玩中学、在玩中探索、在玩中体验、在玩中成长，促进幼儿的全面发展。对此，我们可从以下几个方面着手。

（1）教师应该充分发挥聪明才智，结合幼儿园的实际环境，因地制宜，科学合理地规划户外活动区域，让小空间变大场地，让各个区域"联动"起来，扩大幼儿活动的空间，提高活动场地利用率。在户外场地上，结合园所情况，可以有选择地设置诸如大型组合运动器械区、搭建区、钻爬区、投掷区、角色游戏区、自然观赏区等不同区域。在自由活动时间，幼儿可以进入区域开展游戏；在集体活动时间，教师也可以将其中一些区域联合运用，将区域活动和户外体育活动的空间有机结合。例如，开展"小小解放军"的游戏时，教师可以设置情节——穿越火线（钻爬区）、过崎岖的山路（在搭建区摆上积木做小路）、爬过危险云梯（轮胎木梯）、跨过雷区（沙水区）、炸敌堡（投掷区）等，提高幼儿走、跑、跳、钻、爬等各方面的能力。教师的创意无限，幼儿的活动内容也可以无限。小空间，大内存，尽显教师智慧。

（2）充分利用幼儿园的自然环境，投放简易的活动材料，让所有的空间都"活"起来。

①通过教师的合理建构，操场、路面、阳台、走廊、沙地、树木等都可以成为幼儿活动的乐园。如：在路面上、操场上等可以用油漆画上各种各样的迷宫、格子、棋盘、脚印、几何图形、圆点，让幼儿自由游戏；在路边的一些狭长的空地上，可以埋上木桩或放置砖头，做梅花桩或平衡木；在院子的空墙上挂上废旧的锅碗瓢盆，供幼儿敲敲打打或者留一面墙让幼儿用颜料或者粉笔涂涂画画；在廊柱间扯上绳子，挂上高低不同的水果，让幼儿跳一跳拍水果；在柱子或树上挂上不同高度的绳子，让幼儿爬一爬（或跳一跳），比比谁爬（或跳）得更高；在墙面或地面画上台阶样的高高低低的折线图案，让幼儿用身体表示上下楼，等等。

②教师应结合幼儿的年龄特点，投放多种类、多层次的户外活动材料，让幼儿从"没的玩"变"有的玩"。

A. 投放数量充足、多样化的活动材料。一方面，幼儿园可以购置一些活动器械，如不同规格的木梯、平衡木、轮胎、秋千、攀爬网、碳化积木、多人走木鞋、球类等。另一方面，教师本着"一物多玩、少占空间、少占场地"的原则，可以利用废旧材料，如纸类、布类、罐类、瓶类、绳类、盒箱类、线类等，自制适合幼儿年龄特点的户外活动材料。如：用布缝制的沙袋、沙包；用废旧报纸做的纸棒、纸球；用尼龙绳制作的毽子、编织的编网抛球；用呼啦圈和皮筋做成的花样跳皮筋玩具；用饮料瓶做成的保龄球；用毛线编织成的软飞盘、流星球……在户外活动过程中，教师可以根据情况及时增减和调整活动材料，以增强幼儿的积极性、主动性和趣味性。

B.投放适合幼儿发展水平并富有挑战性的户外活动材料,以激发幼儿参与活动的热情,增强幼儿的探索意识和创新能力。我们可以为小班幼儿多投放一些带有游戏性、趣味性、情境性的材料,如投放"给小动物喂食""小刺猬背果果"等游戏材料;可以为中班幼儿投放一些合作方面的材料,如"穿大鞋""多人小车"等游戏材料;大班幼儿喜欢挑战、乐于探索,如"跳台""攀岩"等游戏深受他们的青睐,在玩的过程中,教师应适时介入,引导幼儿主动探索一物多玩和创新合作的能力。

③多种活动形式要有机结合,让幼儿的状态从"让我玩"变成"我要玩"。在幼儿园,除了集体教学活动、分组户外游戏、户外区域活动以外,还可以纳入其他游戏形式,如娱乐游戏、民间游戏、音乐游戏等。常用的娱乐游戏,如钓鱼、吹泡泡;民间游戏,如"老狼老狼几点了""跳皮筋"等;音乐游戏,如模仿小动物的、模仿驾驶交通工具的配乐游戏活动和打击乐游戏活动等。另外,教师还可以引导和鼓励幼儿一物多玩,将一种游戏变成多种游戏。比如"好玩的布"活动中,幼儿就把布当作独木桥在中间走,当作宽窄不同的小沟来跨跳,当作船来乘坐,多种玩法交替进行,幼儿百玩不厌,乐此不疲,在游戏中,幼儿既发展了能力,又享受了游戏的快乐。

(3)教师应通过外出学习、观摩研讨、经验积累等不同的方式,提高自身对户外活动的指导能力。比如,依据幼儿活动需求适时调整活动,让游戏由"点、线"变成"面"。

①教师要随时关注幼儿的活动兴趣点,适时对活动材料进行调整,例如,对孩子喜欢玩的材料增加数量,而对幼儿兴趣不大的活动材料则可以予以减少,或者把这些材料相互结合使用。

②在户外活动过程中,教师要根据幼儿的个体差异情况因材施教,让每个幼儿都能得到更好的锻炼与发展。对于动作发展较慢的幼儿,或性格内向、胆小、不好动的幼儿,教师应该多给予鼓励、支持或带领幼儿一起活动,在心理和行动上对其进行支持。对于动作发展良好、活泼大胆的孩子,教师应引导其主动探索材料的不同玩法,促进幼儿的进一步发展。

③教师要关注幼儿的活动过程,让幼儿随游戏不断深入,同步成长。当

游戏玩到一定程度,幼儿对活动的兴趣开始降低时,教师就应对活动适时进行调整。比如,在野战谷玩两军对抗的游戏中,孩子已学会匍匐爬、侧钻、对向射击、掩护等动作,当他们对这个游戏不感兴趣时,教师在野战谷陆续增加了担架、帐篷和医疗设施,供战地医生对伤员进行救护,还增加了锅碗瓢盆供炊事班为战士们做饭,将攀爬架划入野战谷的活动范围,供战士们停战时进行训练,等等。通过材料的不断投放和情节的增设,丰富的游戏内容和富有挑战性的动作,使幼儿始终对野战谷保持着极其浓厚的兴趣。

(4)教师要多角度地对孩子进行规则意识的培养,同时进行安全保护能力的教育,增强他们的自我保护意识;同时教师也要提高自身对户外活动的认识,主动学习预防和处理意外小伤害的知识,从而提高自身对户外活动的驾驭能力。

《纲要》指出:"教师应成为幼儿学习活动的支持者、合作者、引导者。"户外活动是促进幼儿身心健康发展的重要活动形式之一,教师应该全面、正确地认识开展户外活动的重要意义,从幼儿户外活动的"旁观者"或"干预者"变成真正的"支持者、合作者和引导者"。只要教师开动脑筋,发挥自己的聪明才智,一定可以给幼儿一个多姿多彩的户外时光。

(沂水县第一实验幼儿园 刘磊)

难题34:幼儿不爱参加室外体育活动,怕晒、怕累、怕吃苦,怎么办?

【典型案例】

户外活动开始了!瞧!踩小车、跳方格、扔沙包、拍皮球、转呼啦圈、跳绳等,活动真是丰富多彩。大部分孩子都玩得非常开心,可是也会有一些不一样的情况出现。

案例一：跳绳活动刚开始没多久，强强就跑过来说："老师，这个太累了。我不玩了。"说着他一屁股坐到了地上。旁边几个小朋友听到了，像一下子泄了气的皮球，也跟着说："太累了，我也不想跳！""好累呀！"于是，他们有的坐在地上，有的直接躺到了地上。

案例二：拍球活动中，小雅指着头顶的太阳说："老师，好热呀，我怕晒，你看我都出汗了！"老师说："晒太阳对我们的身体有好处。尤其是太阳光有一定的杀菌作用，能预防疾病。平时我们应该多晒晒太阳。""不，妈妈说了，这样会晒黑的！"小雅一边说一边独自走到树下玩了起来。

【案例分析】

（1）《纲要》在健康领域中指出：幼儿园要"开展丰富多彩的户外游戏和体育活动，培养幼儿参加体育活动的兴趣和习惯，增强体质，提高对环境的适应能力"。从以上案例中我们看到，有的孩子会以怕累、怕晒等理由中止正在进行的体育活动。幼儿身体的各器官和系统正在生长发育，机体较为柔弱，对活动的耐受力不强，更应该加强锻炼、增强体质，保证他们有一个健康的身体，促进其快乐成长。

（2）《纲要》在健康领域中还指出："在体育活动中，培养幼儿坚强、勇敢、不怕困难的意志品质和主动、乐观、合作的态度。"幼儿的意志发展正处在一个萌芽期，如果遇到困难，或者任务比较单调枯燥，他们难免会产生畏惧或逃避心理，失去坚持下去的愿望和行动。如果任凭这种情况发生，教师没有及时采取相应的教育策略，那么，幼儿就失去了体育锻炼的机会，其意志品质也得不到很好的发展。

（3）现今，家长们在育儿方式上存在着一些重智育轻体育、重保育轻锻炼的问题，多数幼儿住楼房，因此幼儿户外活动的时间很少，普遍缺乏锻炼。再加上现在有的家长过度保护幼儿，致使孩子缺乏吃苦耐劳精神。

由此可见，室外活动不仅可以保证孩子的身体健康，而且对其意志品质的锻炼也有促进作用。

【应对策略】

法国著名医学家蒂索（James Jacques Joseph Tissot, 1836—1902）从医学的角度来评价体育活动："运动能代替药品，但世界上任何药品都不能取代运动的好处。"对于那些怕累、怕晒、怕吃苦的孩子，我们可以从以下几个方面进行教育。

（1）合理组织户外体育活动。

①建立游戏小组，让小朋友之间互帮互助。为了改变幼儿不参与游戏、缺乏游戏同伴这一状况，教师可选择班里交往中"受欢迎型的"幼儿3~4名，征得他们的同意后，让他们与不喜欢户外活动的幼儿建立游戏小组，在游戏时主动邀请其参与游戏活动。教师在游戏中应仔细观察不爱户外活动的幼儿的活动状况，适时肯定和鼓励其交往，帮助他们获得交往技能，体验集体游戏活动的乐趣。

②教师在安排幼儿活动时要做到动静交替，各项内容相互渗透，有一定的时间控制，寻找多个兴趣点激发幼儿的参与热情。对于比较喜欢在教室里玩玩具，而不喜欢户外活动的幼儿，就要引导他们去户外活动，要找些他们特别感兴趣的活动，通过丰富多彩的内容和形式，让幼儿能够积极主动地参与到活动之中。

③教师以游戏伙伴的身份参与。教师可以有针对性地对不想玩的幼儿进行引导和帮助。有些幼儿喜欢独自游戏、自由结伴游戏，他们不需要也不愿成人过度干预，但这并不意味着幼儿不需要或不喜欢和教师共同游戏。当幼儿一个人玩时，教师可以以游戏伙伴的身份参与，使游戏的内容和情节更加丰富，更加具有吸引力。在游戏开展的不同阶段，教师在尊重幼儿作为"体验者"的前提下，应不断调整指导策略，更好地推动幼儿参与游戏。

（2）抓住各种契机，及时鼓励。对于一些体质较弱、怕吃苦的孩子，教师要抓住各种契机，及时表扬，可以评选"坚持宝宝""勇敢宝宝""不怕困难宝宝"等多种"明星宝宝"，从精神上和心理上对幼儿进行鼓励，让他们体验到成功的乐趣和自豪感，从而对幼儿意志品质的培养起到良好的带动作用。

（3）开展多种有趣的家庭户外活动。比如，让家长带幼儿去踏青、去远足，不仅可以强身健体，还能增强幼儿的抗压能力，这样可以从根本上改变幼儿怕苦、怕累的现象。

（沂水县第二实验幼儿园　徐红岩）

难题35：在户外活动中，幼儿缺少安全和自我保护意识，教师该如何进行有效的指导？

【典型案例】

野战谷游戏开始了，我先引导幼儿熟悉了野战谷的游戏规则，然后又请幼儿到指定的位置上演示了一番。但是在实际的游戏过程中，我发现航航拿着枪跑得很快，便立刻制止并告诉他："慢一点，这样跑很危险……"但是航航就像没听见一样，还是拿着枪继续来回跑。由于他跑得太快，不小心摔倒了。我立即跑过去扶起他并仔细查看，令人感到庆幸的是，他只是膝盖有一点点擦伤，我马上带他去了保健室。虽然这次"野战谷事件"让人虚惊一场，但是也给我敲响了警钟——幼儿天性好动，缺乏安全和自我保护意识，教师务必将小心、细心、用心记在心间，否则稍有不慎就有可能造成伤害。

【案例分析】

户外活动对增强幼儿的身体平衡和协调能力、动作的协调性和灵活性、身体素质和身心健康有相当大的益处。虽然幼儿园户外活动的安全现状整体较好，基本无严重的意外伤害事故发生，但是仍存在诸多安全隐患，令人担忧。究其原因，主要有以下几点。

（1）户外活动的类型丰富，涉及的物品、器械、道具种类繁多，存在安全隐患的环节不好把控。幼儿一旦投入到游戏中，把精力更多地放在游戏的乐趣上，便不再关注安全问题，加上他们自身的安全意识不强，容易出现安全隐患。

（2）幼儿年纪小，活泼好动，缺乏生活经验，辨别意识和能力差，不能准确判断哪些地方、哪些行为是危险的，哪些是安全的，而教师很难做到留意每一位幼儿，容易出现安全隐患。

（3）平常，教师对幼儿的安全教育多局限于书本、儿歌等理论层面。教师很少在实践中对他们进行安全教育。幼儿年龄小，很难将安全理论和实践相结合。

（4）部分家长担心发生事故，不让或很少让幼儿参加户外活动，导致幼儿缺乏安全经验，以至于遇到安全问题时不能很好地保护自己。

【应对策略】

作为幼儿园教师，不仅要组织丰富多彩的户外活动，更有责任结合户外活动内容对幼儿进行安全教育，注重在活动中培养幼儿自我保护的意识和能力。

（1）教师要在不断巡回的状态下关注幼儿的安全，尤其是在动态活动中的幼儿的安全。在组织户外活动时，教师一定要提前检查相关设施是否安全，安全防护措施是否到位。同时，教师要及时清除幼儿在活动中制造的临时障碍，在不打扰幼儿活动的前提下适时提醒幼儿注意某些可能会遇到的安全隐患。

（2）教师要充当好指导者的角色。在活动开始时教师要和幼儿在活动现场进行安全小讨论，让幼儿了解游戏规则，并分析可能出现的危险情况，与幼儿共同商量怎样玩更合理、更安全。

①哪些地方容易出现安全隐患？活动时我们应该怎样保护自己？

②活动中哪些做法容易令我们受伤？该怎样去避免？

③怎么做才能更好地避免安全事故发生？

讨论完毕后，教师可以甄选能力强的幼儿，与教师共同做示范，提醒幼儿各个环节中可能存在的安全隐患，真正让幼儿在保证安全的前提下体验到户外活动的无穷乐趣。同时，对个别能力较差的幼儿，教师要加强个别指导。有些幼儿可能天性胆小、动手动脚的能力差，需要老师格外上心、多加留意，不吝表扬、加油鼓劲。

（3）教师要始终把安全教育融入一日活动之中，不断提高幼儿的安全意识。教师还要善于发挥幼儿同伴的作用，让那些自主能力强、安全意识高的幼儿充当"小卫士"，帮助其他同伴，以大带小、以强带弱，在活动过程中相互提醒，通过同伴之间的友谊来增强幼儿的自我保护能力。

（4）教师要帮助家长转变旧的思维观念，树立科学的教育理念。教师要通过多种渠道，如座谈会、观摩活动、家长开放日、新媒体交流群等形式转变家长的教育观念，实现家园共育目标。比如，在组织家长开放日活动时，教师可以安排一个户外活动，让家长进行观摩，让家长看到自己的孩子能跨栏、能走平衡木了，通过户外活动，孩子的能力提升了。又如，教师可以把每天的户外活动照片上传到家长交流群里，注明每项活动玩耍时需要注意的安全事项，让家长浏览查看，潜移默化地对家长进行教育，从而帮助家长领悟户外活动的重要性和必要性，为幼儿的自护教育提供良好的家庭教育环境。

保证幼儿的健康和安全，是每一位幼儿园教师应尽的职责。然而，健康与安全不能被动地等待给予，而应该让孩子主动地获得。这种获得要从规范的活动中来、从各种丰富多彩的户外活动中来、从家园一致的教育中来，在不断的实践探索和经验总结中取得新的进展。

（沂水县第二实验幼儿园　武玉芝）

难题36：天冷了或天热了，家长不支持孩子参加户外活动，怎么办？

【典型案例】

户外活动的时间到了，我正准备着户外器械、汗巾和放衣箱。有些孩子问我要不要穿外套，我转过身说："如果觉得冷就穿上，如果觉得不冷就不要穿。你们感觉今天的天气应该穿还是不穿？"结果很多孩子都选择脱下外套，只有极少数的孩子选择穿上厚厚的棉衣。

"踢踢你的小脚，1、1、1；弯弯你的小腰，2、2、2……"只见穿厚棉衣的小朋友很"慵懒"地活动着，和其他灵活自如的孩子形成了鲜明的对比。操场上，太阳高高地悬着，孩子们跑着、跳着、笑着，已是大汗淋漓了。有的孩子开始脱衣服，可是平平仍穿着她那件漂亮的棉衣。

"平平，你不热吗？把外套脱了吧？"我关切地说。

"妈妈说，出来玩一定要穿厚棉衣，不然会感冒的……"

"可是穿外套多不方便呀，你看阳阳、乐乐穿着毛衣活动起来多好！"

我的提醒毫无效果，平平依旧穿着她的厚外套在场地上和小朋友们做游戏。

……

紧张充实的一天结束了，我把孩子平安交到每个家长手中，我的心情也自然放松下来。但我刚刚到家，就接到平平妈妈的电话："张老师，现在天冷了，你们幼儿园不能再带孩子到户外活动了。我们家平平回来不舒服发烧了！如果你们一定要出去玩的话，那就让平平待在教室里，老师给看好就可以了，尤其是早操更不能出去，早晨更冷……"我还来不及解释，平平妈妈就把电话挂了。

【案例分析】

《指南》中明确指出："幼儿每天的户外活动时间一般不少于两小时，其中体育活动时间不少于1小时，季节交替时要坚持。"所以我们要保证幼儿的户外活动时间，提高幼儿适应季节变化的能力，锻炼幼儿适应生活环境变化的能力。案例中，平平之所以会感冒发烧，究其原因有三个方面。

（1）家长缺乏专业的育儿保教知识。冬季气候寒冷，干燥有风，室内外温差大，幼儿的衣物不可太过臃肿，否则会限制他们的活动，并会在运动后增加他们的出汗量，反而更容易令他们着凉感冒。

（2）幼儿缺少生活经验，不知道"冷暖要添衣减衣"。平平只记住了妈妈的嘱托（"妈妈说，出来玩一定要穿厚棉衣，不然会感冒的……"），却不能灵活地解决问题。可见她缺乏自主性，在家被包办的事情过多，缺乏判断力。

（3）活动中，教师的保育工作做得不够细致。"平平，你不热吗？"教师确实关注到平平热，但是并没有耐心地蹲下来与孩子讨论"户外游戏时，穿厚棉衣的坏处"，而是遵从孩子的意愿让她继续穿着厚棉衣。

客观地说，很多家长对孩子太过关爱，怕孩子冻着、热着、渴着、累着……各种担心各种怕，让孩子失去了很多学习机会和锻炼机会。比如平平的妈妈，她只想到了天冷，孩子出去会冻着，所以嘱咐平平必须穿外套。但是她忽略了很多可变性的外在因素，比如参加体育活动，孩子只要动起来，就不会冷。相反，孩子穿得那么厚，动起来会更热，一旦静下来，就容易出现感冒等症状。天热的时候也是如此，有的家长怕孩子晒黑了，晒得出汗，宁肯把孩子圈在空调环境里凉着，也不让出去。所以，家长的过度保护在潜移默化中降低了幼儿对环境的适应能力。同时，家长考虑问题时缺乏灵活性也导致孩子思考问题的方式受到限制。

【应对策略】

经常让孩子参加户外游戏，感受空气温度的变化，有利于孩子冷热应变能力的提高，从而增强自身的免疫力。在冷空气中运动，由于心肺功能的增强可使孩子脸色红润，胃口大开，吃得多，睡得好，长得也快；而长期窝在温暖室内的孩子，食欲不好，没有血气，得病的概率也会更高。"冬天动一动，少闹一场病；冬天懒一懒，多喝药一碗。"由此可见幼儿参加户外游戏的重要性。面对家长的担忧和天气的变化，面对家长的质疑，教师应做好以下几个方面的工作。

（1）利用家长会、茶话会等契机，让家长明白幼儿锻炼的重要性，取得家长的理解和支持。

（2）让家长知道教师户外活动的计划和安排。比如：冬季室外寒冷，但上午10点到下午3点，室外温度相对较高，室内外温差相对较小，比较适宜外出活动。活动时间的长短会依据孩子的年龄、身体状况、活动量适当调整。教师也会带领幼儿循序渐进、持之以恒地开展冬季户外活动,让孩子适应这种温度变化,增强对寒冷的耐受力,这样,孩子才不会因为一点点寒冷刺激就轻易患病。天热的时候,活动地点和活动强度也会跟着做出相应的调整,并不是让孩子直接在太阳暴晒的环境下活动。如果家长知道了教师户外活动的安排和计划,他们的疑虑和担心自然会消失。

(3)根据幼儿的年龄特点选择适当的户外活动内容并告知家长。教师应把握好两点:一是激发幼儿锻炼的兴趣,二是让家长知道户外活动内容的合理性、丰富性和科学性。同时,教师要注重幼儿的个体差异,注意观察幼儿的身体状况,要根据天气变化,组织孩子在锻炼前做好准备活动,在活动结束后做好放松、整理活动,及时帮幼儿穿上衣服,提醒幼儿注意保暖。教师更要观察每个孩子的情绪变化,及时处理紧急情况和突发事件,"做到对每个孩子心中有数"。

(4)家园合作,教师和家长要加强对孩子自理能力的锻炼。教师和家长可以通过安全小知识、小故事等,培养孩子的判断能力、自理能力,从而让孩子明白在家不要过多地依赖父母,在幼儿园不要过多地依赖教师,要学会自己的事情自己做,慢慢地变成独立自主的孩子。

(沂水县第二实验幼儿园　张庆娜)

难题37:有的幼儿不敢参加滑滑梯、攀爬、游泳等户外活动,怎么办?

【典型案例】

户外活动时间到了,为了使新入园的幼儿尽快适应幼儿园生活,爱上幼儿园，我选择了幼儿百玩不厌的游戏——滑滑梯。我讲完安全注意事项后，孩子们像久未出笼的小鸟一样爬上了滑梯。在滑梯上，孩子们个个生龙活虎，神采飞扬，就连平时看着很文静的孩子此时也变得活泼起来。孩子们在酣畅淋漓地玩着，我发现只有涵涵小朋友钻到了滑梯底下，便急忙招呼她过来玩滑梯，只见她头摇得像拨浪鼓似的，就是不肯过来。我走过去把她抱在怀里问："涵涵，你为什么不玩滑梯呢？"她说："我害怕。"我说："那老师陪你一起滑，保护你好不好？"她勉强点了点头，我扶着她上了滑梯，她一直紧紧地握着我的手。我让她坐在我的怀里，哧溜滑了下去。冲下去的时候，她的脸上开始有了笑容。我说："涵涵，好玩吗？"她说："好玩。""那你还玩吗？"她说还玩。我们又玩了几次。我鼓励她自己尝试玩滑梯，她还是有些害怕，我没有勉强她。这是一个很好的开始，我相信，涵涵在大家的帮助下很快就会战胜自己，变得勇敢起来……

【案例分析】

为了丰富幼儿的户外活动，锻炼幼儿的体魄，促进幼儿动作、思维、意志等方面的和谐发展，幼儿园增加了大型滑梯、攀爬架、跳台、平衡木、组合爬梯、跳马等器械，但由于幼儿的个体差异，总会有个别孩子不敢参加这些活动。究其原因，除了幼儿年龄小、基本动作能力发展水平低等因素以外，还与成人的教育方式有关。

（1）有些家长不放手锻炼孩子，凡事包办代替，使孩子养成了胆小怕事的性格，缺乏独立精神和应变能力，一旦离开父母便神色慌张，不知所措。

（2）有的家长对孩子表现出来的勇敢漠不关心甚至嗤之以鼻，不能放大孩子的闪光点，多加强化鼓励；经常拿别的孩子来比较，严重损害了孩子的自尊心；有时对孩子的问题处理过急，造成孩子心理紧张。

（3）对于刚入园的孩子，教师过多地关注他们的生活习惯和常规教育，没能为孩子多创造一些在户外活动中交往的条件和机会。尤其是胆小的幼儿，教师也没有拿出更多的精力去关注他们。

【应对策略】

户外活动不仅能培养和发展幼儿的观察力、想象力、解决问题能力以及实际操作能力，还能培养幼儿的勇敢、关爱他人等良好品质。作为幼儿园教师，我们应尊重幼儿的人格和权利，尊重他们的身心发展规律和学习特点，保教并重，关注个体差异，促进每个幼儿富有个性地发展。针对幼儿不敢参加户外活动的情况，教师可以采取以下措施。

（1）家园共育，利用学习品质的迁移作用。教师可以与家长交流，了解孩子不敢参与活动的原因，让家长利用节假日选择适合幼儿活动强度、幼儿感兴趣的活动，让孩子在这样的活动中逐渐变得勇敢起来，然后再帮助孩子把这种学习品质迁移到他们不敢参与的活动上面。不论家长还是教师，在幼儿活动时都应避免给他们不良的心理暗示，以免给他们造成不必要的压力。如，成人可告诉涵涵："涵涵，滑滑梯很有趣，如果你去滑，我相信你肯定会滑得很好！"相信这样的鼓励，会让涵涵迈出很重要的一步。

（2）创设情境，循序渐进地组织活动。对于不敢玩的幼儿，教师可以先给幼儿创设一些新奇的情境，让他们感兴趣，以吸引幼儿主动参与活动，大胆地表现自己，提高参与活动的积极性。在此基础上，再让他们由低难度向高难度循序渐进地过渡，增强自信心，主动挑战自我。比如，幼儿不敢游泳，教师就先和幼儿做玩水游戏，让幼儿喜欢上水，再慢慢过渡到去浅水区玩游戏，然后引导他学习游泳。

（3）教师应给幼儿创设愉快、信任、安全的心理环境。教师的支持和鼓励是幼儿敢于参与活动的重要因素。也许教师一个鼓励和赞许的眼神就会让幼儿迈出一大步，所以教师一定要适时适度地引导和帮助幼儿，努力使每一个幼儿都能够获得成功的体验，培养他们的勇气和信心。同时在活动中应透过幼儿的行动去把握他们内心的想法，理解他们独特的感受。

（4）树立正面的榜样，用故事教育幼儿。教师可以通过以强带弱的方式，发挥好能力强的幼儿的榜样作用，经常给幼儿讲英雄故事或让家长给幼儿买一些这方面的书，让故事中人物的英雄言行潜移默化地影响幼儿。教师还可以给幼儿提供积极的心理暗示,举一些幼儿自己的勇敢行为,让幼儿理解勇敢才是他需要具备的特质。在案例中,滑滑梯时,教师也可以领着涵涵看其他滑得很开心的小朋友的表现,以此来感染涵涵,激发她的兴趣。

（5）教师应积极参与到幼儿的活动中。孩子们希望教师能成为他们真正的朋友、平等的好伙伴。而有的教师却总是站着和孩子说话,拿出教师的架子。等你蹲下来和孩子们平等地交流活动时,你会发现,幸福就在相互的尊重和信任中,其实做到这一点是多么地简单容易啊！当案例中的涵涵在滑梯底下不敢出来的时候,如果老师置之不理,或者只是招呼一下,然后不再关注她,也许这个孩子会一直没有勇气滑滑梯,这种胆怯甚至会影响到她以后的生活。而老师把她抱在怀里,让她感受到了温暖,带她一起滑,给她勇气,鼓励她,给她信心,久而久之,涵涵一定会克服心理上的恐惧,表现得越来越好。

（沂水县第二实验幼儿园　纪翠翠）

难题38：在户外游戏中,容易出现幼儿受伤、争执等情况,教师该如何应对？

【典型案例】

户外活动时间到了,王老师带着孩子们来到户外,经过协商,孩子们选择了积木活动。他们创意无限,垒高、围合……搭建出了许多精彩的作品。恒宇在搭建"高楼"的时候,发现积木不够了,就到旁边致远搭建的"小船"里拿走了两块,致远发现后非得要回来,恒宇就是不给。正在指导小墨搭建的王老师听见了争吵声,赶紧走了过去,她想先给孩子们一个自己解决问题的机会,然后再行介入,于是就站在一边关注着他俩的情况。

致远:"你还我积木。"

恒宇:"不给,我的不够了。"

致远:"你拿我的就是不行,快点还给我。"

恒宇:"就不给,给了你,我的就搭不起来了。"

致远很生气,一下子把恒宇推倒了。致远这一推来得太突然,王老师想制止也来不及了。恒宇大声哭了起来。倒地的时候,恒宇的手肘磕到积木上,脱臼了。王老师赶紧把恒宇抱了起来,立刻向园领导汇报,又给恒宇的妈妈打电话说明了情况。同时,园方及时安排车辆把恒宇送到了医院。

【案例分析】

户外活动是幼儿最喜欢的活动之一。在活动中,他们可能会因为奔跑、跳跃、钻爬、攀登等原因受伤,也可能会因为一些小小的事情而出现争吵或者纠纷。比如上述案例中,之所以会出现这种结果,有几个原因值得教师注意。

(1)幼儿不太懂得用协商的办法来解决问题。致远想到的是"恒宇不能拿我的积木,拿了就应该快点还给我";而恒宇则觉得"我还差两块积木就成功了,只要找到两块就行"。他们不管这两块积木别人愿意不愿意给他们,都只考虑自己的需要,而没有学会协商与合作。

(2)教师的介入时机不太合理。看到争执出现了,教师当时想的是先让幼儿自行解决问题,借机锻炼幼儿解决问题的能力。虽然教师的出发点是好的,也一直关注着他们的动态。可是教师忽略了幼儿情绪的不可控性,以及幼儿对事情的发展缺乏预见性,由此导致了事故的发生。

(3)安全教育不够全面。虽然教师在平日里对幼儿进行了户外活动各方面的安全教育,可是很多突发情况具有不可控性,所以教师要树立"安全第一,预防为主"的意识。安全教育要时时进行,处处进行。

【应对策略】

从幼儿的年龄特点来说,他们在遇到问题的时候,大多只会考虑自己的需求而忽略他人,加之幼儿本身动作的灵敏性和协调性较差,又缺乏生活经验，常常不能清楚地预见自己行为的后果，对突发事件缺少及时应对和解决的能力，这样才会导致争吵或者受伤事件的发生。对此，教师可以从以下几点去考虑。

（1）让孩子学会良好的交往技能。幼儿在户外活动中不仅能发展运动能力、动手操作能力、身体协调能力等，还能发展社会性。比如，在活动中他们会进行分工，出现问题会协商、沟通，甚至会进行合作，等等，这极好地锻炼了他们的交往能力。在上述案例中，恒宇和致远可以这样沟通：

恒宇："致远，我可以向你借两块积木吗？"

致远："不行。"

恒宇："致远，你借我用用，我一会儿就还给你。"

致远思考了一会儿："还是不行。"

恒宇："好致远，你看，我的'高楼'就差两块积木了。你借给我，我搭好了看一下，马上还你。而且你还可以用我的。"

致远："好吧。"

这样解决问题就很好。所以教师在一日生活的各个环节中，要注意培养幼儿使用礼貌用语，学着用协商、沟通的方法解决问题。让孩子学会良好的交往技能，就会在很大程度上减少矛盾的发生，从而避免争吵或其他事故的出现。

（2）教师找准介入的时机。在活动中，幼儿出现争吵是一种常见的现象。面对这种情况，教师可尽量放手让孩子自己去处理，因为对于幼儿来说，争吵、闹纠纷并不都是坏事，而且往往有利于他们交往能力的发展和心智的健康成长，有着成人施教所不能代替的重要意义。但这不等于我们可以放任不管，教师要时刻观察，密切关注幼儿的动态：情绪是否激动，是否有动手的迹象等。超出孩子解决范围的，教师要及时介入，正确评判幼儿的行为，合理地引导，如此才能有的放矢地进行管理。

（3）防患未然。在平日的教学活动或者随机教育中，教师要有目的地向幼儿灌输各种自我保护的安全知识。上安全课、吟唱安全童谣、观看安全小动画和视频等都是很好的安全教育方式。案例中，孩子们目睹了恒宇和致远争吵的经过，回教室后，教师可以和幼儿共同探讨"为什么恒宇和致远会争吵甚至受伤？""以后遇到这种情况，你们应该怎么做？"等问题，幼儿目睹了整个事件的经过，印象会更深刻。在幼儿发言时，教师也可适时地做出正确的引导。

（4）共同研讨，实地演练。各年级组的教师可以坐下来共同进行研讨，总结出在各种类型的户外活动中，孩子之间以及孩子在玩耍过程中可能出现的安全隐患，并商讨出合理的应对策略，做到心中有数，从而在户外活动中有的放矢地指导幼儿进行活动。比如上述案例中，大家可共同商讨在玩积木的过程中可能会有哪些安全隐患：

- ◆场地是否安全？——避免雨水未干、地面小杂物带来的隐患
- ◆积木是否充足？——避免争抢过程中的安全隐患
- ◆是否需要分工合作？——避免运输积木和搭建过程中的安全隐患
- ◆搭建距离是否合理？——避免幼儿因为挨得太近出现争抢隐患
- ◆有事是否要及时向老师报告？——避免在老师有检查盲区时出现纠纷
- ◆是否需要对幼儿进行安全急救小知识的培训？——避免幼儿因不懂自我保护而出现其他小隐患
- ◆活动结束时是否需要有序组织幼儿收拾完积木再走？——避免幼儿在站队的过程中出现被绊倒等隐患

（沂水县第二实验幼儿园　张艳）

难题39：在户外游戏中，幼儿不知如何把握自主游戏中自由和规则的关系，教师该如何引导？

【典型案例】

案例一：周三上午，户外游戏时间到了，小李老师带领中一班的小朋友

们来到活动场地，准备让孩子们玩他们最喜欢的爬梯游戏。小李老师在游戏前严肃地强调了纪律：必须排队，不能推搡；双手扶稳，看清脚下；必须男女分组；必须按现在的路线进行，不能调头，等等。大约过了10分钟，小李老师在确信孩子们都记住了纪律要求后，小心翼翼地让孩子们开始游戏。在游戏过程中，小李老师"尽职尽责"，随时提醒"违纪"的小朋友，使孩子们"秩序井然"。大约20分钟后，孩子们的纪律依然良好，小李老师"如释重负"，但大多数孩子仍然比较拘谨，比平时要紧张得多，就连经常"超水平"发挥的小浩都是一脸严肃，看起来也不是那么开心。

案例二：下午进行户外区域游戏时，大二班的孩子们选择了积木区。赵老师对孩子们的选择非常支持："看来大家很喜欢玩积木，好多小朋友搭建得非常出彩。现在我们已经是大班了，相信大家一定会搭得更好，是不是？"孩子们异口同声地说："是！""那看谁能搭出更有趣的积木，好不好？"孩子们欢呼起来："好！"赵老师看到孩子们这么兴奋，便带着他们来到碳化积木区。赵老师说："开始！"孩子们一起涌向积木箱，跑得快的孩子已经把一大堆积木拉出来了，不一会儿，积木被"抢空"，几个没有拿到积木的孩子站在场地上，显得有些不知所措。然而，这并没有引起赵老师的注意。孩子们自由地玩到了活动结束。

【案例分析】

蒙台梭利强调：规则必须要建立在自由的基础之上。基于幼儿的年龄特点可知，他们在自主游戏中，对既定的规则往往是被动地服从，而对规则中不合理的、限制其自由发展的方面，也往往会克制自己的意愿，服从规则，做一个"好孩子"。

为了避免过度自由带来的游戏混乱和纠纷，很多教师不得不加强对游戏的管理，用规则限制自由，最终满足于幼儿游戏的外在秩序：不发出过大响声，不随便走动，按部就班地听从教师的指令。在有条不紊的行为规范中，幼儿游戏的创意也大大减少了。

案例一中的规则细致而具体，小李老师强调的有关安全方面的规则是必要的，但从孩子自主发展的角度来看，其他几项规则，值得商榷。从孩子在游戏过程中的表现来看，秩序有则有矣，然而孩子们很难从游戏中获得快乐，也就很难体现他们在游戏中的自主性。但若忽视必要的规则，冠以"自由发展"之名，让孩子"自由"发展，则容易走向自主游戏中的另一个极端，这种现象在案例二中有一定的体现。赵老师尊重幼儿的游戏选择，并能积极地做出回应，在游戏前也对幼儿做好了情绪的调动，这是值得肯定的。可在幼儿游戏的过程中，赵老师没有关注到个别幼儿，其他孩子"自由"搭建的目的性不强，仍停留在原来的水平上，其间赵老师并没有给以科学的引导，游戏过程显得过于"自由"。

之所以出现以上两种情形，究其原因有以下四个方面。

（1）教师对规则与自由的关系把握得不够准确，在思想认识上有所偏差。

（2）教师对游戏规则的制定缺乏民主，过于"专断"，导致幼儿缺乏宽松自主的游戏环境。

（3）在幼儿进行游戏时，教师为彰显幼儿的"自由"，过于放手，难以看到介入指导的契机和必要性。

（4）幼儿在潜意识中对游戏中规则和自己意愿的关系缺乏正确理解，依赖于教师的引导。

【应对策略】

"没有规矩，不成方圆"。但过于强调规则，便成了按部就班，缺失了创新性和活力！所以如何把握好规则和自由之间的关系，既让规则给幼儿的游戏活动保驾护航，又能让幼儿在酣畅淋漓的游戏活动中遵守规则，就显得尤为重要。教师可以从以下几个方面入手处理好自由与规则的关系。

（1）提高认识，正确把握户外游戏时自由与规则的关系。幼儿游戏的自由指的是幼儿能在安全的前提下，自由地交往、自由地沟通、自由地表达和自由地表现，不受到限制。规则是为他们的这些自由保驾护航，而这些规则也是基于他们的年龄特点、接受能力及适应能力而制定的。但自由和规则又是相对的，可以随着情况的变化而进行调整。可以说，游戏是在规则的基础上进行的，自由与规则是游戏中的两个方面，不可割裂。

幼儿游戏中的规则不是一时的硬性规定，而是长期的教育和浸染。想要幼儿学会遵守游戏规则，我们可以在环境布置中对规则加以体现，对幼儿进行潜移默化的教育。比如在搭建区，教师可用张贴规则图片或者学习儿歌的方式对幼儿进行规则教育。游戏前向幼儿讲明："如果你们遵守这些规则，老师就不限制你们游戏的自由。但是违反了规则，则要受到一定的限制。"

（2）根据幼儿的年龄特点，科学地、民主地制定游戏规则，创设宽松自由的游戏环境。在自主游戏之初，必须有一定的游戏规则，一切才能顺利开展。教师可以根据幼儿的年龄特点和游戏要求，深入思考，与孩子们民主协商，争取达成共识。对于中大班的孩子来说，他们更容易接受并遵守这样的游戏规则，并且在游戏过程中可以做到互相监督，为游戏的顺利开展提供条件，这样有利于孩子自由发展，使其乐在其中。

对于案例一，我们肯定小李老师在游戏前的安全约定，对于其他的游戏规则，如"怎么才能保证自己和他人的安全"等，可以在事前就与幼儿共同讨论。在游戏过程中，教师若发现潜在的危险，可以用目光、手势、轻声的话语等提醒幼儿。对于幼儿在游戏过程中表现出来的具有创意、没有危险的做法，教师应当给予鼓励，促其向更高水平发展；而对于游戏过程中出现的小纠纷、小插曲，若是幼儿能自行协商解决，教师可以"旁观"，若是不能解决，教师可以考虑介入的方法和时机。

（3）在自主游戏过程中，教师要认真观察，适时地、适当地介入游戏，并正确指导。教师在活动过程中应仔细观察，找准介入的契机，将自己已有的理论应用于实践并加以验证，理论指导实践，实践修正理论，从而提高自己的专业指导能力。这样有利于幼儿在遵守规则的基础上自由地发展。自由是快乐的自由，规则是快乐的规则。

如本案例二中，幼儿在小班、中班时已经积累了丰富的搭积木经验，掌握了基本的连接、延长、围合、加宽、垒高等技巧。教师组织此类游戏时，除了在游戏前要重申游戏规则之外，也可以考虑以命题搭建或模仿搭建的方式来引导幼儿，使搭建既有目的性，又有丰富的自由构建时间，还可以充分调动幼儿动手、动脑的积极性，发扬合作精神。在幼儿进行搭建的过程中，教师不能撒手不管，而要认真地观察游戏中的幼儿，在幼儿行为的"危险点"上，适时地制止，在幼儿思维的"瓶颈点"上，适度地点拨，以专业的眼光和能力来引导幼儿自主游戏的顺利开展，提高他们的游戏水平。

（4）游戏结束后，教师可以对幼儿的表现予以点评。在整个游戏过程中，孩子们的表现肯定是可圈可点的，对于一些既能遵守游戏规则，又能放开手脚参与游戏活动的幼儿，教师可以通过录制视频或拍摄照片等方式进行记录保存，过后和孩子们一起对照分析研讨，并对这些孩子的表现予以表扬，从而带动其他幼儿规则意识的培养。反之，对于那些没有很好地遵守游戏规则的幼儿，教师也可以和孩子们一起讨论不遵守规则会带来什么样的结果，让他们意识到不遵守规则的坏处，从而培养其良好的规则意识。如此，孩子的规则意识便会慢慢地得到巩固。

总之，作为幼儿园教师，我们应该从幼儿入园起就对其进行自由和规则的渗透教育，在一日生活、集体教学、户外游戏时揣摩规则的确立方法，使自己比较好地把握自由与规则的关系，从而正确引导幼儿健康发展。

（沂水县第一实验幼儿园　佟升华）

难题40：户外混龄游戏容易出现问题，教师该如何指导？

【典型案例】

户外活动时间到了，今天大班的孩子们选择的游戏器材是大型油漆桶，他们站在油漆桶上娴熟地滚动起来。小班孩子看到后非常羡慕，也纷纷跑入活动场地东看看西摸摸，推一推、滚一滚。由于他们在场地上乱跑，大班的孩子们躲闪不及，相继从油漆桶上摔落下来，场内一片混乱。由于油漆桶太笨重，小班孩子尝试了一下就迅速地跑开，重新回到自己熟悉的游戏中。他们离开后，大班孩子的活动继续进行。

这时，中班孩子进入我的视野：

第一个是叫贝贝的女孩，整个户外活动期间她始终在观望，既没有尝试也没有离开，始终跟随着别的幼儿。接着，一个叫大可的中班男孩进入了游戏区，他的眼神始终追随着大班女孩冰冰。当冰冰玩累了休息的时候，大可请求让他来尝试一下，冰冰同意后帮助大可爬上了滚筒。大可费劲地站到了油漆桶上，始终不敢移动双脚，好不容易动起来，不到三秒钟就从油漆桶上掉下来，第一次尝试失败。在冰冰的帮助下，大可又一次爬上了油漆桶，他试图移动双脚让油漆桶滚动起来，可是重心不稳，第二次尝试又失败了，大可最终选择了放弃。

一直在旁边观察的中班女孩小蕊看到大可的尝试后也想试一下。她试着自己爬上油漆桶，可是始终没有成功，于是她请求大姐姐的帮助。在别人的帮助下，小蕊一次又一次地爬上、跌落、爬上、跌落……但她始终没有放弃。许多次尝试之后，在姐姐们的再次示范下，小蕊终于稳住了重心，成功地站在了油漆桶上，脸上写满了自信。不过，她的学习还在继续……

【案例分析】

户外混龄活动是指幼儿在一定的活动区域内自主自愿的游戏活动，它打破了幼儿年龄、班级的限制，扩大了幼儿之间的接触与交往范围，使幼儿在活动中相互影响，共同提高和发展，同时能满足幼儿身心发展的需要，充分体现幼儿的主体地位。

案例中，小班孩子并不适合和大班孩子共处一个运动型活动区，因为他们的肢体协调能力和各方面的发展相差太多，所以才出现了案例中混乱的场景。从中班孩子的身上我们看出，他们喜欢接触新事物，敢于尝试挑战，能够主动参与游戏，不会的事情愿意去学习，并且懂得借鉴他人成功的经验。

同样是自主游戏，同样的器材，为什么小班孩子的参与引起了活动场地的混乱，而中班孩子加入后气氛却是如此和谐呢？究其原因有以下四个方面。

（1）教师的观念问题。很多教师认为，户外混龄活动就是教师给幼儿提供一定的材料，让幼儿自由地玩耍，在整个过程中，教师只是材料的提供者、幼儿游戏的旁观者、幼儿冲突的裁判者。案例中，教师就只是把孩子带到活动区内放任自流，没有任何的介入指导。

（2）混龄户外游戏难度的设定难以覆盖所有幼儿发展的最近发展区。维果茨基的"最近发展区理论"指出，学生的发展有两种水平：一种是学生的现有水平，另一种是学生可能的发展水平。两者之间的差距就是最近发展区。

（3）在混龄游戏中发生冲突时，孩子们没能正面解决矛盾。在案例中，小班孩子的参与引起了活动的混乱，而大班的孩子只是在一边抱怨，并没有去思考如何解决这种冲突。案例中，教师也没能把握这个教育契机，对幼儿同伴关系的良好发展给予有效的指导。

（4）户外混龄活动时，幼儿穿梭在不同的活动区，活动区的教师对非本班孩子不够了解，教师关注个体的差异不够。

【应对策略】

华东师范大学华爱华教授在《幼儿游戏理论》一书中指出："完善的个体发展离不开同龄伙伴和异龄伙伴的交往，各自获得的益处是不同的。"通过华爱华教授对游戏论的解读，我们可以看出混龄教育的重要性。那么，作为教师，我们如何避免户外混龄游戏中容易出现的问题呢？

（1）转变自身已有观念，明确混龄游戏对幼儿发展的重要作用，提高自身组织混龄活动的能力。教师要将幼儿视为不断学习、发展着的个体，并且具有为幼儿设计开放的、多元学习环境的能力，以促进具有不同发展水平的幼儿的发展。比如，上述案例中小班幼儿进入大班幼儿的活动区域，导致大班幼儿出现活动一片混乱的情况，教师应该及时介入，引导小班幼儿进入适合他们的区域，选择适合他们的材料去游戏，也可以把滚筒给他们，让他们学习滚桶的简单玩法。

（2）在尊重幼儿最近发展区的基础上，尽量尊重幼儿的选择。教师要鼓励幼儿自主选择活动的内容和方式；利用同伴间的互助力量鼓励低龄孩子尝试有一定难度的活动，更大程度地促进幼儿社会交往能力的发展。大可和小蕊便是两个极好的例子。他们处在最近发展区的边缘，可能会发挥出较好的水平，也可能会表现失常。勇气是一部分，羡慕是一部分，大班幼儿的帮助是一部分，教师如果能及时抓住这几点，并予以支持和引导，大可也会像小蕊一样成功。

（3）完善混龄游戏的游戏规则，营造自主、有序的区域活动氛围。混龄游戏所带来的可能性很多，有正面的能力发展和提升，也有负面的冲突和安全隐患。教师不仅要完善游戏规则以保证游戏的顺利进行，更要关注孩子们在玩的过程中出现的各种情况，并抓住各种契机，适时或及时地给予引导。比如，小班幼儿引起的冲突，中班女孩贝贝的始终跟随，大可尝试失败后的离开，大班大姐姐对小蕊的帮助，等等，都是很好的教育契机，教师如果能适时介入，也许会出现很多不同的效果。

（4）鉴于混龄游戏时孩子们交错和不固定的情况，教师们应达成共识，分工明确，目标统一。不管是不是自己班的幼儿，教师都要在各自负责的区域内，留意观察不同班级、不同年龄孩子的兴趣和操作情况，并在恰当的时候参与到幼儿的活动中去，与孩子们一起探索、操作、发现、讨论、解决问题，尊重孩子们的创造性，不把自己处理问题的方式强加给孩子。同时，教师要给予幼儿及时的引导、帮助，满足不同幼儿的需要，成为幼儿活动的引导者、支持者、合作者。

混龄游戏将不同班级的幼儿游戏融为一体，能够激发幼儿的兴趣，对培养幼儿的独立性、主动性、创造性，促进幼儿的身心健康发展具有重要意义。教师应在前期实践的基础上精益求精，完善混龄游戏模式，促进幼教质量不断提高。

（沂水县第一实验幼儿园　吴霄）

难题 41：幼儿参加户外活动时的穿着不合时宜，影响活动效果和幼儿的健康，怎么办？

【典型案例】

王亦菲小朋友是一位爱美的中班小女生，每天都打扮得像位小公主。今天，她穿了一件红色的紧身连衣裙，搭配着白色连裤丝袜，脚蹬一双黑色公主皮鞋，看上去漂亮极了。户外活动时间到了，她与其他小朋友一样欢呼雀跃，跑向了攀爬网，跑着跑着，黑色小皮鞋好像故意跟她过不去，一连掉了好几次，中间有一次她还差点摔倒。她好不容易跑到攀爬网那里，结果在网子里爬的时候，漂亮的裙子也故意跟她对着干，爬两步裙摆就跑到膝盖下，整个人都没办法继续往前爬。她只好停下来，一只手撑地，一只手用力拽裙摆，就这样，爬爬停停拽拽，再爬爬停停拽拽，弄得后面的小朋友很不乐意，不停地跟老师告状。情急之下，她加快了速度，结果，整个人栽倒在网子上。幸亏有网子保护，否则后果很严重。

【案例分析】

《指南》中明确规定，幼儿每天的户外活动时间不能少于 2 小时，且幼儿着装最好便于运动。由此看来，合适的着装十分重要。

从安全的角度来说，案例中的女孩王亦菲穿着公主鞋虽然没摔倒，但她这身穿着存在着严重的安全隐患：公主鞋本身防滑效果差，鞋质较硬，容易让人摔倒，而且不利于运动；薄薄的连裤袜根本起不到保护作用；公主裙也严重妨碍运动，而且极易诱发意外伤害，如摔伤头部、面部及前胸等。

从健康的角度来说，幼儿正处于发育阶段，过紧的衣物对健康很不利。案例中，王亦菲的紧身连衣裙紧紧地包裹住了她的腹部，会造成她呼吸困难，同时，腹腔内的很多内脏也会受到挤压，导致内脏处于一种紧张的状态，不仅影响生长发育，而且会导致肠胃蠕动变慢、消化功能降低。此外，过紧的衣服对骨骼、肌肉及生殖系统等都有不利影响。紧身的连裤丝袜不利于裆部散热，不透气的公主鞋导致幼儿运动后大量的湿气排不出去，易引起局部湿疹或皮炎，对身体健康很不利。

【应对策略】

无论从运动、安全、健康哪个角度来说，幼儿参加户外活动时穿着不合时宜，都会严重影响活动效果和幼儿的健康。那么，如何保证幼儿在户外活动时穿着适宜呢？

（1）从家长方面入手。通过家长会、家长课堂、家访等形式，教师可以将幼儿着装安全常识介绍给家长，引起家长对幼儿着装安全的重视，提高家长的防范意识。首先，服装要大小合身，便于孩子活动玩耍，服装还应宽松舒适，不能影响孩子的血液循环和发育，色彩应简洁明快，款式应大方得体、方便穿脱，那些发光的鞋、唱歌的鞋、背带裤等最好不要让孩子穿到幼儿园里来。其次，建议家长购买服装时，上衣尽可能在前面开襟，拉链、纽扣应在孩子能看到、摸到的地方，方便孩子自己穿脱，且纽扣尽量不带棱角；套头上衣或裤子最好有口袋或者装饰图案，便于幼儿分辨前后；为中、小班幼儿选择不系鞋带的鞋，因为系鞋带的动作对孩子来说太难，孩子不易掌握，而鞋带随时有可能松开，孩子活动时就存在安全隐患。

（2）从幼儿方面入手。教师可利用主题活动、游戏活动等对幼儿进行教育，积极引导幼儿参与相关活动，让幼儿了解有关知识，提高判断力。例如，在艺术活动中，幼儿可唱唱有关科学着装方面的歌，幼儿还可动手画，用剪刀剪，用泥捏，给自己设计美丽的服装，教师再让幼儿说说"为自己设计了什么样的服装？""为什么要设计这样的服装？""为什么这样的服装穿起来很舒适安全？"，并引导幼儿讨论，帮助幼儿了解其中的道理。

（3）从教师方面入手。教师是教育的实施者，保护幼儿的安全是教师的职责之一。无论在集体活动、游戏活动还是日常活动中，教师都要做好孩子衣着的检查，看着装是否符合活动的要求，如：鼓励幼儿说出衣服、鞋子穿在身上是否舒适，若有问题，教师要及时帮助孩子解决；教育幼儿不把衣服上的纽扣、拉链头放在口中，以免误吞；若发现孩子的纽扣、拉链头掉下，教师应及时给孩子钉好或上好，以免发生安全事故。

（沂水县第一实验幼儿园　袁玉倩）

难题 42：家长陪同参加秋游等活动时过于保护自己的孩子，不让孩子做一些力所能及的事情，教师该如何引导？

【典型案例】

秋天是收获的季节，为了让孩子们亲近自然，增进亲子之间的情感，我园大一班开展了一场有意义的秋游活动。

根据秋游的需要，每个孩子都准备了一个背包，包里装有零食、饮用水、湿巾等物品。秋游的队伍按时出发了。天气越来越热，走着走着，孩子们头上渗出了汗珠，老师便要求孩子们原地坐下休息一会儿。这时，大部分孩子都自己拿出水杯喝水，唯独彤彤跟其他孩子不同。

只见彤彤妈妈阻止了她拉背包的小手："宝贝，我来！"

她从背包内取出水杯，拧开杯盖，吹一吹，试一试，递到彤彤的嘴边："来！宝贝，喝一口。"

"妈妈，我自己来吧！"彤彤一边看着别的小朋友一边说。但她妈妈没有同意："你会把水洒了，妈妈拿着水杯，你喝吧。"

彤彤妈妈帮彤彤喝完水后，又娴熟地拉开彤彤上衣的拉链，小心翼翼地拽着袖子帮彤彤把外套脱下来，生怕弄疼了彤彤，随后将衣服轻轻地铺在地上，左折折右折折，叠好后放在背包内……

尽管秋游活动开始前，老师开家长会强调"让孩子自己能做的事情自己做"，但在实际情境中，有些家长还是过多地包办代替。

【案例分析】

案例中的彤彤妈妈对自己的孩子过度保护和包办代替，剥夺了孩子自主学习的机会，其实，孩子完全可以做一些力所能及的事，但是一路上妈妈一会儿背一背，一会儿擦擦汗，一会儿喂点水……就这样，她以"为孩子好"为借口，让孩子失去了很多锻炼的机会，使孩子的依赖性变得更强。美国儿童心理学家鲁道夫·德雷克斯（Rudolf Dreikurs，1897—1972）曾说过："我们做不到一辈子保护孩子，我们也不想这样做。"幼儿园开展秋游亲子活动的目的就是让孩子们亲近自然，开阔眼界，增加孩子的社会实践经验，增强其团队意识，给孩子表现自我的机会。我们不难发现，当孩子们要挑战的事情成功以后，他们内心会产生强烈的自信和勇气，孩子们的安全感和成就感也在一次次尝试体验中形成和发展。我们应在合理的保护措施下顺应孩子的需要，鼓励孩子挑战自我，而不是采取"因噎废食"的方式，让孩子这也不要做，那也不要碰，失掉良好的锻炼和发展机会。

【应对策略】

《指南》中指出："幼儿身心发育尚未成熟，需要成人的精心呵护和照顾，但不宜过度保护和包办代替，以免剥夺幼儿自主学习的机会，使他们养成过于依赖的不良习惯，影响其主动性、独立性的发展。"那么，针对类似彤彤妈妈的做法，教师该如何进行合理有效的引导呢？

（1）加强对幼儿的教育。

①在幼儿园的一日活动中，教师要充分利用各种机会培养幼儿的自理能力，让他们在力所能及的范围内学会自己的事情自己做，并且让他们去告诉父母，影响父母，让父母也学会逐渐放手，不再去包办代替孩子的生活。

②家园合作，多给孩子创造实践的机会。教师和家长应统一思想，创造机会，引导孩子多参加实践活动，让孩子完成一些力所能及的、既不太难也

不太易的任务，体验到成功的快乐，增强自信心；利用"皮格玛利翁效应"，努力挖掘孩子的潜在能力，坚持"授之以渔"，而不是"授之以鱼"，循序渐进地培养孩子各方面的能力，让孩子不断成长。

③锻炼孩子的抗挫折能力，培养其忍耐力。教师在引导孩子看到自身力量、增强自信心的同时，也要注意引导孩子去发现同伴的长处，使孩子意识到：有些事情自己比别人做得好，但另一些事情别人比自己做得好，每个人都有自己的长处。这种多方面的横向比较，既不会减弱孩子的自信心，也可防止孩子产生过于自信或轻视他人的骄傲心理。

（2）通过不同的方式和家长进行交流，告诉其包办代替的危害性。教师可以利用家长会、微信、QQ、每天的入园离园时间等，和家长沟通交流，让家长明白包办代替对孩子的危害性，从而让家长减少对孩子的过度保护。

（3）可以在秋游等大型园外活动开始前，召开家长专题研讨会。教师要精心准备，多搜集一些这方面的案例或者视频，包括国外幼儿园的优秀做法等，让家长们通过观看、对比、研讨、总结等有所感悟和启发，从而认识到过度保护和包办代替的不良影响和严重后果。

（4）以点带面，发挥榜样的作用。教师可以在班里选择部分自理能力强的幼儿，让家长在亲子活动中观看他们的表现。在现实生活中，榜样的影响会带来更好的教育效果，从而让更多的家长看到放手教育孩子的好处。

（沂水县第一实验幼儿园　董娟）

第五章

破解关于安全与健康的 10 个难题

　　《纲要》指出:"幼儿园必须把保护幼儿的生命和促进幼儿的健康放在工作的首位。"家长的安全教育观念不强,安全责任意识薄弱,教师该如何引导?幼儿的安全防范能力与自我保护意识薄弱,教师该如何教育?某些幼儿容易出现食物过敏、药物过敏等情况,教师该如何应对?……幼儿年龄小,自我保护能力较差,安全与健康是幼儿园工作的重中之重,保护幼儿的安全与健康是教师必须牢固树立的思想。本章将详细破解10个在幼儿园里常见的安全与健康难题。

难题43：家长的安全教育观念不强，安全责任意识薄弱，教师该如何引导？

【典型案例】

新学期开始，幼儿园小班幼儿豆豆在妈妈的带领下到幼儿园报到。当负责收集新生材料的陈老师告诉豆豆妈妈需要提供豆豆的入园体检证明时，豆豆妈妈不以为然，说孩子小，不可能有其他传染病，家里也没有传染病人，幼儿园入园体检就是走过场。除了豆豆妈妈，还有一些家长担心幼儿园不接收自己的孩子，便向老师隐瞒幼儿的健康状况，如过敏史、健康异常、先天疾病病史等；还有一些家长认为，幼儿一旦入园，一切安全问题都应由幼儿园全权负责，而他们只关注幼儿习惯的养成和认知能力的提升，对幼儿园的安全管理、安全措施等毫不知情。这些现象让陈老师很苦恼，很无奈。

【案例分析】

近年来，幼儿园安全事件的频频发生，一次又一次给我们敲响警钟。幼儿的安全关系到每一个家庭的幸福，关系到社会的和谐稳定。为幼儿创设安全、稳定的环境，需要幼儿园和家长共同努力。但当前还是有很多幼儿家长安全观念滞后，安全意识淡薄，对家园合作进行安全教育方面认识不足、重视不够。虽然很多幼儿园经常向家长宣传相关的安全教育知识，但幼儿园举办的家长安全教育活动多以讲座为主，形式单一，内容大同小异，导致家长参与活动的积极性大大降低，家长的重视程度也受到影响。再者，家长对"父母是孩子的第一任老师，也是孩子的终生老师"这一观点认识不够，认为所有安全方面的问题都应该让幼儿园负责。对此，教师应该引导家长从自身出发，树立安全教育观念，做好家园共育，共同促进幼儿健康成长。

【应对策略】

幼儿的安全是一切活动的前提，保证幼儿的安全，只靠幼儿园是不行的，只有加强家长的安全观念，提高家长的安全责任意识，家园配合，才能培养幼儿良好的安全意识，实现家园共创平安的教育目标。

（1）提高新生家长的安全意识。通过多种途径，向家长介绍新生入园健康检查的必要性和幼儿园各项活动的安全要求，给家长上好安全教育第一课。例如，教师可以就幼儿突发事件应急、急救措施向家长进行详细讲解，组织家长学习急救方法，让家长从思想上与幼儿园达成共识，增强家长的责任意识。这样既帮助家长提高了安全意识，又让家长对幼儿园的安全管理工作有了一定的认识。

（2）增强家长的安全责任认知，家园共同承担监护责任。教师可以召开专题家长会，向家长介绍幼儿园的相关安全制度，帮助家长进一步了解幼儿园的安全管理工作。教师还可以在班上成立"家长安全委员会"，对园所或班级的安全管理提出意见并进行监督。比如，定期召开家长委员安全工作会议，针对园所和班级安全管理中存在的盲点进行检查，研究存在的问题及对策，帮助园所进一步完善安全工作制度，为幼儿园安全工作出谋划策，家园共同承担幼儿监护人的职责。

教师在平时要将安全宣传作为重点工作来抓，比如设立安全宣传站，利用园内广播、宣传栏等形式，向家长广泛宣传园所安全活动和安全信息，尤其是对每次的安全教育活动，要做到：活动前，宣传活动方案和形式；活动后，宣传活动取得的效果以及活动照片，产生有声势、效果佳的良好影响力。教师还可以举办安全小知识家庭竞赛等活动，对优胜家庭给予表彰、奖励，调动家长参与活动的积极性，通过各种形式向家长宣传园所的安全工作，提高家长们对安全工作的重视程度。

（3）教育形式多样，调动家长参与园所安全工作的积极性。园所的安全教育活动要做到形式多样，内容吸引人、有针对性，以激发家长参与的积极性。如：家长参与园所的逃生演练活动；家长与教师就"幼儿突发事件应急、急救措施"展开互动和演练；教师针对家庭安全案例为家长解析答疑，以"致家长的一封信"的形式，让幼儿在父母的帮助下，掌握一些在家中的安全自护知识，教育他们如何防火、防电、防煤气和防意外事故的发生；教育幼儿任何时候都要保护自己不受伤害，同时不伤害他人，不跟陌生人走，不玩水，不涉险，不乱吃零食，不在马路上玩耍；家长在家要加强对孩子文明习惯的养成教育；节假日期间，家长要做好幼儿的安全监护工作，配合教师做好幼儿安全常规教育、疾病预防管理等……教师要加深家长们对园所安全管理的认识，与家长在安全教育目的上达成一致意见，使园所的家长安全教育工作更具针对性和实效性。通过实践，让家长安全教育工作的积极性充分被调动。

（平邑县教育体育局　赵侠）

难题44：幼儿的安全防范能力与自我保护意识薄弱，教师该如何教育？

【典型案例】

幼儿园里有很多大型玩具，孩子们最喜欢其中的滑梯。有一天，老师领着孩子们出去玩，一开始孩子们都比较遵守游戏规则。但玩着玩着，有的孩子便在滑梯的滑道上从下往上走，与滑下来的孩子撞在一起；有的孩子在弯道滑梯中间的地方故意停留，堵住后面的小朋友；有的孩子甚至头朝下滑下来……

【案例分析】

3—6岁的幼儿天性活泼好动，总喜欢爬高爬低、跑来跑去，并且对一切事物都感兴趣，但他们的能力和体力却十分有限，动作的灵敏性和协调性较差，又缺乏生活经验，因此，常常不能清楚地预见自己行为的后果，对突发事件不能做出准确的判断，当处于危险之中时，也缺乏保护自己的能力。再者，这一年龄阶段的幼儿安全意识较差，一开始能遵守教师提出的安全规则，但随着游戏的深入，他们会逐渐将其遗忘。因此，在幼儿园的一日生活中，教师要加强幼儿安全方面的教育。

【应对策略】

（1）注重环境的安全性，消除事故隐患，使安全管理主动化。幼儿天性活泼好动，对一切事情都充满好奇，因此幼儿所能接触到的一切环境、物品都要安全、无毒。比如，某幼儿园的大型玩具常年不检修，也无专人看管，因滑道的扶手有裂缝，一幼儿在滑滑梯时，小手正好放在裂缝中，被严重划伤。因此，幼儿园要对园内设备做好检查与维护，安排专门的修护人员负责检查，一旦发现有安全问题，马上修缮，避免出现安全事故。在平时的各项工作中教职工要增强安全意识，遵守安全制度，加强工作责任心，时时处处做有心人，及时发现、消除不安全的因素，为幼儿提供健康的、丰富多彩的生活和活动环境，创造时时安全、处处安全的成长环境，满足他们多方面发展的需求，使其在快乐的童年生活中获得有益于身心发展的经验和安全感。

（2）教师应对幼儿进行安全教育，提高幼儿的安全意识，使安全教育内在化。幼儿在园的安全与教师有着密不可分的联系，因此，安全教育应从教师与幼儿两方面入手。

首先，教师应主动参加安全知识与技能的培训，内容包括教师一日工作常规、幼儿安全事故应急处理方法、消防知识等。还可以通过一些案例的反思与分析，提高教师自身对安全事故后果的预见性，避免事故的发生。教师要树立高度的工作责任感和安全防范意识，掌握有关幼儿安全的基本常识和技能，加强工作规范性。

其次，教师还应该对幼儿进行初步的、最基本的安全指导和教育，逐步提高幼儿预见危险、排除危险、保护自己的能力。《纲要》明确指出："幼儿园必须把保护幼儿的生命和促进幼儿的健康放在工作的首位。""密切结合幼儿的生活进行安全、营养和保健教育，提高幼儿的自我保护意识和能力。"这需要教师平时细心观察，发现安全隐患要立即排除并及时提醒幼儿，要不断地强化、反复地强调、不厌其烦地教育，让幼儿逐步提高自我保护意识，努力把安全事故发生的可能性降到最低，让孩子安全健康地成长。比如：在日常生活和教育教学活动中要开展丰富多样的游戏、学习、训练等活动来加强对幼儿的安全教育，培养幼儿做事有秩序、不推打、不拥挤的好习惯；从幼儿身边的安全案例入手进行讨论，分析这些事情容易引起的危害和后果，让幼儿深刻认识到自己所做的事情的严重性，增强幼儿自我保护及保护他人不受伤害的意识等。

（3）合理地安排、组织幼儿一日活动，使安全工作科学化。在平时的工作中，我们既要高度重视和满足幼儿受保护、受照顾的需要，又要尊重和满足他们不断成长和独立的要求，避免过度保护和包办代替。不少幼儿园教师整天提心吊胆，消极防范，为了避免孩子出事故，因噎废食，限制孩子的某些活动，把孩子天天关在活动室里，或很少让孩子参加户外游戏，唯恐出现问题。其实恰恰相反，消极防范是不利于幼儿发展的下策，往往导致孩子一到室外就忘乎所以地发泄精力，反而更容易出现事故。幼儿园活动在时间安排上要遵循幼儿身心发展的规律，注意有相对的稳定性和灵活性，让孩子每天有适当的自主选择和自由活动的时间。活动的组织要动静交替，保证幼儿每天的户外活动时间不少于2小时，并制订相应的安全计划，既要满足幼儿的好奇心和探索欲望，又要保证活动的安全性。还要结合体育锻炼和专项安全教育活动增强幼儿的安全意识，比如，在活动前和活动中，教师要交代、提醒幼儿遵守游戏规则，帮助幼儿建立秩序感，从一日生活的各个环节入手，让幼儿知道哪些该做，哪些不该做，从而养成良好的行为习惯，使一日活动的各个环节井然有序、活而不乱。同时，要通过游戏和体育活动锻炼幼儿的钻爬、躲闪、攀登、跑跳等快速反应能力，增强其动作的灵敏性，发展动作的协调性，并通过模拟练习教给他们基本的求生技能。

（临沂市兰山区区直幼儿园　王全鑫）

难题 45：幼儿入园和离园时容易出现安全问题，教师该如何应对？

【典型案例】

中午 11 点多，王老师组织幼儿分组进入盥洗室洗手，之后五六位小男生的嘴上、脸上、下巴上相继出现流血现象。看到当时的情况，王老师都蒙了，急忙叫来保健大夫，赶紧清理伤口。在幼儿相继止血后，王老师询问情况得知，原来在早晨入园时，调皮的晨晨从家里把爸爸刚从超市买的刮脸刀片偷偷地带进了幼儿园，并且在中午洗手的时候，把刀片分发给了自己的几个好朋友。这几个调皮的男孩学着大人的样子，用刀片给自己刮胡子，结果出现了惊险的一幕。幸好王老师及时发现刀片并将其全部收回，避免了更重大的事故发生。不然，后果不堪设想！

【案例分析】

《纲要》中指出："幼儿园必须把保护幼儿的生命和促进幼儿的健康放在工作的首位。"安全工作是幼儿园工作的重中之重，保证幼儿人身安全，责任重大，特别是有些地方相继发生幼儿人身伤害事件，引起了社会各界的高度重视，虽然各地幼儿园不断加强门卫管理制度和安全教育工作，但幼儿自身造成的安全隐患往往被忽视。幼儿年龄小，好奇心强，常常自带一些有安全隐患的物品到幼儿园，如刀片、小珠子、长发卡、大头针等，以至于幼儿园内常常发生珠子进入幼儿鼻腔，长发卡扎伤同伴，小刀片划破手腕，硬币吞到肚子里等意外事件，这些小小的物品时时威胁着幼儿的人身安全。因此，把好幼儿入园安全"第一关"，显得极其重要。同时，幼儿离园时，人群密集，也是安全事故高发时间，教师和幼儿园也要高度重视。

案例中的现象就属于幼儿入园"第一关"没把好。幼儿入园时，首先要由保健医生在园门口进行第一阶段的检查，要通过"一摸，二看，三问，四查"把好入园"第一关"。幼儿进班级后，教师应及时消除一切对幼儿健康和活动不利的因素。案例中教师的监督力度不够，孩子在进入盥洗室洗手、如厕时必须要有教师在场，只有做到孩子不离开教师的视线，才能有效地避免孩子发生意外。

教师还应该加强对孩子的自我保护教育，让孩子知道危险的东西不能带、不能玩，提高孩子的自我保护意识。教师和家长不能时时刻刻在孩子身边保护孩子，所以最重要的是要让孩子自己学会保护自己。

【应对策略】

关爱幼儿的身心健康，保证幼儿的安全，是幼儿园和家长的共同责任。为达到家园共育的良好效果，教师可以从以下几个方面有针对性地做好幼儿入园和离园工作。

（1）入园。密切家园联系，让家长做好安全监督第一人，把好家庭安全第一关，及时检查幼儿的书包、口袋等存放物品的地方，看是否装有易造成伤害的危险物品，发现后及时取出，防止危险物品从家带出。

加强晨检制度，扩大晨检范围，把好幼儿入园的安全"第一关"。入园晨检时，保健医生一定要观察了解幼儿状况，做到"一摸，二看，三问，四查"这四个步骤。在与孩子打招呼时顺势一摸——摸摸孩子有没有发烧。接着二看——看看孩子的神态和脸色，有没有不正常的表现。随之三问——问问孩子的吃饭及大小便情况，从孩子的吃饭、排便等情况也可以了解到孩子当日和近日的身体健康状况。最后是四查——查查孩子是否带有小刀、玻璃球、火柴、钉子等危险物品。

教师应加强责任心，告知家长务必把幼儿送到本班教师手中。如有特殊情况，需要幼儿自己入班，家长一定要事先告知教师，时刻细心观察幼儿，从细微小事做起，对幼儿进行安全教育。接待家长时，教师要以关注幼儿为主，一定要关注幼儿携带的相关物品，同时教师可以与家长做简单的交流，了解幼儿昨晚的休息情况，看是否有需要交接的事项。

健全制度，完善机制，提升幼儿园安全管理的规范化。保护幼儿安全是幼儿园保教工作的前提，也是为家长服务的重要内容。3—6岁的幼儿缺乏安全意识和自救能力，又对事情有强烈的好奇心，什么都想碰一碰、看一看，但是他们缺乏生活经验，不能预见事情发生之后的危险后果，不能保护自己的安全。因此，教师需要提高自身的安全防范意识，同时把安全教育融入一日游戏活动中去，以主题形式开展幼儿自我保护教育，提高幼儿的安全防范意识。比如，针对"小兔子去上幼儿园，带了一粒小豆子，还把小豆子放进了耳朵里，最后去了医院才取了出来"的故事，教师可以设计提问："如何避免这样的事情发生？"让幼儿围绕这个问题进行讨论，通过讨论让幼儿知道不能带危险的物品（如小珠子、小豆子等）来幼儿园，更不能把这些东西放进自己的鼻子或耳朵里，万一发生意外，不能用手指乱抠，应该及时告诉教师。

（2）离园。离园时，幼儿和家长过于密集，容易出现扎堆现象，教师应做到分工明确，与家长当面交接幼儿，严格核查接送卡，确保幼儿安全离园。教师应教会幼儿说："×××接我来了，老师再见！"在此期间，和家长交流沟通要简短，注意关注班内孩子。

教师应提醒家长遵守园内规定，按规定时间接孩子，并带齐孩子的物品；严禁家长带孩子在园内逗留，教育幼儿不要在活动场地或草地上追跑、打闹、拆卸或互相投掷玩具等；切忌远离幼儿同其他家长聊天，以免孩子走失。

教师还应教育幼儿不要单独离开幼儿园，若有陌生人来接，要主动告诉教师；穿行楼道时应爱护楼道内的设施，不上窗台，不在暖气台上行走，不从楼梯扶手上往下滑，避免安全事故的发生。

（平邑县教育体育局　赵侠）

难题 46：幼儿不讲卫生，卫生习惯差，教师该如何引导？

【典型案例】

在最近的一日生活中，张老师发现，如果不时刻提醒，孩子们大小便后就不去洗手，还经常用手抠鼻子、擦鼻涕，手上有脏东西时就往身上抹，嘴边有脏东西就用袖子抹。户外游戏后，手变得脏兮兮的，孩子们不去洗手就拿起点心直接吃，还表现得心安理得，被提醒之后就算洗手也是随便冲一下。在班里，这种行为时有发生，并且男孩多于女孩。张老师在跟家长沟通时发现，有的孩子在幼儿园里表现得不错，会主动将小手洗净、将玩过的废纸扔到垃圾桶内，但是一回到家里就变了个样：早晨起床不洗脸、不刷牙，洗澡、洗头也不情不愿。这些现象让张老师很苦恼。

【案例分析】

幼儿期是孩子养成良好卫生习惯的关键时期，一个好的习惯可以让其受益终生。习惯养成教育要早，否则，等坏习惯养成之后，想纠正就要困难很多。如果孩子不讲卫生，势必影响他的自身形象，从而影响其他人对他的看法，会导致他的人际关系不好。幼儿卫生习惯差的原因主要有以下几点：一是家庭教育和幼儿园教育不够，没有适当的规定和监督；二是父母对孩子过于包办代替，父母总是觉得孩子做不好或者做得慢，把孩子照顾得过于周到，剥夺了孩子自己做事的机会，孩子就很可能养成事事依赖、不能独立做事的习惯，更别说讲卫生、爱整洁了；三是父母或成人本身就不爱干净，不讲卫生，没有给孩子树立良好的榜样，孩子自然难以养成整洁的习惯；四是教师要求不严格，没有建立起合理的规则制度让幼儿去遵守。

从案例来看，幼儿卫生习惯差的主要原因是：成人没有帮孩子树立正确的卫生观念与意识；在幼儿养成习惯方面没有做到家园共育，导致幼儿在班级内表现很好，但是回到家之后就坚持不了。

【应对策略】

心理学家认为，随着动作协调能力的增强，3—6岁孩子可以独立地完成一些个人卫生工作，比如穿衣、洗手、洗脸、刷牙等。但如果这个阶段缺乏成人的有效引导和耐心培养，幼儿则很难养成爱讲卫生的习惯。作为幼儿园教师，我们可以通过以下方面对幼儿加以引导。

（1）让幼儿树立正确的卫生观。通过图书、故事、儿歌等多种方式让幼儿了解讲究卫生的重要性，使其树立起正确的卫生观，这样幼儿才能把注意个人卫生由被动执行变为主动去做。

（2）引导、鼓励幼儿学习卫生知识，养成良好的卫生习惯。正如案例中所描述的那样，幼儿的卫生习惯包括很多方面，例如，饭前便后洗手，及时换洗衣物，勤剪指甲勤洗澡等，可分为生活卫生习惯、饮食习惯、作息习惯等，要从方方面面抓起，从小事做起。比如：一定要让孩子养成饭前便后和手脏时及时洗手的习惯；生吃瓜果要洗净，有的需要去皮；经常携带并会正确地使用手帕，手帕要经常更换，保持清洁。

（3）给幼儿制定具体的卫生规则，让他们形成健康的生活规律。良好的生活习惯将影响孩子的一生，让孩子参与卫生规则的制定，并向其讲明这些规则的意义，能有效地让孩子自觉地遵守自己制定的规则，增强孩子的归属感和价值感。例如，不撒饭粒，饭前洗手，饭后擦嘴，吃水果要洗净，等等，让幼儿懂得这样做对自己身体健康的好处，时时提醒孩子遵守卫生规则。

（4）让幼儿保持个人卫生。当幼儿不想清洁个人卫生时，教师不要妥协，要积极正面地引导。幼儿讲卫生的好习惯不是一天两天就能养成的，需要教师经常督促，时刻提醒幼儿必须遵守卫生规则，保持个人卫生，把良好的卫生习惯长久地坚持下去，从而慢慢地渗透到自己的生活中，习惯成自然。

（5）经常检查孩子是否完成个人卫生工作。教师要观察孩子在饭前便后洗手或做其他卫生工作时，是认真去做了，还是敷衍了事。要知道，孩子的手湿了并不代表他们一定认真洗手了。万一发现他们真的只是冲了冲手，一定要适时教导并让其重新去洗。对于他们做得好的地方，要及时表扬和鼓励。

（6）教师要以身作则。教师必须做好表率，时时刻刻讲卫生。例如，服装整洁美观，无异味。教师应向幼儿示范如何保持干净整洁的仪容仪表，让幼儿学习，用实际行动影响并教育幼儿养成良好的卫生习惯。

（7）标准统一，共同坚持。在幼儿园里，教师需要有统一的规则，并且全体师幼都要牢记，这样良好的习惯才能培养起来，不要一会儿这样做一会儿那样做，那样容易让幼儿感到混乱。比如：在幼儿洗手时，教师也可以加入，示范正确的洗手步骤，以此来引导幼儿；还可以把洗手的步骤图拍成照片张贴在洗手池的上方，让幼儿参照。

（8）家园合作，取得家长的支持和配合。在培养孩子良好的卫生习惯这件事上，幼儿园和家庭缺一不可，两者要达成共识，相互支持，相互配合，共同监督，引导幼儿。比如：孩子自己的事情自己做；家庭教育与监督要跟上，家长不要因为没有时间，而忽视对幼儿的管理。从案例中可以看出，培养幼儿良好的习惯与家庭教育是密不可分的。如果在家庭中没有好的氛围，孩子就无法将良好的习惯贯彻到底。实施家园共育，教师应及时与家长沟通，让家长了解到良好习惯的重要性，从自身做起，以身作则，为孩子树立良好的榜样；教师也可以将一些好的做法，如洗手的正确方法、刷牙的正确方法等告诉家长，让家长在家中参照以监督幼儿执行；教师还可以请家长和孩子共同制定在家里需要做到的卫生习惯列表，互相监督，共同努力。通过家园共育，教师和家长可共同促进、巩固幼儿习惯的养成。

（临沂市兰山区区直幼儿园　侯婧妍）

难题47：在某些季节，幼儿容易出现传染病或常见疾病，教师该如何应对？

【典型案例】

2013年11月下旬，兰州力天幼儿园小班家长反映，该班有孩子疑似感染了手足口病。为了让其他幼儿进行预防，园长聂爱琴在违反药品购买规定的情况下，擅自购买小儿利巴韦林冲剂50盒，每盒18包，分6次给全园幼儿服用。事件发生后，有的家长反映，幼儿服药后出现肚子疼、湿疹等症状，有关部门和医院领导小组给在园的280名幼儿进行全面体检，并由家长们推荐5名家长代表与园方协商孩子的健康检查等事宜。同时，幼儿园医务室剩余的8包利巴韦林冲剂已由区食药监局进行封存、检验、调查。利巴韦林又名病毒唑，是一种强效的抗病毒药物，目前应用于病毒性疾病的防治。利巴韦林属于处方药物，在未经医师许可的情况下，不能随意服用，长期服用的不良反应有头晕乏力、失眠、食欲不振、肝功能异常等。记者从兰州市七里河区委宣传部获悉，喂食幼儿"利巴韦林"的兰州力天幼儿园园长聂爱琴目前已被停职，幼儿园工作已交副园长主持。兰州力天幼儿园就"利巴韦林"事件发表公开道歉信，并以纸质形式发给家长。即日起，由七里河区教育局组织工作组入驻力天幼儿园，对幼儿园进行监管。

（来源：搜狐网）

【案例分析】

手足口病是传播很快的一种儿童传染疾病，多发生于5岁以下的儿童。手足口病可以通过空气、飞沫传播，很容易交叉感染，一定要注意预防，特别是幼儿园里的孩子们更要注意。手足口病的常见症状为：发热，体温达到

38℃以上，口腔黏膜、手部、足部和臀部出现斑丘疹、疱疹，同时伴有咳嗽、流涕、食欲不振、恶心、呕吐、头痛等症状。

而每年的3—5月都是手足口病传染的高发季节，幼儿园要提前做好各方面的预防工作，从生活的点滴细节做起。如果发现幼儿出现疑似手足口病的症状，应该及时通知家长，请家长把孩子带回家进行隔离治疗，幼儿园应加大消毒力度，杜绝传染病的传播。幼儿阶段的孩子年龄尚小，幼儿园私自不合理地给孩子喂药，肯定会影响孩子身体机能的发展，破坏其自身原有的免疫机能。没有医嘱、没有经过家长的同意而给孩子喂药物，不但人为地破坏了幼儿自身发展的规律，而且给在园幼儿和其家长造成了巨大的身心伤害。

【应对策略】

每年春季都是手足口病暴发严重的时间段，我们应该正确地面对而不是躲而避之，要积极有效地采取合理措施，多途径进行预防，尽量把病菌的传播缩小到最小范围之内。

我们可以从以下几点进行预防与应对。

（1）卫生消毒。孩子每天进幼儿园要用高锰酸钾泡手，园里要保持每天放学后用紫外线消毒一次，有条件的也可中午一次、晚上一次。孩子使用的教玩具要用专门的消毒液浸泡，通常使用84消毒液，一般把教玩具浸泡1小时左右。地板和桌椅也要用84消毒液擦拭。孩子们一般都在幼儿园里吃饭，孩子们用的餐具每次饭后要认真清洗并放在消毒柜内进行消毒。保证环境卫生清洁、空气清新，常通风。

（2）卫生教育。教师一定要加强在园幼儿的卫生教育工作，平时要教育孩子在吃饭前、上完厕所后用洗手液或者肥皂把手洗干净。要让他们养成勤剪指甲的好习惯，因为指甲长了里面就会藏有很多细菌。还要教导孩子不乱扔垃圾，在人口集中的地方不要乱摸，养成良好的卫生习惯。

（3）预防宣传。教师要对孩子及家长做好手足口病的预防宣传工作。孩子回到家里以后，要让家长多留意他们的身体状况，如果孩子出现了发热、皮疹等症状一定要尽早带孩子到医院做检查，及时发现，及时治疗，及时上报。在孩子没有痊愈的情况下，家长一定不要让孩子接触其他的小朋友或者去幼儿园上学，应坚持在家里进行隔离治疗。

（4）做好检查。教师平时在教学期间也要多观察、多留意孩子们的身体情况。如果发现孩子在园时有发热、出皮疹的症状，要第一时间通知他们的家长，并把孩子及时隔离，送往医院检查治疗。还要注意观察与该幼儿在一起活动的孩子是否有疑似症状的发生，并及时对孩子摸过的物品进行仔细消毒。如果是在手足口病的高发期，必要时应做好停课的准备。

（5）成立预防小组。幼儿园除了要做好卫生检查以外，还应该专门为预防手足口病成立一个预防小组，此小组最好与当地卫生部门联合起来。详细记录孩子每天从入园到出园的情况，特别是孩子每天的身体状况、饮食情况、饮水量都要多加注意。每天进出幼儿园、教室的教职工或者其他人员（包括家长）也要做好消毒工作，保证在园孩子的健康。如果发现有感染的孩子，要及时采取防范措施，并及时通报给当地卫生部门。

（临沂市兰山区区直幼儿园　张雪）

难题 48：某些幼儿容易出现食物过敏、药物过敏等情况，教师该如何应对？

【典型案例】

胖胖已经3岁了，是今年小班刚入学的孩子，他长得虎头虎脑的，是个非常惹人喜爱的小朋友。有天早上，幼儿园的早餐有水煮蛋，胖胖不太爱吃蛋黄，但也吃了一点。在上课的时候，老师发现胖胖有些不对劲，他皮肤上出现了一些湿疹，有过敏现象，这引起了班里老师的关注。老师第一时间给胖胖妈妈打电话，胖胖妈妈说不要紧，湿疹慢慢就会自己消的。随后老师查看孩子入学时填写的问卷调查，没有找到其家长对孩子过敏源的详细标注。但是，之前有一天妈妈在家给胖胖做了一碗香喷喷的全鸡蛋的蛋羹，胖胖吃了不到1分钟就开始呕吐，然后嘴唇、眼睛明显肿胀，接着出现呼吸困难、烦躁、嘴唇发紫等症状。妈妈急忙带胖胖到医院检查。医生将该症状诊断为严重过敏反应，并给予了相应的急救措施。30分钟后，胖胖的症状才基本缓解。

调查显示，目前西方发达国家每年大约有数百万乃至上千万人对不同食物有过敏反应，美国每年约发生3万例食物所致的严重过敏反应，约200例死亡。我国还没有具体数据，但近年来有明显增加的趋势。6岁以下的儿童，大约有1%~3%会对食物过敏，这是因为幼儿肠内细胞比起成年人更易渗透，从而使其显得越发脆弱。

【案例分析】

食物过敏是指我们所吃的食物进入人体之后，身体本身对其（食物）产生的异常免疫反应，而导致消化系统或者全身发生病态反应及身体组织损伤，进而引发的一系列临床症状。

那么，幼儿为什么容易出现食物过敏呢？

（1）幼儿食物中的过敏源起主要作用。幼儿食物中的过敏源能导致幼儿的免疫系统发生病变反应。经调查，大部分幼儿常见的食物过敏源都是蛋白质。幼儿体内无法吸收的蛋白质，是导致其食物过敏的根源。

（2）遗传因素引起的。父母其中一方对食物有过敏史，可能会遗传给下一代子女。

（3）幼儿体内的抗体减少，因而容易出现过敏反应。

药物过敏是指儿童服用某种药物所诱发的病态反应，是药物不良反应中的一种特殊类型。同时也与少数人的特殊过敏体质有关。

幼儿园在接收新生入园时，应加大对孩子的体检力度。尽量要求家长在孩子入园前，带孩子到正规医院做身体过敏源检查，并把检查报告一并交给幼儿园。同时，家长要详细告知老师关于孩子的身体状况，特别是对食物过敏、药物过敏的孩子的家长应第一时间告诉老师哪些食物孩子不能吃。在孩子生病期间，家长要对其加强护理，尽量让孩子在家休息，不给孩子服用致其过敏的药物。这样老师也可以做到心中有数，避免产生不必要的麻烦。

【应对策略】

在幼儿时期，由于孩子的身体发育尚未完善，比较容易产生各种不良反应，如食物过敏、药物过敏等情况。作为幼儿园教师，我们要细心观察，及时合理应对，保证孩子们在一个健康的环境下快乐地成长。

（1）幼儿食物过敏的预防和治疗。

①关于速发型的食物过敏。顾名思义，速发型的食物过敏发病迅速，甚至比较凶险，可以涉及多个器官、系统，危及生命。此种过敏反应的强弱与摄入食物的多少无关，微量的食物即可引起强烈的反应。临床表现为：

A.突然发病，进展迅速。大多数的反应发生在2小时之内，少有反应慢慢开始。开始时，患儿常表现出烦躁不安、恐惧或不适。

B.呼吸系统的表现：由于过敏而致呼吸系统的血管扩张，大量血浆渗出到血管外，患儿会出现咽喉水肿，呼吸、吞咽困难的症状，感觉咽喉梗阻。而由于上呼吸道梗阻，患儿会进一步出现声音嘶哑、吸气性呼吸困难的症状。

C.皮肤或黏膜的改变：出现大面积红斑或荨麻疹，眼皮和面部明显水肿，严重者全身可出现多部位水肿。

D.消化系统的表现：腹痛、肠绞痛、腹泻、呕吐、便血等。

如果只有皮肤的表现，为一般速发型食物过敏反应。除皮肤表现外，同时还伴有其他系统和器官的症状（如呼吸系统、心血管系统等），则为严重速发型食物过敏反应。

②幼儿在园预防食物过敏的方法：

A.改善饮食。幼儿饮食以清淡为佳，调味料及色素要尽量减少。

B.适度运动。教师应设计适合孩子年龄发展的运动课程，多带领孩子参加户外运动，尽量在天气条件允许的情况下，每天保证孩子至少有2个小时的户外活动时间。

C.教师应让孩子多饮温开水，促进其体内毒素及过敏物质的排泄。

D.通常情况下，家长应提前将孩子的过敏源告知园方，班级教师应避免让孩子接触过敏源。一般来说，幼儿园提供的食物都要尽量避免高致敏物质。如果孩子对特定食物过敏，家长必须提前告知所在班级的全体教师，以免孩子发生意外。

③幼儿在园出现严重速发型食物过敏的应对方法：

A.幼儿在园时出现严重食物过敏反应，教师应立即呼叫急救车并第一时间通知孩子的家长和园领导，在专业医务人员陪伴下将孩子送至医院，或对孩子进行紧急救治后将其送至医院。

B.出现严重食物过敏反应的幼儿在等待急救车的时候，若伴有呼吸困难要半坐位，使呼吸道通畅；如已经出现休克、意识障碍，需保持侧卧位，保证其口腔清洁和呼吸道通畅。

C.有人认为，赶快把引起过敏的食物用催吐的方法吐出来，就没事了。这是很危险的做法，有可能引起误吸，即把食物吸入气道内，引起窒息，危及生命。尤其是幼儿，应禁止催吐。已经引起严重过敏反应时，再吐出食物，不但不能起到减轻反应的作用，反而有可能引起其他的并发症。所以，催吐的做法是不提倡的。

D.教师应回忆幼儿吃过的食物或者药物，寻找过敏源。同时，教师应及时和家长进行沟通，做好交接事情的安排。

（2）幼儿药物过敏的预防和治疗。

①教师应提醒家长提前带幼儿去医院进行药物过敏的各项检查，提高家长们的预防意识，以免发生特殊的不良情况。

②一旦幼儿出现药物过敏现象，教师要立即停止给幼儿服用致其过敏的药物，并及时将药名记录下来，以免再次误用。

③作为教师，不要抱着一种侥幸的心理，再次给幼儿服用致其过敏的药物。如急需使用，要让医生先给孩子做皮试或者其他测试，并注意随时观察，

避免可疑症状及不良反应的发生。切记,万一孩子因服用过敏药而出现严重的不良反应,教师要及时带孩子就医,以免贻误病情。

（平邑县教育体育局　赵侠）

难题49：幼儿出现集体食物中毒情况,教师该如何应对？

【典型案例】

2018年1月23日,河北省灵寿县县委宣传部回应中新网当地一幼儿园发生食物中毒事件时称,2018年1月22日中午1时许,灵寿县青同镇韩朱乐村民办幼儿园误用亚硝酸盐,导致该园部分幼儿发生食源性疾病。截止到22日24时,已有35名幼儿离院回家,59名幼儿仍留院观察。

（来源：中国新闻网）

【案例分析】

该县表示,经调查,事件是由于2018年1月20日该幼儿园负责人白玉霞用自行购买的100克亚硝酸盐（当地村民过年用传统方法烹烧猪肉时常用的材料,俗称"火硝"）,在幼儿园食堂加工春节自用肉食后,将剩余不足50克的亚硝酸盐留在了幼儿园食堂的厨房。因亚硝酸盐与食盐相似,22日中午,该园炊事员徐荣菊在烹制大锅菜的过程中,误将亚硝酸盐当作食盐放入炖菜中,导致了食源性疾病的发生。误食亚硝酸盐会导致头痛、头晕、乏力、胸闷、气短、心悸、恶心、呕吐、腹痛、腹泻、腹胀等,全身皮肤及黏膜呈现出不同程度的青紫色。严重者会出现烦躁不安、精神萎靡、反应迟钝、意识丧失、惊厥、昏迷、呼吸衰竭甚至死亡等症状,后果不堪设想。教师在幼儿进餐前,应该根据味道、颜色、气味等对幼儿的食物进行初步检查,发现无异常情况,再让幼儿进餐。一旦幼儿出现集体食物中毒情况,幼儿园应将幼儿所吃的食物，进餐总人数，同时进餐而未发病者所吃的食物，幼儿中毒的主要特点，可疑食物的来源、质量、存放条件、加工烹调的方法和加热的温度、时间等情况如实地向上级部门反映。

【应对策略】

3—6岁是幼儿身心健康发展的关键时期，健康安全的饮食是孩子健康成长的保障。而当下，幼儿园在饮食卫生与安全上出现了许许多多的问题，严重地危害了孩子的健康，甚至有些伤害是不可逆转的，对孩子造成了终生的影响。因此，保障幼儿的饮食安全，是幼儿园的头等大事。

（1）预防。

①健全食物中毒报告制度，幼儿园餐厅要认真贯彻执行国家有关部门颁布的《食物中毒事故处理办法》精神，及时采取防治措施。

②广泛开展预防食物中毒的宣传教育，结合幼儿园实际情况，充分利用广播、主题班会、宣传画和实物标本等各种形式，宣传普及有关的卫生知识，提高食品从业人员和广大师幼的食品安全意识，减少食物中毒的发生。

③前期工作，首先把好食品原料进货关。幼儿园采购人员要严格把关，定点采购，确保所采购的原料符合有关规定，从源头上把好食品卫生关。其次，严把餐厅、仓库关。幼儿园仓库的钥匙由专人保管，责任落实到人，库房门口有明显标记，规定非食堂工作人员不得进入食堂库房。定期对库房里的原料进行检查，发现变质原料，及时处理，坚决杜绝变质的原料流入餐桌。再次，严把餐具消毒关。餐厅对餐具按规定进行严格消毒，确保餐具清洁卫生，防止出现因交叉感染而引发的食物中毒事故。最后，对每餐的饭菜要做好留样。取每餐的饭菜250克，将其密封好并在冷藏箱内保存48小时。

（2）应对。

①停止食用有毒食物。如果出现中毒现象，应该立即停止食用。同时要保护好现场和可疑食物，幼儿吃剩的食物不要急于倒掉，烹饪和盛放食物的工具、容器、餐具等不要急于冲洗，幼儿排泄物（呕吐物、大便）要保留，以便卫生部门采样检验，为确定食物中毒提供可靠的依据。

②组织医生对中毒人员进行救治，如果情况严重，及时拨打"120"将幼儿送往医院进行治疗，并通知幼儿家长。

③及时逐级报告。一旦发生食物中毒，班级教师应及时向园领导报告，幼儿园则向市卫生局和教育局报告。报告内容应包括发生中毒事件的单位、地址、时间、中毒人数及死亡人数，主要临床表现，可能引起中毒的食物等，以利于有关部门积极采取措施，组织抢救，调查分析中毒原因。若怀疑投毒，幼儿园还要向公安部门报告。

（临沂市兰山区区直幼儿园　张娟）

难题50：幼儿在幼儿园里突然受到意外伤害，教师该如何应对？

【典型案例】

小王老师在组织小朋友们喝水，红红拿着杯子接完水，手不小心一抖，水洒出来把手指烫红了。刚参加工作的小王老师很紧张，立刻带着孩子去了保健室。不巧，保健医生有事外出了，小王老师赶紧带红红去了医院。正巧兰兰的妈妈是名护士，她看到红红的小手因为没能及时处理而烫起了水疱，就赶快帮孩子处理，然后委婉地对小王老师说："其实，孩子的手当时只要用自来水多冲几下或者抹点肥皂就会没事的。"小王老师向兰兰妈妈表达了谢意，之后便带孩子回到了幼儿园。虽然最后没有出现大事故，但小王老师回想起这件事的时候还是心有余悸。

【案例分析】

幼儿在幼儿园里受到意外伤害的原因主要有以下几个方面。

（1）幼儿时期的孩子年龄小，不懂事，好动，存在安全意识差、自我保护能力弱的特点。就像案例中的红红，由于安全意识差，同时自我保护和防范意识弱，导致她在接水时不注意，烫到了自己。

（2）幼儿园环境存在安全隐患，在设施方面不够完善，或者有些设施没有从幼儿的角度出发来设计，幼儿在接触这些设施时很容易发生意外。案例中，如果红红所在的幼儿园给幼儿提供的饮用水是温开水，就能避免此类意外伤害事件的发生。

（3）教师工作责任心差，安全意识薄弱，安全急救知识匮乏，在工作时间离岗或者心不在焉，没有认真组织幼儿活动，导致幼儿无人看管，这也是导致幼儿发生意外伤害事件的一个因素。

【应对策略】

安全是幼儿园工作的根本，是幼儿园开展教育教学工作的保障和基础，是幼儿园持续发展的主要推力。因此，幼儿园必须把保护幼儿的安全时刻放在工作首位，通过多种有效的教育途径，切实做好安全教育工作，为幼儿营造安全良好的教育环境，只有安全，孩子们才能在幼儿园里开心地成长。

（1）对幼儿进行安全教育，安全教育是一个长期、连续的过程。幼儿园的孩子年龄小，自我保护意识差，每次活动前的安全教育都是必不可少的。教师要在幼儿原有经验的基础上，通过适时、及时的提醒，让幼儿巩固已有的知识并获得更深层次的认识，使安全意识逐渐在幼儿心里扎根。在幼儿园里，户外活动时幼儿容易发生意外事故，因此，在活动前，教师可以和幼儿一起分析容易出现的危险情况，同时让幼儿了解游戏规则或游戏设施的玩法，共同讨论应该怎样玩才不会出现危险，从而引起幼儿的有意注意，提高他们的安全意识，避免不安全事件的发生。对于个别能力较差的幼儿，教师应加强指导，使其逐渐养成良好的行为习惯。另外，恰当地利用同伴的影响增强幼儿的自我保护意识也非常有效，比如，看到别人遇到困难或危险，教师应及时提醒，使幼儿从中吸取教训，摸索和探究保护自己的方法，等等。

（2）创设安全的幼儿园环境。环境自身的影响力是强大而无法抗拒的，它犹如一面镜子，如果好好营造环境，它就会善待我们，如果忽视它的存在，它就会带来意想不到的伤害。《规程》明确规定："创设与教育相适应的良好环境，为幼儿提供活动和表现能力的机会与条件。"因此我们在对幼儿进行安全教育，提高幼儿自护能力，为幼儿营造人人重视安全、事事注意安全的良好精神环境的同时，也应加大投入，为幼儿营造安全良好的物质环境，尽可能杜绝或减少其中的不安全因素。幼儿园应当建立安全防护制度，严禁在园内设置威胁幼儿安全的建筑物和设施，比如：幼儿园的电源开关或者插座应该安装在离地面较高处，使幼儿不容易碰到；房门最好向外开关门，设置不宜使用弹簧；窗户的高度要符合要求；栏杆、楼梯、幼儿活动场所、活动器械都应符合有关规定，确保安全。

（3）教师应加强学习，增强责任心，提高安全意识和安全防范能力。作为教师，要具有很强的责任心，在幼儿一日生活的各个环节认真组织幼儿活动，更要眼观六路、耳听八方，提前发现、预知一切可能发生的意外伤害事件，防患未然。教师平时要注意学习和积累各种突发事件的急救常识，当意外伤害事件发生时，冷静面对，及时有效地处理。案例中，小王老师应该事先发现潜在的危险，并把危险因素消除，可以把水冷却到适当温度再给孩子饮用。当不可预知的意外发生时，教师要有处理紧急问题的能力，切勿慌乱，这样才能安抚被惊吓的孩子，并且及时告诉家长，诚恳致歉，争取得到家长的谅解。

（4）家园配合，共同消除安全隐患。无论孩子是在家还是在幼儿园，家长和教师都应为幼儿提供一个安全的环境，如：将药品、洗洁精、杀虫剂等放在孩子够不到的地方；打火机、火柴、蜡烛不要放在孩子能拿到的地方；及时将用过的电线、插头收起；带孩子外出时，给孩子换上舒适合脚的鞋子；不要让孩子独自在水池或河边玩耍，等等。教师应注意留心观察室内外环境中有无可能对幼儿身体造成危险的隐患，及时加以消除。

（平邑县教育体育局　赵侠）

难题 51：幼儿园遭遇地震、火灾、水灾等灾害时，教师该如何应对？

【典型案例】

　　江西广播电视发展中心艺术幼儿园隶属江西省广播电视发展中心。幼儿园共17个班，幼儿总数540人，其中在幼儿园寄宿的有362人，火灾发生当晚，住宿人数为319人。2001年6月4日21时许，小六班幼儿就寝。21时10分许，小六班班主任杨慧珍点燃三盘蚊香，分别放置在床铺之间南北向的三条过道的地板上。22时10分许，杨慧珍上三楼的教师寝室睡觉。临走时，她告诉当晚值班的保育员吴枝英："点了蚊香，注意一下。"23时10分许，幼儿园保教主任倪恿琛巡查到小六班时，发现该班点了蚊香。倪勇琛担心点蚊香对幼儿的呼吸道有影响，便让吴枝英将寝室的窗户打开，保持空气流通。吴枝英回答："窗户已经打开了。"随后倪勇琛离去。23时30分许，小六班保育员吴枝英离开小六班寝室到卫生间洗澡、洗衣服等，而后在学习活动室给幼儿的毛巾编号，约有45分钟未进寝室巡查。5日零时15分左右，吴枝英在活动室听到寝室里有"噼叭"的响声，随即进入幼儿寝室，发现16号床龚骏杰的棉被和14号床罗文康的枕头起火，吴枝英随即将龚骏杰抱出寝室，并到小六班外呼救，然后又从小六班寝室内救出3名幼儿。此时，寝室内烟火已经很大。火灾造成13名幼儿死亡，1人轻伤；烧毁、烧损壁挂式空调2台、儿童睡床29张和床上用品，过火面积43.2平方米。

　　经调查，火灾原因是16号床边过道上点燃的蚊香引燃了搭落在床架上的棉被。

【案例分析】

上述惨痛事件发生的原因主要有以下几个方面。

（1）幼儿园领导的消防安全意识淡薄，未意识到点蚊香有安全隐患。保育员太过大意，值班期间有45分钟未曾巡查寝室。

（2）刚发现起火时，保育员未使用室内消防栓或者手提式干粉灭火器进行灭火，致使火势越来越大，造成多人伤亡。

（3）幼儿园消防安全管理制度不健全，没有按照《中华人民共和国消防法》第16条规定制定灭火应急预案，无教职工培训制度，没有确定各部门的消防安全责任人。部分教师和保育员上岗前未经培训，缺乏相应的消防安全知识和灭火自救技能。

【应对策略】

在平时的工作中，教师应增强幼儿的防火意识，提高幼儿防火自救的能力，加强对幼儿的防火安全教育。在幼儿园工作中，不只存在火灾现象，同时也会发生地震、水灾等自然灾害。教师可通过学习与预演，对地震、火灾、水灾等灾害做出相应的预防和应对。

（1）预防。

幼儿园和教师可采取以下预防措施：

①幼儿园需要有完善的突发灾害应急预案，每个工作人员要把自己的工作熟记于心，遇到事情时能及时地出现在工作岗位上。

②设置标志。可在幼儿园内设置幼儿园示意图，标明安全出口、消防设施等。

③经常巡查，排除隐患。经常巡查教室内的电源，易燃物的存放和用电、用火安全情况。确保幼儿园的安全通道畅通，确保消防栓有水，确保灭火器的质量。

④加强幼儿园教师的安全防范意识，遇事能带领幼儿安全撤离，正确使用消防栓。

⑤增强幼儿的自我防范意识。开展集体教学活动时，教师可带领幼儿学习关于自护的朗朗上口的儿歌，帮助幼儿了解灾害发生的原因，初步掌握几种自救逃生的方法，例如，遇到火灾时披上浸湿的衣服、被子，用湿毛巾捂住鼻、口等向安全方向冲出，穿过浓烟逃生时，更要尽量使身体贴近地面。

⑥实战演练，增强幼儿的自我逃生能力。幼儿园定期进行安全演练，让幼儿真正把自救逃生的方法运用到实际生活中，增强幼儿的逃生能力。

⑦抓好幼儿园平时的安全教育工作。陈鹤琴指出：生活即教育。在生活中需要加强幼儿的安全教育，让幼儿学会一些自救逃生的方法。例如，上下楼梯靠右走，按照消防演练的路线及速度行走，做到每天都在进行消防演练。

（2）应对。

灾害发生后，幼儿园教师如果采取有效的紧急救助行动，就会大大降低人员伤亡和灾害引发的经济财产损失。根据灾害事故的发生情况，教师要及时做出应急反应和处理，把幼儿的生命安全放在首位。

①突发灾害时，教师发现后除了拨打"119""110"求救外，还要在事发的第一时间向相关领导报告，抓紧启动应急预案，按应急预案确定的相关人员职责展开紧急处理工作。

②遇到浓烟和大火不能自行撤离时，立即拨打"119"，在等待救援队来救援时，用鲜艳的毛巾伸出窗外求救。

③突发灾害时，教师要沉着冷静，稳定幼儿的情绪，立即停止一切教学活动，带领全体幼儿按照平时的逃生办法以及疏散演练逃生的路线有组织地紧急撤离，到指定地点集中。

④紧急撤离时，必须严格遵循"以人为本，生命第一"的原则，安抚幼儿的情绪，做到撤离有序，防止踩踏事件的发生。

⑤教师引导幼儿撤离到相对安全的疏散集中地后，要安抚管理好幼儿，防止幼儿走失、走散。将受伤人员及时送往医院救治或联系医疗部门就地对伤员实施救护，并就地取材对尚未脱险的师生展开营救。

（临沂市兰山区区直幼儿园　吴桂兰）

难题52：对班上有身体残疾的幼儿，教师如何确保他们在园学习和生活的安全？

【典型案例】

笑笑是一名残疾儿童，她今年已经5岁了，话说得不太清楚，笔也拿不稳，走路不方便，入园、如厕等都需要有人搀扶。每次活动结束后，高老师都询问她要不要上厕所，等其他小朋友差不多都如厕后再让她去。有一次，笑笑在没有别人搀扶的情况下自己去上厕所，一不小心滑倒了，吓坏了高老师和其他小朋友。万幸的是，当时是冬天，笑笑穿着棉衣，只擦破了手，否则后果不堪设想。笑笑在平时的户外活动中也需要保教老师单独看护，在集体教学活动中需要老师特殊关照，在作品展示或区域小结时她那颗脆弱的心灵也需要特别安抚。

【案例分析】

《规程》明确指出，幼儿园要对体弱或有残疾的幼儿予以特殊照顾。从法律条文以及相关文件中可以看到，普通幼儿园不仅应当接收残疾幼儿，而且应采取相应的融合保教措施。

案例中，教师经过与家长沟通了解到，笑笑是剖腹产，出生时略有点缺氧，从小都是由年迈的奶奶带大。奶奶不爱讲话，一天也说不上几句话，并且说着一口的方言。笑笑错过了普通话学习的语言敏感期，所以语言发展迟缓，偶尔说话但方言味很重，说得也不清楚。由于是剖腹产，没做过抚触，没做过感统训练，奶奶一直把她放在学步车里带大，她没经过爬就直接会走路了，所以感统严重失调。笑笑因发展迟缓一直没上幼儿园，眼看该上小学了，才被送到幼儿园。

【应对策略】

针对笑笑的情况，教师可采取以下应对策略。

（1）在园期间，教师多给予笑笑帮助，确保其安全。例如，笑笑如厕、进行户外体育游戏时，需要教师单独给予她帮助，以确保她在园的安全。

（2）多带领笑笑参加感统训练，通过训练促进其大动作及精细动作的发展。

（3）平等对待，避免歧视。对于笑笑而言，她同样享有受教育的权利，较之发育正常的孩子，她更需要特殊教育的滋养。因此，教师没有任何理由歧视她，并且要引导其他正常幼儿关心、爱护、帮助笑笑，多为她创造正常锻炼的教育机会。

（4）挖掘潜力，因材施教。在教学活动中，教师可安排笑笑做一些力所能及的事情，耐心地帮助她克服困难。笑笑有了进步，教师要及时给予鼓励、表扬等，增强其完成任务的信心和韧性。教师要认真观察，如发现笑笑的特殊智能，应给予认真指导，不断地开发她的潜力。

（5）及时与家长交流。在教育教学活动中，教师不要因为笑笑是残疾幼儿而放弃对她的教育，反而更应该多加关注。同时教师要和家长做好沟通，请家长让笑笑在家做些力所能及的事情，并做好笑笑的心理健康教育工作，达到家园共育的目的。

残疾幼儿，需要老师给予的是爱心、耐心和恒心，需要同伴给予的是关心、爱护和帮助。成人不可能永远做残疾幼儿的拐杖和扶手，也不会永远支撑着他们前进。教师和家长都应该利用自然和社会的"助力"和"阻力"，去锻炼和培养残疾幼儿的生活自理能力。

（平邑县教育体育局　赵侠）

第六章
破解关于幼儿行为与心理的 10 个难题

"你爱孩子吗?""当然爱!"大家会异口同声地回答。

"你是怎样爱孩子的呢?""孩子需要的真正的爱又是什么样的呢?"面对这样的问题,相信大家的答案会不尽相同……

我的答案是:爱孩子——请从理解开始。

在日常生活中,我们总会发现,有的孩子身上存在着这样或那样的"坏"行为,面对这些"坏"行为,我们却常常无计可施。本章精选了生活中关于孩子行为与心理的 10 个常见问题,列举一线教师的经典案例,深入解读孩子行为背后的心理原因,并提出科学、具体而又实用的指导策略,帮助我们揭开孩子内心的"小秘密",指引我们理解孩子,走进孩子的内心,学会真正地爱孩子!

难题 53：幼儿爱告状或打小报告，怎么办？

【典型案例】

镜头一：喝豆浆了，孩子们都围坐在桌子周围，一边轻声聊天，一边喝豆浆。乐乐端豆浆时不小心把豆浆洒到桌面上了。这时，军军马上站起来说："老师，乐乐把豆浆洒到桌面上了！"

镜头二：区域活动时间到了，孩子们根据兴趣都选择了自己喜欢的区域活动，有的在美工区画画，有的在建构区搭建城堡，还有的在科学区做着有趣的小实验……军军和成成及另外两位小朋友一起在建构区搭建城堡。不一会儿，军军大喊道："老师，老师，成成把岳岳的积木碰倒了！"

镜头三：集体活动时间，教师正在开展"豆瓶进行曲"的音乐活动，孩子们拿着自制的小乐器——豆瓶，跟随着音乐欢快地打着节奏。音乐结束，教师要求孩子们把豆瓶放在小脚的前方。忽然军军说："老师，琪琪把佳乐的豆瓶碰倒了！"

……

军军一天到晚总会因为自己或其他小朋友的"问题"而不停地向老师"投诉"，让老师大伤脑筋。

【案例分析】

案例中的军军4.5岁了，是幼儿园中班的孩子，他"一天到晚总会因为自己或其他小朋友的'问题'而不停地向老师'投诉'"，我们把这种现象称为告状或打小报告。幼儿升入中班后，告状现象逐渐增多，这是因为四五岁的幼儿正处于口头语言表达能力迅速提高、自我意识逐渐增强以及是非判断能力逐渐萌芽的身心发展阶段，而告状则是幼儿是非判断能力和独立解决问题能力尚未成熟的突出表现。所以，中班幼儿容易出现爱告状或打小报告的现象，这也是由他们的年龄特征决定的。

作为幼儿园教师，面对这样或那样的投诉，如果每次都蹲下来耐心询问事情原委，再进行调解，必然会耗费精力，因小失大，但是又不能置之不理。在一日生活中通过观察幼儿的行为表现，分析幼儿告状背后的原因，我们可大致将这些幼儿归为以下三类：一是规则意识特别强的幼儿，他们不允许任何人侵犯规则；二是自身权益受到侵犯的幼儿，他们通过告状维护自身权益；三是通过告状获得满足感的幼儿。

幼儿告状的主要原因如下：

（1）告发其他幼儿的不当行为，希望教师对自己的是非判断做出肯定。

（2）被其他幼儿欺负，想寻求教师的保护和帮助。

（3）做错了事想逃避责任，以免受批评和惩罚。

（4）引发教师的关注，从教师那里得到肯定的评价。

（5）幼儿自己对活动投入得不够，通过告状获得满足感。

（6）嫉妒心理，利用告状或打小报告来贬低别人，表现自己。

【应对策略】

案例中的军军应该属于上文所提及的第一类和第三类：一方面，军军是一个规则意识较强的孩子，当发现同伴有违反规则的行为时，容易出现告状或打小报告的现象；另一方面，军军通过不断的告状引起他人的关注以获得一种满足感。针对军军的情况，建议教师采取如下应对策略：第一次告状时，教师可以先肯定军军的行为，再引导其想办法自己解决问题。例如，教师可以说："你能发现同伴的不当行为，真不错！"接着说："你能帮帮他吗？"当军军第二次告状时，教师可以采取直接提示的方法。例如，教师可以说："请你帮他一起把豆浆擦干净，好吗？"当出现第三次告状行为时，教师就需要鼓励军军自己解决问题。例如，教师可以说："老师相信你会有办法帮助他的，去试试吧！"所以，对于爱告状或打小报告的幼儿，教师要准确分析其行为背后的原因和动机，既不能置之不理，又不能一味地表扬、鼓励，而要采取科学的应对策略，既能春风化雨般地完成对幼儿心理的疏导，又能持续地支持幼儿学习独自解决问题。具体应对策略可参考如下几点。

（1）肯定幼儿积极的告状行为。这个策略主要适用于规则意识特别强的孩子。

（2）鼓励幼儿自己解决问题。当幼儿出现告状或打小报告的行为时，教师可以这样说："哦，是吗？我们先观察一下他们之间发生了什么，好吗？原来他们之间没有什么问题。"或者说："你认为应该怎样做呢？你有什么好办法帮助他们解决吗？"

（3）一句话结束谈话。如果幼儿告状或打小报告的事件没有涉及安全问题，而此时教师又正在处理其他事情，可以平静地对幼儿说："谢谢你让我知道！"或者说："我知道了，谢谢你！"然后就结束谈话。

（4）多给予关注。特别是对于情感方面缺乏满足感的孩子，教师要多给予关注，通过交流、互动、拥抱等形式，使其获得满足感。

（5）轻松化解。如果有的幼儿因为一点无关紧要的事就告状或打小报告，教师可以用轻松幽默的语言巧妙化解，例如，有的小女孩委屈地对老师说："老师，昊天摸我的发卡。"教师可以说："哦，看来他也很喜欢你的发卡呢！"

（6）正确提示。针对有些爱告状或打小报告的幼儿，教师可以直接说明正确做法。如，因有的幼儿把水弄洒了而告状，教师可以直接对告状的幼儿说："你可以告诉他——请你把水擦干。"或者说："你愿意和他一起把水擦干吗？"

综上所述，教师对于幼儿积极的告状行为要认真对待，及时予以正确处理，更重要的是要强化幼儿自我分析、解决问题的能力。如果幼儿告错了状，教师应该及时提醒、帮助和纠正，逐渐淡化其"告状意识"和依赖心理。总之，教师对幼儿告状或打小报告的处理方式必须依据幼儿的告状动机而定。当然，随着年龄的增长和经验的丰富，幼儿的"告状行为"会逐渐减少。

（临沂市妇联文知星幼儿园　朱翠玲）

难题54：幼儿爱说脏话或给别人起外号，怎么办？

【典型案例】

吃点心时间到了，孩子们整理完活动区的材料，依次去盥洗，然后坐在小椅子上准备吃水果。这时，小林哭着来到老师跟前，委屈地说："老师，腾腾说我是臭屁小林！"而其他小朋友听见腾腾这么说，也一边笑，一边跟着喊："臭屁小林，臭屁小林，臭屁小林……"小林听见了，哭得更伤心了，于是老师问腾腾："你为什么说他是臭屁小林呢？"腾腾笑眯眯地摇着头说："不为什么，就是好玩呗！"下午，正在进行集体教学活动时，然然小朋友突然站起来生气地说："老师，腾腾说我是狗屁然然！"而腾腾仍然笑嘻嘻地继续他的活动。第二天，区域自选活动时，孩子们都去选择自己喜欢的区域活动了，腾腾和小萱等六位小朋友都选择了美工区，坐在一起做手工、画画。不一会儿，小萱生气地说："老师，腾腾叫我小笨猪！"后来，经过跟腾腾家长沟通了解到，原来他的家人有时会这样跟他开玩笑。有一次，离园时，奶奶来接腾腾，腾腾看见奶奶来接，马上嘴一噘，头一扭，不高兴地说："哼！老巫婆，我不想让你接！"

腾腾今年快4岁了，是个做事慢吞吞的孩子，虽然不爱动，却特别爱说话，早上见到小朋友时、去衣帽间时、喝水时，甚至集体教学活动时，都会不停地和旁边的小朋友说话，常常忘了其他活动，影响了活动的正常进行，直到老师提醒为止。最近一段时间，腾腾经常对班里的小朋友们说脏话，有时还给小朋友们起外号，惹得很多孩子对腾腾不满。面对说脏话又爱给别人起外号的腾腾和对腾腾的语言表示不满的孩子们，教师一时也无计可施……

【案例分析】

案例中,腾腾的语言行为属于说脏话和起外号,此类现象多见于幼儿园中班。从案例中可以看出,腾腾先后几次说脏话和起外号的原因是不一样的:有的是因为好玩,有的是因家庭环境的影响而模仿成人的语言,还有的是想发泄心中的不满。虽然这个年龄段的孩子说脏话或起外号都不是出于恶意,但是这样的言行明显影响到了他和小朋友之间的正常交往,也影响了班级秩序。

3—6岁是儿童语言发展的敏感期,处在语言发展敏感期的孩子喜欢模仿他人的语言,由于理解能力有限,很多时候他们仅仅是觉得这样说很好玩。儿童学习语言的过程就是毫无目的地感知语言的过程,成人的语言环境就是儿童的语言环境,因此,成人在和处于语言发展敏感期的儿童进行交流时,要使用准确、规范、文明并富有美感的口头语言。《纲要》中也指出:教师要努力为幼儿"创造一个自由、宽松的语言交往环境,支持、鼓励、吸引幼儿与教师、同伴或其他人交谈,体验语言交流的乐趣,学习使用适当的、礼貌的语言交往"。

根据幼儿的心理发展水平,我们可以将幼儿说脏话和起外号的行为大致分为三种:模仿性行为,习惯性行为和有意识的行为。幼儿阶段的孩子说脏话和起外号的行为大多属于模仿性行为。

幼儿说脏话或起外号的原因主要包括以下五个方面。

(1)体验语言在交往中的力量。如,3岁左右的孩子经常说"臭""屁""屎",因为这一时期的孩子大多处于弗洛伊德所说的"肛欲期",会对大小便特别感兴趣,而且开始发现这些词对他人有贬低的意思,说这些话时能引起他人强烈的情绪反应。这对孩子来说是个新发现,于是在这段时间孩子开始喜欢说这样的脏话。

(2)家庭环境影响。如果幼儿的家人爱说脏话或者和孩子开玩笑时喜欢起外号,就能引起处于语言发展敏感期的幼儿的关注和兴趣,并模仿这些语言。

(3)动画等媒体影响。有些低俗的动画片中会有说脏话或起外号的情况,而处于语言敏感期的幼儿就很容易模仿这些语言,并且会觉得很有趣,很好玩。

(4)同伴之间相互模仿。同伴在一起时,如果一个幼儿说了脏话,其他幼儿就会很快地复制这些脏话。

(5)发泄情绪的一种方式。当幼儿对某人、某事或某物不满意时,为了表达自己心中的不快情绪,也往往容易说脏话。

【应对策略】

语言是交流和思维的工具,幼儿期是语言发展特别是口语发展的重要时期,幼儿在运用语言进行交流的同时,也在发展着人际交往能力、对交往情境的判断能力、组织自己思想的能力等,并通过语言获取信息,逐步使学习超越个体的直接感知。所以,教师要引导幼儿学习使用适当的、礼貌的语言交往,避免并纠正幼儿说脏话或起外号的现象。

(1)家园沟通。观察到幼儿有多次说脏话或起外号的现象后,教师首先要及时和家长交流,向家长反映观察到的情况,并向家长了解幼儿在家里的情况,根据具体情况制定相应的应对策略。

(2)切断模仿源。如果是家庭原因造成的模仿,教师要建议家长使用准确、文明的语言和幼儿交流;如果是模仿动画片,要马上阻止幼儿观看这样的动画片,并为其筛选出高品质的动画片;如果是同伴之间相互模仿,要让两个幼儿暂时分开。

密歇根大学的心理学家们对儿童成年后是否有攻击性行为与暴力性电视节目的关系进行了跟踪调查研究。结果显示,在被调查的557名6~10岁儿童中,童年时看暴力性电视节目多的男性犯罪率是其他男性犯罪率的3倍。他们对配偶有更多的推、拽、撞等行为。被人冒犯后常以推人作为回应,犯罪和驾车违章的可能性也更大。女性则有更多的扔东西行为,当被惹怒时,她们经常会推搡、冲撞、打人甚至掐别人的脖子,推搡、冲撞、打人、掐人的记录是其他女性的4倍。

在切断模仿源这方面,澳大利亚的做法值得借鉴。据外媒报道,英国动画片《小猪佩奇》（Peppa Pig）中的一集内容在澳大利亚遭禁播，因为它将蜘蛛呈现为可以和儿童"成为朋友"的一种动物。因为在澳大利亚，蜘蛛大多数都是有毒的。据了解，从2000年到2013年，在澳大利亚约有12600人因被蜘蛛咬伤而被送往医院。所以，澳大利亚对关于蜘蛛的这一集实行了禁播。我国也在这一方面做出了相应的努力。中国科学院脑科学博士陆宇斐于2014年推出了首个民间儿童影视剧分级标准（参见下表），其意义在于"能帮助家长掌握好手中的遥控器"。

10部热播儿童影视剧分级列表

影视剧	适合人群	说明
《喜羊羊与灰太狼》	7岁及以上儿童	节目中含有大量以喜剧形式扮演的暴力行为
《熊出没》	10岁以上儿童	常常有粗俗的语气和词汇；角色之间有一些暗示性的表情和对话；有中度的暴力行为，例如使用炸弹和枪械
《大头儿子和小头爸爸》	2—6岁儿童	无任何暴力行为；无任何粗俗语言；无任何性爱场景
《洛克王国》	10岁以上儿童	节目中有中度暴力行为，常常出现电击、打斗、欺负动物的情节；情节中常常有角色的眼神暗示行为
《赛尔号》	10岁以上儿童	节目中有中度暴力行为，常常出现踢人、拿着刀剑攻击人等暴力动作
《摩尔庄园》	7岁以上儿童	节目中有少量暴力行为，如气愤地击打物体，拿着尖锐利器互相击打；偶尔有粗俗语言，如"暴力女""滚蛋"等
《麦兜响当当》	2—6岁儿童	无任何暴力行为；无任何粗俗语言；无任何性爱场景
《百变猪猪侠》	7岁及以上儿童	情节中有少量的怪念头，如能在汽车上跳来跳去，能随意打开车门等

续表

影视剧	适合人群	说明
《爸爸去哪儿》	2—6岁儿童	无任何暴力行为；无任何粗俗语言；无任何性爱场景
《巴啦啦小魔仙》	10岁以上儿童	有一些粗俗语言，例如"笨蛋你傻了吗？给你来点好看的"；有人物角色会魔法、会隐身等虚幻的镜头；情节中有些暗示性的对话，例如"哼哼，来吧，小魔仙，把你心中的怒火燃烧吧""我看你往哪里逃"；偶尔还有男生调戏女生的情节；情节中出现中度暴力打斗场景

（3）及时评价。当发现幼儿说脏话或起外号时，教师要及时用恰当的语言告诉幼儿："这样的话不好听，让人感觉很不舒服。"当发现幼儿说话文明礼貌时，教师也要给予恰当的鼓励，如："我喜欢听你这样说。"

（4）适当冷处理。当发现幼儿说脏话或起外号时，教师可以提示受伤害的幼儿离开，同时安慰受伤害的幼儿，让其不予理睬，使说脏话或起外号的幼儿没有行为目标。

（5）转移注意力。幼儿说脏话或起外号，大多是由于这名幼儿感觉无所事事或与其他幼儿发生语言冲突。此时，教师可以引导说脏话的幼儿去做一项自己感兴趣的活动，当幼儿投入自己感兴趣的活动时，往往就会暂时忘记问题行为。

（6）语言替换。当孩子习惯性地说脏话或起外号时，教师可以根据对当下情况的判断及时引导，如："你是想说'我不想让你看我的书，请你走开'，是吗？"如果是这样的情况，教师就要在生活中多引导，给孩子更多的示范。

（7）故事引导。对于幼儿来说，故事永远是充满魅力的，针对爱说脏话或起外号的幼儿，教师可以利用富有童趣的小故事进行教育和引导，使其从内心意识到说脏话或起外号是不好的，容易伤害对方。

（8）解释语言。幼儿理解能力有限，说脏话或起外号时只是感觉文字好玩，而意识不到对其他幼儿造成的伤害，所以，教师可以采取解释语言的策略，例如，当幼儿说"大笨猪"时，教师应该告诉该幼儿："'笨猪'是不好听的，谁都不喜欢听这样的话，这会使人不高兴，以后请不要说了。"

（9）正面强化。教师在一日生活中要多关注幼儿的正面语言，并及时表扬。如，玩数字接龙游戏时，原来经常出错的小米这次接得又快又对，丁丁小朋友说："老师，我发现小米进步了！"此时教师就可以借机表扬："嗯，丁丁小朋友不仅能发现别人的优点，而且会主动地夸赞别人，真是好样的！"

另外，教师可以设计"文明用语我会说"宣传栏进行正面强化，这需要教师及时关注并跟进（参见下表）。

文明用语我会说

文明用语＼姓名	请	谢谢	不客气	对不起	没关系	我帮你	您辛苦了
东东							
琪琪							
美美							
……							
当发现幼儿使用文明用语时，由对方在"文明用语我会说"栏中为其画"☺"符号。							

（临沂市妇联文知星幼儿园　朱翠玲）

难题 55：幼儿缺乏自信、依赖性强，怎么办？

【典型案例】

晨晨是一位安静、腼腆的小女孩，小班刚入园时，她的入园焦虑持续了大约3个月。每天来园时,她都是被家人抱在怀里,一边哭,一边双手紧紧地搂着家人的脖子不松手。进入教室后,她也总是安安静静地坐在一边,既不说话,也不和小朋友们一起玩,更不愿参与集体活动,一天到晚都是一副郁郁寡欢、忧心忡忡的样子。

区域活动时,其他孩子都能很快选择自己喜欢的活动,而晨晨则坐在小椅子上,愁眉苦脸地看着美工区的小朋友画画。老师走过去对她说:"晨晨,你看他们画得多开心呀,你也去画一画吧!"晨晨怯怯地说:"我不会,我要回家让妈妈帮我画。"进行户外健康活动"小小消防员"时,其中有一个环节是从小椅子上双脚跳下来,其他小朋友都能轻松地完成这个动作,可是晨晨却战战兢兢地站在小椅子上,紧张地说:"老师,我不会,你扶着我跳好吗?"集体教学活动中,老师提出问题:"你最喜欢的水果是什么?"孩子们都高举着小手,争先恐后地回答问题,而晨晨却没有举手。老师想:这么简单的问题,晨晨应该会。于是,老师请晨晨来回答,听到老师叫自己的名字,晨晨极不情愿地、慢吞吞地站起身,然后一双水汪汪的大眼睛怯怯地盯着老师,红着脸为难地说:"老师,我不会。"

看着其他小朋友每天开心快乐地游戏,再看看晨晨像一只受惊的小鹿一样,作为老师,真的是看在眼里,急在心里!

【案例分析】

从案例中晨晨的表现可以看出,晨晨非常不自信,对成人的依赖性也很强。教师经过调查了解到,原来晨晨天生就比较胆小,出生后一直由爷爷奶奶抚养,而且爷爷奶奶对晨晨照顾得无微不至,生怕她磕着碰着,冻着饿着,爸爸妈妈又忙于工作,忽略了和晨晨的情感交流,所以造成了晨晨不自信、依赖性强的不良品质。

3—6岁是培养幼儿自信心的关键时期,如果此阶段幼儿产生自卑心理而没有得到及时疏导和调整,将会对其一生的发展造成不可估量的影响。导致幼儿不自信、依赖性强的原因是多方面的,主要有以下几点。

(1)生理原因。有的幼儿由于遗传、气质等特点,天生胆小、敏感,而家人又意识不到，所以他们就不容易建立自信。

（2）过度保护和关注。家长事事包办代替，幼儿自理能力差，依赖性强，没有机会体验做事的乐趣和成功的快乐，长此以往就无法建立自信。这种情况中的幼儿大多见于独生子女家庭或隔代抚养的家庭。

（3）父母期望过高。如果父母对幼儿期望较高，幼儿的行为表现总是得不到父母的肯定，久而久之，幼儿就会产生"我什么都不行""我什么都做不好"的自卑心理。

（4）家庭不和谐。如果家庭成员之间缺乏交流、沟通等互动，相互漠不关心，家庭气氛冷漠，那么幼儿将感受不到关爱。这样的家庭培养的幼儿大多有自卑心理。

（5）经常被比较。有些父母经常拿幼儿的缺点和他人的优点做比较，还经常说："你看×××多有礼貌！""×××都会讲好多故事了，这么简单的故事你都不会讲！"……时间长了，孩子内心就会形成"我不如别人"的自我评价，也无法形成自信的良好品质。

（6）经常受挫折。特别是在集体活动中，如果幼儿本身能力较弱，而教师又未能及时关注幼儿的个别差异，致使幼儿遭受挫折或失败，久而久之，就会导致幼儿不自信，丧失参与活动的积极性。

【应对策略】

自信是一种良好的心理品质，也是一个人克服困难、自强不息、取得成功的内在动力。如果幼儿缺乏自信，事事依赖成人，长此以往，就会形成消极、畏缩等自卑心理。所以，作为教师，要鼓励和帮助幼儿克服依赖心理，形成自信、勇敢、诚实、善良、友爱等良好的品质和活泼开朗的性格。针对案例中晨晨的表现，我们可以分析出造成晨晨依赖性强的原因主要是过度保护和关注，并提出建议：在家庭中，家长要锻炼孩子的自理能力，并建立合理的期望；在幼儿园，教师要多鼓励、表扬孩子，使其多体验成功。

幼儿园里像晨晨这样的情况并不少见。针对依赖性强的幼儿，教师在实际操作过程中要从家庭和幼儿园两方面着手，通过家园合作，帮助幼儿克服依赖心理，建立自信。

（1）幼儿园的教育策略。

①多鼓励表扬。不自信的幼儿往往更敏感、更脆弱，有时教师无意识的一句话、一个眼神都会影响他们那颗脆弱的心。所以，教师在一日生活中要多关注这些幼儿，多给予关爱，发现点滴进步及时表扬、鼓励，并且要注意语言表达的方式，帮助其建立自信。

②多体验成功。在开展活动时，教师可降低依赖性强的幼儿的活动目标和操作难度，使其容易获得成功，这样也会帮助幼儿慢慢克服依赖心理，树立自信心。例如，玩"喂宝宝"的游戏时，教师可以让能力强的幼儿用筷子夹豆子，让能力弱的幼儿用筷子夹花生。虽然目标都是发展幼儿的精细动作，提高手眼协调能力，但是操作难度不同，就会使不同水平的幼儿既能感受到挑战，又能体验到成功。

③多进行户外活动。户外活动特别是体育活动，能培养幼儿坚强、勇敢、不怕困难的意志品质和主动、乐观、合作的态度。所以，教师应多鼓励幼儿参与户外活动，使其体验活动的乐趣，内心得以释放。

④帮助幼儿建立积极的人际关系。积极的人际关系能够帮助幼儿树立自信心，教师要有意识地鼓励幼儿多和其他小朋友交往，通过合作、小组或集体游戏为幼儿创设交往的机会。

（2）家庭中的培养策略。

①营造和谐的家庭氛围。作为父母，首先要有融洽的夫妻关系，合理定位家人的角色，并尽量抽出时间多陪伴孩子，营造宽松、民主、和谐的家庭氛围。

②悦纳并尊重孩子。依赖性强的孩子会更加关注他人对自己的态度和评价，所以，家长要善于发现孩子的优点，并及时给予肯定。在肯定孩子优点的同时，又要接受孩子的缺点，并且尊重孩子的选择和想法。

例如，妈妈看到别的孩子都会写自己的名字了，儿子快6岁了，数字都还不会写，就特别着急和焦虑，这种情绪会传染给孩子，让孩子的自尊心受到伤害，自信心受到打击。所以，家长不能片面比较，而要相信并尊重孩子的发育特性。

③要锻炼孩子的自理能力。家长要培养孩子"会做的事情自己做，不会的事情学着做，他人的事情帮着做"的意识，让孩子在参与家务劳动的过程中提高自理能力，感受自己在家庭中的地位和价值，这样也有助于孩子克服依赖心理。

④要建立合理的期望。家长要真正了解孩子，对孩子建立合理的期望，不提过高的要求，不盲目比较。

⑤要允许孩子失败。当孩子失败时，家长首先要理解并接纳孩子的情绪，然后帮助孩子分析失败的原因，通过亲子共同努力，最终让孩子体验到成功。如，雅琪喂养的小蜗牛死了，她伤心地哭了。此时，家长一边抚摸孩子的后背，一边安慰说："小蜗牛死了，你一定很伤心吧？我也感到很伤心，等一会儿我们把它埋在它最喜欢的小花园里好吗？"这样孩子既能排解伤心的情绪，又能感受到家人的理解和关爱，一个心中充溢着温暖和关爱的孩子又怎么能不自信呢？

总之，充分的信任、必要的指导、最少的帮助是帮助幼儿克服依赖心理的有效方法，希望教师和家长携手并肩为孩子们架起自信的桥梁，陪伴他们体验生活中的喜怒哀乐，看他们在阳光下嘴角微微上扬的样子！

（临沂市妇联文知星幼儿园　朱翠玲）

难题 56：幼儿动不动就哭，怎么办？

【典型案例】

案例一：早上，孩子们在家长的陪伴下高高兴兴地来上幼儿园了。这时，只见美然的妈妈拉着美然走过来，美然则一边哭，一边身体用力向后拽。老师连忙问美然妈妈："怎么了？"美然妈妈说："刚才经过超市时，她想买芭比娃娃的玩具，没给买就哭了。唉，真气人，平时在家里也是这样。有时候实在是拗不过就给她买了，要是不买就哭起来没完。老师，麻烦您好好教育教育她！"说完，美然妈妈就匆匆忙忙地去上班了。

案例二：小旭今年4岁了，是个白白净净、文文弱弱的小男孩，常常因为一点点小事就哭个没完。美工活动时间，老师准备让小朋友们进行折纸活动"折热带鱼"。孩子们拿到折纸材料后，马上就动手折了起来。这时，小旭手里拿着手工纸，睁着两只泪汪汪的大眼睛，瘪着小嘴正在哭呢。老师急忙走过去问："小旭，你为什么哭呀？"小旭委屈地说："老师，我不会折。"起床时间到了，孩子们陆陆续续地起床、叠被子，此时的小旭睡眼惺忪地坐在小床上又哭了起来。老师来到他身边，轻声问道："小旭，是不是还没睡醒啊？"小旭哭着说："不是，我不会叠被子。"说完哭得更伤心了。

案例三：离园前，李老师正在给孩子们分享故事，张洋小朋友忽然站起来说："老师，于萱总是拉我的手。"李老师循声望去，发现于萱急忙缩回手，微低着头，眼睛却看向李老师。因为于萱的行为打扰了大家的活动，于是，李老师严肃地看了于萱一眼，并提醒她："请你认真听故事好吗？"然后接着讲故事。这时的于萱瘪着嘴，眼睛发红，轻轻地啜泣起来。

【案例分析】

哭是幼儿的本能反应，也是幼儿正常的交流和表达方式。但是，如果幼儿动不动就哭，教师和家长就应该分析其背后的原因，以便及早引导和纠正。上述三个案例中三名幼儿哭的原因是不同的：根据案例描述，美然的哭很显然是一种满足需求和达到目的的手段；小旭的哭是因为畏难，自身动手能力和自理能力差；而于萱的哭可以理解为性格敏感所致。综合分析来看，这三种情况都是由家庭原因造成的，前两种是教养方式的问题，第三种则与性格、情感和遗传因素有关。

幼儿的语言表达能力、自我控制能力以及解决问题能力相对较差，也容易出现哭闹现象。另外，4.5—5.5岁的幼儿正处于情感敏感期，此时会突然因成人的态度而变得敏感、脆弱，他们开始对成人产生情感上的依恋，常常会因为一点点小事就哭闹不止。对处于情感敏感期的幼儿，家长要多陪伴、多安慰，增加和幼儿的交流时间，满足幼儿的情感需求。

总之，造成幼儿哭闹的具体原因有以下几种。

（1）需求未得到满足。如案例一中，美然想买玩具，妈妈不同意，这时美然就会用哭来表达自己的需求。如果幼儿一哭，成人就马上满足他，久而久之，哭就成了幼儿要挟成人以达到目的的一种手段。

（2）恐惧焦虑。尤其是新生入园阶段，哭闹现象特别多。这是因为幼儿突然离开熟悉的家庭环境、陪伴他的家人，来到一个全新的、陌生的环境，心中缺乏安全感，所以用哭来表达自己的恐惧和焦虑。

（3）同伴矛盾。在幼儿园里，幼儿之间经常会产生摩擦，这时，弱势方就会用哭来表达自己的委屈。这也是因为弱势方缺乏独立解决问题的能力，所以发生矛盾时不会处理，只能用哭来表达。

（4）遇到困难。当幼儿遇到自己解决不了的困难时，也容易哭。这种情况多体现在自理能力差、依赖性强的幼儿身上。因为在家里遇到困难时，幼儿一哭，成人就马上帮助解决，所以幼儿也会把这种不良习惯迁移到幼儿园。

（5）生性敏感、脆弱。如果幼儿生性敏感、脆弱，特别是又处于情感敏感期，就容易出现动不动就哭的现象。

（6）身体出现病痛。这种情况多见于小班上学期，由于幼儿年龄小，对身体缺乏认知，不会用语言正确表达身体的不适，所以，当身体出现病痛时，他们往往会用哭来表达。

【应对策略】

虽然哭是幼儿的年龄特点，是一种正常的表达方式，但是动不动就哭往往会影响幼儿的正常交往。所以，当幼儿哭时，教师要分析具体原因，采取科学的应对策略进行正确引导。从对以上案例的分析来看，幼儿动不动就哭的主要根源在于家庭。作为教师，首先要做好家园沟通工作，指导家长转变家庭育儿理念，帮助家长掌握科学的家庭教育方法，进而改变幼儿动不动就哭的现象。

（1）家庭指导策略。

①家园沟通。当发现幼儿动不动就哭时，教师要了解幼儿哭的具体情况，分析背后的真正原因，再和家长进一步沟通，使家长意识到家庭教育的误区，并指导家长转变育儿理念，掌握科学的养育方法。

②了解幼儿的健康状况。幼儿动不动就哭，首先要检查幼儿身体的健康状况，如果是身体原因，教师可以请园里的保健医生检查，或者和家长沟通，请家长带幼儿到医院进一步检查。

③增强能力。幼儿动不动就哭，很多时候是能力不足导致的，所以，教师要多创造机会，锻炼并提高幼儿各方面的能力。例如，案例中的小旭，就是因为大人包办代替过多，导致他生活自理能力较差，缺乏自信心，进而将这种畏难情绪迁移到学习中。所以，无论是在家庭还是在幼儿园，成人要"懒"一点，学会放手，让幼儿大胆去尝试，有时试错也是一种很好的体验和教育。

（2）教师指导策略。

①转移注意力。当幼儿哭时，教师可以用好玩的游戏或者有趣的事物来转移其注意力，这个方法多适用于处在入园焦虑期的小班幼儿。例如：雅琪今年3岁了，刚上幼儿园小班，每天早上入园时总会哭闹。今天是星期一，小班幼儿隔了一个周末再入园时哭闹相对会多一些。于是，李老师灵机一动，戴着手偶站在活动室门口迎接幼儿入园。不出所料，雅琪妈妈抱着雅琪，雅琪一边哭，一边说："妈妈，我不要上幼儿园，我要回家……"李老师故意用夸张的语气说道："早上好，雅琪，我是小兔子，欢迎来到小兔子班！"听到"小兔子"，雅琪马上停止了哭泣，睁着两只泪汪汪的大眼睛看着"小兔子"。李老师趁机说道："小兔子很早就在门口等小朋友了，等得肚子都饿了呢，我们去给小兔子找点吃的吧！跟妈妈再见。"说着，李老师顺手从雅琪妈妈怀里接过雅琪，然后带着雅琪进了活动室。

②共情策略。如果幼儿是因为想妈妈等心理原因而哭，教师要学会共情，可以说："你很想妈妈是吗？""妈妈去上班了，现在，让我陪陪你吧。"这样，幼儿会感觉到别人懂他，内心的情绪就会慢慢释放并得到缓和。这一策略同

样适用于处在入园焦虑期的小班幼儿。

③设"心情站"。当幼儿哭时，教师可以提示他到"心情站"待一会儿，这样既避免打扰其他幼儿活动，又能够使其平复情绪。虽然这个策略适用于幼儿因心理原因而哭的情况，但是不可以随意或频繁使用。

④坚持原则。如果幼儿是因为过分要求而哭，教师必须坚持原则。比如，经常欺负他人的幼儿到"反思角"或"情绪屋"时哭闹，教师不能因为幼儿哭就妥协，而要坚持原则，使其意识到欺负和伤害他人是错误的行为。

⑤延迟满足。现在的孩子是家庭的中心，只要孩子有要求或者有想法，家长们会马上甚至不遗余力地满足孩子，造成了孩子缺乏耐心，稍不如意就"一哭二闹三上吊"。所以，教师有时可以适当地采取延迟满足的策略来改变孩子爱哭的现象。比如，在幼儿园集体活动时经常需要排队，对于爱插队的幼儿，教师可以采取延迟满足的策略，让他到队伍的后面或者安静地到旁边等一等，以提高其自我控制的能力，学会耐心等待。

（临沂市妇联文知星幼儿园　刘彦芝）

难题57：幼儿参加集体活动时注意力不集中，怎么办？

【典型案例】

在绘画活动时间，为了激发幼儿的活动兴趣，老师以讲述故事《小狐狸的假期》为导入环节，引导幼儿就小狐狸的假期展开了丰富的想象。小朋友们兴高采烈地讨论、交流、分享，想法层出不穷。然然坐在那儿，东瞅瞅，西看看，时而低头玩自己的手指头，时而身体动来动去，让小椅子发出"吱吱"的声音。老师提醒她认真听，她安静了两分钟，接着又开始了小动作。

在集体自主阅读时间，小朋友们都在津津有味地认真阅读，然然一会儿瞅瞅窗外，一会儿又坐在那儿小手托腮发呆。其他小朋友有的一本书看了好几遍，有的看完一本又换了第二本，可她还是呆呆地坐在那儿，满眼迷茫，手里的书根本没动。老师坐在她旁边和她一起看书时，她能看得很认真，如果老师离开，她就又开始东瞅瞅，西看看，老师多次提醒都没有效果。

【案例分析】

3岁前儿童的注意基本上属于无意注意。幼儿期的孩子虽然仍以无意注意为主，但与3岁前的儿童相比，有意注意开始初步发展。案例中，然然的行为明显属于注意力不集中的现象，而且注意力的持续时间比较短。如果幼儿长期不能集中注意力，轻则影响活动的参与效果，重则无法养成良好的学习品质，对其长远发展也会产生不良影响。幼儿参加集体活动时注意力不集中的原因，主要有以下几个方面。

（1）活动缺乏趣味性。当活动不能引起幼儿的兴趣时，幼儿往往不容易集中注意力。

（2）周围环境存在干扰因素。如，环境创设的改变、室内外的异常声响、教师或幼儿的服饰变化，以及成人不容易察觉的一些变化等，可能都会引发幼儿的关注，分散幼儿的注意力。

（3）活动安排不合理。如果一日活动的安排缺乏动静交替，或者让幼儿长时间地进行某一项活动，幼儿也容易出现注意力不集中的情况。

（4）幼儿自身原因。如情绪不好、身体不舒服、口袋里有小玩具等。

（5）家庭成长环境的影响。有的幼儿多动不安，注意力容易分散，只要周围有人玩或说话，她就无法继续做自己的事情，这与幼儿的家庭成长环境也有很大关系。比如，幼儿正在专注地做一件事情，家长一会儿过来让孩子吃口水果，一会儿给孩子喝点水，久而久之，就会影响幼儿的专注力。

因为幼儿注意的特征是无意注意占优势，有意注意初步发展，因而他们容易出现注意力集中时间短，容易分散等现象，所以，作为教师的我们要掌握科学的教育方法和策略，提高幼儿的专注力。

【应对策略】

注意力不集中是指难以长时间地把注意力集中于一件事情上，具体表现为：易冲动，易分心，没耐心，追求瞬间满足，缺乏观察的能力和聆听的技巧，无法做一成不变的事，如学习、听讲等。6岁以前是幼儿注意力开发的关键时期。我们应当根据幼儿的身心发展规律与特点，关注孩子成长和发展的关键期，为他们创造良好的教育环境，有意识地培养幼儿的注意力，帮助幼儿养成良好的注意品质与能力。对此，我们可以从以下几个方面进行有目的的改进。

（1）进行有效的家园沟通。教师观察到幼儿多次出现注意力不集中的现象后，要及时和家长沟通、交流，就幼儿在幼儿园的真实表现客观地和家长进行沟通，并了解幼儿在家中的表现，与家长交流看法，达成共识。教师应指导家长在家庭中注意保护和培养幼儿的注意力，购买一些孩子喜欢的玩具，比如，各类拼图、各类积木、一些动手探索的智力玩具以及孩子喜欢的图书，等等，创设孩子能够单独玩耍的独立空间。孩子专注于玩自己喜欢的玩具时，家长不要随意打断、干预孩子正在进行的活动，时间久了，孩子做事情的专注力会越来越强。教师要让家长明白，培养孩子做事专注等良好的学习品质比让孩子学会知识更加重要。

（2）设计丰富有趣的活动。兴趣是最好的老师，幼儿对感兴趣的活动或事物注意力会比较集中，专注时间会持久。教师设计的活动要能够吸引幼儿，符合幼儿具体形象思维的特点，满足幼儿动手操作的欲望，注意动静交替。在活动中，教师还要满足幼儿充分体验的需要，尊重他们的表达和表现。

（3）营造安静、温馨而简洁的环境。幼儿注意的稳定性差，容易因外界刺激而转移，这是学前儿童的普遍特点。因此，教室环境的创设应尊重幼儿的发展需要，教师应合理布局区域位置，投放适宜的材料，创设有序、充满童趣、温馨、简洁、安静的学习环境。比如：阅读区不宜和表演区太近，学习性区域不宜和建构区太近，安静游戏应远离过道，避免他人来回走动影响幼儿的活动；墙面布置不能只考虑趣味性而布置得过分花哨，应以幼儿的作品为主，体现幼儿活动及学习的发展过程，避免琳琅满目、色彩过于杂乱的纯装饰性布置。

（4）有意识地培养幼儿的自我约束力。教师可以利用一日生活中的过渡环节和幼儿玩一些有利于提高注意力的游戏，将持久注意的要求变为游戏角色本身的行为规则，或者有意识地增加干扰因素来增强幼儿的自我控制能力。比如：①听音说数字。由3个数字慢慢增加难度，到4个数字、5个数字甚至更多。②听一个字出现了几次。老师读一小段话，请幼儿听其中一个字在这段话中出现了几次。③水果拍。老师说各种名称，听到水果拍两下手，等等。这样，既能激发幼儿勇敢挑战的欲望，又能提高其注意力。

（5）及时提醒容易"走神"的幼儿。比如：在活动中，教师可以创设多个问题让幼儿回答，尤其要多让注意力不集中的幼儿回答。教师还可以创设生动有趣的游戏，让幼儿参与其中，在"动起来"的情境中，幼儿更容易集中注意力。

（6）留心幼儿的身体状况。教师要尽量避免幼儿因身体不适或自身情绪而出现注意力不集中的现象。

（临沂市妇联文知星幼儿园　徐晓丽）

难题58：幼儿喜欢打人或咬人，怎么办？

【典型案例】

镜头一：早上入园时间，孩子们来到活动室后有序地如厕、洗手消毒、喝水……突然，老师听到"哇"的一声，扭头一看，原来是乐乐哭了，吉祥正摸着乐乐的肩膀一个劲儿地说着："对不起，我不抢了，你先看吧。"问其原因，原来是吉祥去抢乐乐正在看的立体书《情绪小怪兽》，乐乐不给，所以吉祥就咬她的肩膀。

镜头二：集体教学活动时间，小朋友们正在跟着老师边唱《扮家家》的歌曲，边表演动作，突然听到妞妞喊："老师，吉祥把我的手抓破了！"老师赶紧走过去一看，妞妞的左手背上有一道红红的抓痕，渗着点点血迹，吉祥坐在旁边呆呆地看着妞妞。

镜头三：区域活动时间到了，小朋友们都在有序地做着自己喜欢的"工作"，强强和辰辰还有另外两位小朋友在建构区搭建城堡，突然，辰辰大喊道："老师，老师，强强拿积木打我们。"另外两位小朋友也随声附和着，愤愤地向老师诉说强强的行为。

……

【案例分析】

案例中的吉祥、强强刚3岁多，语言发展比其他幼儿慢一些，再加上这个时期的幼儿语言表达往往滞后于行动，所以一起活动时常常会发生咬人、打人现象。究其原因主要有以下几个方面。

（1）幼儿自我意识开始萌发，以自我为中心。凡是不合"我"意的，"我"都不要、不干，于是就会动手"排除""我"不要、"我"不喜欢的东西，这就是"打"。这个年龄段的幼儿与小朋友交往的技能比较差，如果想要某种东西，别人不给，幼儿往往不会用语言协商，而是直接用动作来解决，也就是"打人"。因此，当幼儿得不到想要的东西时，打人甚至咬人的行为就在所难免了。

（2）父母娇惯。因为有的幼儿在家中一直扮演"小皇帝"或"小公主"的角色，所以当他遇到一点点不如意的事情时就会发脾气，甚至是打人、咬人。开始打人的时候家长若没有严厉制止，久而久之，幼儿就形成了打人的不良习惯。

（3）寻求注意。孩子如果长期得不到关注、肯定，慢慢就会通过一些动作，如打、咬、捣乱等，来引起成人的注意，从而满足被关注的情感需求。

（4）不知如何表达。有时候，幼儿出现打人的现象并不是因为他们想打人，而是因为有些事情他们不知道怎样解决。幼儿的语言表达能力还没有完全发展起来，不会用语言协商来解决问题。

（5）成长环境的影响。幼儿天生就是一个模仿家，容易受到电视中人物和生活环境的影响，而出现打人的现象。因为孩子还小，对事物缺乏判断能力，又处于模仿学习的阶段，所以净化幼儿的生活环境非常重要。

【应对策略】

孩子年龄小，还没有能力运用智慧及经验来应付紧张情绪，所以会经常用最直接的方式来表达愤怒和保护自己，如打人或咬人。当孩子打人、咬人的时候，教师不妨采取以下方式加以教育和引导。

（1）强化幼儿的正向行为。推动儿童的社会化是一个长期的过程，教师对儿童积极行为的关注有助于儿童适宜行为的向前发展。当发现幼儿积极的行为时，教师应及时地给予表扬和鼓励，并有意识地创设活动以促进幼儿间的合作、交往。教师可借助于教学活动引导幼儿明白"不能打人、咬人"的道理，并且在生活中注意随机教育，不断强化幼儿的正向行为。

（2）通过示范，教会幼儿用语言沟通，而不是用打人的方式来解决问题。案例一中，吉祥的做法就是典型的遇到问题不知如何表达，不知怎样解决，加之语言表达能力还没有完全发展起来，不能很好地运用语言协商来解决问题的表现。教师不妨就此进行示范和引导，告诉吉祥可以这样说："乐乐，我也想看这本书，咱们俩一起看，好吗？"并让吉祥模仿几次，同时告诉乐乐，可以这样跟吉祥说："你还没有征得我的同意，不可以抢我的书。"这样多次示范、多次引导，吉祥就会习惯于沟通商量而非用打的方式解决问题。

（3）提供丰富的学习、游戏材料。幼儿学习、游戏的材料要丰富，对于小班的幼儿，教师要注意同类的玩具要多一些，以满足幼儿模仿和从众的心理，减少因争抢而发生打闹的现象。

（4）肯定幼儿的正确做法，增强其自信。教师应注意经常表扬幼儿好的行为，特别是有过打人、咬人经历的幼儿，多关注他们的行为，发现好的做法，及时给予幼儿肯定和鼓励，增强其自信，激发其积极情感。

（5）直接告诉幼儿这样做是不对的。教师可直接严肃地告诉打人或咬人的幼儿："不可以打小朋友或者咬小朋友，因为被打或者被咬都很疼。你看，

×××都疼得哭了!"并让幼儿主动道歉。

(临沂市妇联文知星幼儿园　徐晓丽)

难题59: 幼儿爱拿别人的东西,怎么办?

【典型案例】

案例一:下午放学后,班里只剩下小泽和萌萌,小泽安静地坐在桌子边看书等妈妈,萌萌在门口的桌子上摆弄黏土。我问:"萌萌,你在干吗呢?怎么不看书等爸爸啊?"萌萌说:"我整理一下(黏土)。"我"哦"了一声,也没在意。一会儿萌萌先被爸爸接走了,紧接着小泽的妈妈也来了,小泽和老师打招呼后再去拿黏土时发现自己的黏土不见了,只有外包装袋在桌子上,小泽嘟着小嘴不高兴。我告诉他:"老师帮你问问是不是小朋友拿错了,明天就会给你还回来,好吗?"小泽开心地和妈妈一起走了。这时我才明白,萌萌整理一下黏土,不仅整理了自己的,还帮忙把小泽的一起整理好带走了。

案例二:蛋蛋今年3岁了,是个长相清秀、看着略显文弱的小男孩,常常因为悄悄地拿走小朋友的东西而"被告状":"老师,蛋蛋把我的折纸拿走了。""老师,我带来的奥特曼玩具少了一个,在蛋蛋那里。""老师,我的贴纸被蛋蛋装到他的口袋里了。"……

【案例分析】

其实,很多孩子都有过案例中类似的悄悄拿别人东西的经历,三四岁的幼儿大都以自我为中心,他们没有"物品所有权"的概念,分不清"自己的"和"别人的"。幼儿往往觉得"我喜欢这个,我发现了这个,那这个就是我的"。他们"顺手牵羊"一般有以下几种原因。

(1)孩子年龄小,"别人的东西不能拿"的概念尚未形成。这个年龄段的幼儿好玩,好奇心强,见到新奇的、喜欢的东西总是爱不释手。加上他们的思维总被想象左右,不能清楚地区分"自己的"和"别人的"这两种概念,遇到特别想要的东西就会产生把别人的东西藏起来据为己有的欲望。从幼儿心理学的角度去分析,这种行为也就不足为奇了。案例一就是这种情况。一模一样的黏土,萌萌小朋友很喜欢,因此便整理一下都放入自己的袋子里,并没有任何别的复杂动机。

(2)强烈的占有欲望。幼儿对自己没有玩过的东西,既好奇又想拥有,而且想马上拥有。在私欲的诱导下,他们便会悄悄地将别人的东西据为己有。大部分幼儿还不清楚"偷拿"别人的东西是不道德的行为。有的幼儿因为自己很喜欢某个东西,和爸爸妈妈要了很多次都没给买,所以看到别的小朋友正好有就越看越喜欢,然后就有了"悄悄拿走"的行为。

(3)吸引别人的注意。幼儿都希望得到别人尤其是父母的关注。有的家长因为工作或者别的原因,对孩子不够关心,孩子缺乏跟父母的交流。当孩子发现自己拿别人的东西后,能引起家长的关注——即便是批评,也比不理不睬强——他就不由自主地以拿别人的东西为手段,来引起父母的关注。

(4)家教不严或家教过严。有的父母对孩子的一切要求都予以满足,使得孩子心中没有是非标准。他想得到什么东西,就会毫无顾忌地去拿,却没人告诉他,私拿别人的东西是社会所鄙视的偷窃行为,也没有人谴责他,导致他认为这是可以允许的行为。此外,孩子都希望别的小朋友有的东西,他也能有。有的家长对孩子要求严格,不允许孩子随意获得他并不太需要的东西,这本来是正常的。但如果家长既不提供给他,又不向他解释原因,很可能导致孩子产生把别人的东西拿过来据为己有的不良行为。

【应对策略】

法国著名教育家卢梭说过:"要尊重儿童,不要急于对他做出或好或坏的评判。"其实,孩子的"私拿"行为,并不是我们成人所理解的偷窃,而是孩子对自己感兴趣的东西产生了占有欲,在占有欲的引领下,加之外界诱因的驱使,就悄悄地把东西拿来当成自己的。作为教师,当孩子犯错时,我们自己首先要保持理性，然后再引导和教育孩子，达至导之以正。

（1）巧妙引导，导之以正。如案例一，教师在知道了萌萌的行为后，可抓住时机告诉她："萌萌，小泽的黏土找不到了，他很不开心呀！老师知道，你也很喜欢黏土，如果你的黏土找不到了，你也一定会很着急、很恼火的，是吗？"经过简单的交流和引导，萌萌一般会对小泽产生同理心，逐渐明白"别人的东西不能拿"的道理，可能就会主动把小泽的黏土送还回去。

（2）帮幼儿建立"物品所有权"的概念。三四岁的幼儿还没有建立正确的"物品所有权"概念。教师应帮助孩子了解物品的所有权，引导其建立"你的""我的""他的"等概念，明确地告诉孩子，需要用别人的东西时，要先经过别人的同意才可以。教师要给幼儿正确示范"经过对方同意后，方可使用别人的东西"。

（3）可设立"玩具交换日"。例如：每周固定某一天为玩具交换日，幼儿带着自己喜欢的玩具、图书等来幼儿园，在固定的时间和其他幼儿分享，条件允许的话还可以同年龄段或全园幼儿一起分享，从而让幼儿明白，喜欢的东西不一定非要拿过来，通过分享一样可以拥有自己喜欢的东西。

（4）家园共育。出现问题时教师要及时和家长沟通，让家长领着孩子一起来物归原处。告诉家长问问孩子发生了什么？先了解孩子，引导孩子自己表达出来，不要大发雷霆、急于批评、夸大严重性，以免给孩子心中留下阴影，带来心理压力，而要以不伤害孩子为前提，通过教育使孩子认识到自己的行为给别人带来的麻烦。千万不要对孩子说"偷"这个字眼，而要帮助孩子建立"自己的"和"别人的"这两种不同的概念。切忌不管不问，听之任之，助长其不良行为。

（5）适度满足孩子的需求。不管是教师还是父母，都应注意了解孩子的需求，并满足孩子合理的需求。如果孩子的需求长期得不到满足，而且没有让他信服的理由，时间久了，他就会不由自主、不受控制地去拿别人的。所以，对于孩子的合理需求，我们应给予适度的满足。

（6）尊重孩子，不随便给孩子贴标签。孩子在成长的过程中，难免会出现这样或那样的不当行为。当孩子私拿别人的东西时，教师切忌给孩子贴上

"小偷""偷窃"的标签,而应该尊重孩子、保护孩子的自尊心,引导孩子认识到,未经别人允许随便拿别人的东西是错误的行为,并对孩子的行为提出明确要求,及时提醒他们,使孩子养成未经允许不随便拿别人东西的好习惯。

(临沂市妇联文知星幼儿园　徐晓丽)

难题60：幼儿爱发脾气,怎么办?

【典型案例】

案例一:区域自选活动结后,小朋友们都在有序地收拾自己的物品,搬小椅子坐好。大象因为选择的是拼摆中国地图的活动,收拾起来相对麻烦一些,再加上他磨磨蹭蹭、不着急,所以等他收完材料,搬起椅子时,第一排已经没有空位置了,而他非要坐在第一排,怎么说都不行,后来他干脆把椅子一扔,一屁股坐在了地板上。老师告诉他第一排已经没有位置了,下次可以快一点,并请他起来去坐好,他充耳不闻。一会儿,他又直接躺在了地上,还用脚去蹬别的小朋友的小椅子。

案例二:在户外玩大型碳化积木时,小朋友们都三五成群地互相合作搭建自己的作品,大象和辰辰、茂茂三个在一起搭房子,由于大象还没找到如何把两块长积木搭在一起而且不易倒塌的办法,所以他尝试了几次都没有成功。在他又一次尝试失败后,他喊了一声:"哼,气死我了!"接着就把积木乱丢一气,还拿着积木狠狠地敲地面来发泄自己的不满,并且把之前和其他小朋友一起搭的作品也给推倒了。

【案例分析】

大象是个5岁的男孩,很贴心的一位"小暖男",可遇到一点小事情就会发脾气,大喊大叫,拽着别人的衣服不松手,甚至在地上打滚儿。当他发脾气时，不管怎样和他讲道理，他全然听不进去，直至他自己慢慢地安静下来。幼儿为什么爱发脾气呢？究其原因主要有以下几点。

（1）幼儿心智发展还不成熟，无法用准确的语言表达自己的想法，也不能充分地、恰当地表达自己的情绪，内心满满的挫败感让他们烦躁焦虑，因此他们会选择哭闹、踢打、摔东西等发脾气的方式来表达自己的不满情绪。

（2）幼儿把发脾气当作一种手段。比如，当幼儿的想法没有得到满足时，他就会以发脾气来试探成人，尤其是有过成功体验后，他就更习以为常，如同有的幼儿会用哭让别人妥协一样。

（3）家庭教育的影响。家长容易急躁，容易发脾气，一遇到事儿，家长就会大呼小叫，怒气冲天。如果孩子见多了父母的这个样子，自然就习得了父母的行为方式。

（4）多次不良情绪积压，容易引发暴脾气。孩子虽然年龄小、心智不成熟，但他们也有独立的思想，有丰富的情绪和情感。幼儿每一次的不愉快如果得不到释放和解决，积压久了，一点小事就能引发其强烈的暴躁情绪。

【应对策略】

对待爱发脾气的幼儿，教师首先要了解他们发脾气的原因，以爱和包容接纳幼儿，引导他们正确地表达情绪和处理情绪，学习用合适的方法解决自己遇到的问题。具体策略可参考以下几点。

（1）假装忽视发脾气的幼儿，对其进行冷处理。当幼儿想通过发脾气来获得某种满足时，教师在确保幼儿安全的前提下先不要理他。有些孩子，你越理他，他越闹腾，直到你满足他的想法。所以，有时候忽略他的行为不失为一个好办法。

（2）教会孩子正确地表达需求。在生活中，教师要善于随机引导幼儿正确地表达自己的需求，告诉幼儿遇到问题可以和小朋友、老师商量。比如，面对案例一中大象的表现，我们可以这样对他说："你有什么需要帮助的地方，可以告诉老师或者你的好朋友，我们一起来帮你想办法。"还可以告诉他："老师知道你很想坐在第一排的位置，那下次我们在收材料时动作快一点，说不定就可以坐到自己想坐的位置了哦。"而不是指责他:"你怎么又乱发脾气了?!"要让幼儿知道可以用很多比发脾气更好的办法来解决遇到的问题。

（3）转移幼儿的注意力。当幼儿发脾气时，我们可以通过幼儿比较感兴趣的事情转移其注意力，让他从现在很暴躁的情绪中转移出来。比如:"老师读到一个非常好听的故事，你要不要听?""老师有一个特别好玩的游戏要和小朋友们一起玩，你准备好了没?"等等。这样往往能收到好的效果。

（4）通过绘本阅读潜移默化地影响幼儿。通过绘本阅读可以轻松地把很多深奥的道理传达给幼儿，成人不妨有意识地选择一些合适的绘本和幼儿共读。例如，阅读绘本《爱发脾气的菲菲》，透过故事人物形象，幼儿能潜移默化地学习到如何控制及处理情绪，获得意想不到的效果。

（5）加强家园沟通，搞好家园合作。父母是孩子的第一任教师。有时候幼儿爱发脾气，根源来自家庭教育环境。针对幼儿经常发脾气的行为，教师要主动及时地和家长进行沟通，了解父母是否经常在孩子面前发脾气，是否经常当着孩子的面大吼大叫，孩子在家是否经常看一些充满不良行为的动画片，等等，找准问题症结，通过交流达成共识，实现家园共育。

（6）注重教师的榜样示范作用。教师的一言一行会潜移默化地影响幼儿，而且幼儿天生具有极强的模仿能力，他们会不由自主地模仿教师的言行。因此，作为教师，应时时提醒自己，时刻注意自身言行，善于管理自身情绪，始终以榜样形象出现在孩子面前。

（临沂市妇联文知星幼儿园　徐晓丽）

难题61:幼儿经常在教室里捣乱，怎么办?

【典型案例】

案例一:绘画课上，小朋友们都在专心致志地创作自己"眼中的秋天"。

小美拿着她还未完成的作品走过来，委屈地对老师说："老师，可可把我的画弄脏了，还在我的画纸上画了好几个黑圆圈。"小美说着哭了起来。而一旁的可可，摆出一副"就是我干的"的姿态，丝毫没有破坏了别人作品的内疚感。

案例二：故事分享时间，小朋友们都在安静地听老师讲故事，而牛牛不时地发出"喔喔喔"的叫声，或者把小椅子动来动去，发出"吱吱"的摩擦声，还故意让小椅子翻倒在地上，惹得小朋友们哈哈大笑。

案例三：区域活动自选时间，小朋友们安静地、有序地在各个区域学习、游戏，这时只有明明这里瞅瞅、那里看看，还满教室里乱转：他走到美工区，抢过小语小朋友手里还未折完的折纸，故意举高不让小语拿到，然后扔下折纸走到正在下五子棋的小朋友们跟前蹲下来，继续"捣乱"……

【案例分析】

捣乱是幼儿常见的问题行为，3—6岁幼儿自我意识虽已萌发，但尚处于朦胧阶段，有明显的情绪性、片面性倾向。他们在接触、了解周围事物的时候，好奇心强，看到新奇的东西，往往会去摸一摸、闻一闻甚至摔一摔，来满足自己内心的好奇和探究欲望，但是，由于自身认知经验不足，不会正确使用和操作，而且自我控制能力弱，他们经常会出现一些捣乱行为。引发幼儿捣乱行为的原因有很多，主要包括以下几种。

（1）为了寻求关注。孩子在成长过程中都渴望被关注，特别是渴望得到重要他人的关注。当他们通过常规途径未获得关注时，就会采取捣乱行为来引起老师、同伴、父母的注意。当幼儿发现这样做确实得到了关注后，捣乱就会被进一步强化。

（2）幼儿自我宣泄的心理需求。有的幼儿天性好动，精力旺盛，有使不完的劲儿。案例二中的牛牛就是这种精力旺盛、有使不完的劲儿的孩子。而听故事的过程本身就是相对安静的，如果故事对幼儿没有吸引力，幼儿自然会坐不住，因而就会想办法来宣泄他过剩的精力，从而做出一些捣乱行为，就像案例二中的牛牛那样，故意发出声音、弄出动静，从而获得自我宣泄的满足感。

（3）幼儿不良情绪的发泄。在活动时，幼儿产生了不愉快的情绪体验，又不知道该如何表达自己的不愉快，就会通过捣乱行为来发泄自己的不良情绪。

（4）家庭教养方式的影响。有的家长因为溺爱孩子会无原则地满足孩子的各种要求，对孩子的不良行为也会因觉得孩子还小、没关系而不加以控制和纠正，让孩子养成了为所欲为的坏习惯。

【应对策略】

《纲要》指出："幼儿园的教育是为所有在园幼儿的健康成长服务的，要为每一个儿童，包括有特殊需要的儿童提供积极的支持和帮助。"面对幼儿的捣乱行为，我们教师要冷静对待，及时与幼儿进行沟通和交流，分析幼儿行为背后的原因，帮助和引导幼儿正确地参与活动。我们可以从以下几个方面入手。

（1）积极引导，正面强化。当发现幼儿捣乱时，教师可以悄悄地走过去抱抱他，给他一个微笑，当他坐好时向他竖一个大拇指，并可以适时地在所有小朋友面前表扬他好的做法，比如："老师发现，牛牛的腰杆挺得最直了！"教师要用一双善于发现的眼睛去寻找"捣乱"幼儿的点滴进步，坚持积极引导，帮助他们及时纠正自己的不良行为。

（2）采用恰当的管理策略。①非言语的策略：目光注视，眼神传意，体态暗示，空间接近，身体触摸等。②言语的策略：表扬正面行为，提出希望等。

（3）培养幼儿的规则意识。3—6岁是幼儿规则意识的形成时期，教师要有目的地培养、训练幼儿的自我控制和自我约束能力，让幼儿了解在集体活动中哪些事情该做，哪些事情不该做。在每次活动之前，教师可以有针对性地对幼儿提出具体的要求，提醒他们遵守规则。

（4）忽视幼儿的捣乱行为。当幼儿试图通过捣乱来引起教师的关注时，教师可以直接忽视他的行为。当他发现捣乱不管用时，他就懒得捣乱了。同时教师要注意多正面引导，尽量满足其渴望被关注的积极需求。

（5）让幼儿适当承担后果。在幼儿力所能及的范围内，让他自己来承担捣乱后的结果。比如，安抚被捣乱小朋友的情绪，整理自己弄乱的环境，暂时停止参与活动，担任班级图书修补员，等等，让捣乱幼儿适当承担后果，为自己的行为负责。面对案例三中明明小朋友的捣乱行为，我们可以暂时取消他选择区域游戏的资格，让他仔细观察其他小朋友是如何进行区域游戏的，等他观察好了，知道自己该如何正确地进行区域游戏了，再请他去选择区域游戏。

（临沂市妇联文知星幼儿园　刘彦芝）

难题 62：幼儿擅自离开教室，怎么办？

【典型案例】

案例一：早上入园时，小语哭哭啼啼地、很不情愿地来到教室。原来是爸爸忘记给她带黏土了，爸爸承诺一会儿给她送过来。结果早餐后爸爸还没来，她就趁老师们不注意，悄悄溜出教室，刚跑到院门口，就被门卫师傅发现并领回来了。

案例二：午餐后，教师组织全体小朋友到室外散步，过了 10 分钟，教师组织小朋友们陆续回教室，如厕、洗手，准备午休。教师在点名时，突然发现今天刚转园过来的红红小朋友不见了，教师赶紧到前后院寻找，结果发现，红红正贴着地面趴在大门口电动推拉门的下端往外爬。

案例三：下午离园时间，家长们陆续来接孩子。小班的小泽小朋友趁老师和家长们交流的空隙，悄悄溜了出去，跑到院子里看自己的妈妈来了没，被值班门卫发现，及时领回了教室。

【案例分析】

幼儿年龄小，对家人的依恋性强，缺乏安全意识，一旦特别想去做某事或不想来幼儿园，难免会想法子擅自离开。其原因主要有以下几个方面。

（1）家长随意承诺却不兑现。比如，家长为了安抚幼儿的情绪，会告诉幼儿："宝贝乖，你先去幼儿园，等会儿爸爸回家拿了东西送过来，或者吃完午饭后妈妈就来接你回家。"这时候，幼儿整个上午都是在期盼中度过的，所以一旦等不到爸爸、妈妈来，他就会特别着急、焦虑，以至于想寻找机会擅自离开。案例一中的小语小朋友就是因为爸爸对她许下承诺却没有做到，所以才会在左等右等都等不到爸爸来送黏土时悄悄溜走，她就是想去看看爸爸怎么还没来。由此可见，家长不经意说的话，孩子会记得特别清楚，因此，家长一定要身体力行，说到做到。如果确实因为有事情没法兑现承诺，家长也要通过打电话等方式让孩子知道原因。因为孩子在知道原因后会理解家长为什么没有兑现承诺，否则，就无法理解为什么家长一直让她在焦急中等待。

（2）对陌生环境不适应。幼儿因为刚来到一个陌生的新环境，会不适应，甚至会感到担忧（如案例中的红红），所以会不自觉地想要离开那个环境，这样就会出现擅自离开教室的情况。

（3）渴望爸爸妈妈早点来接。对于幼儿尤其是刚入园的小班孩子来说，下午离园时间是他们最期盼、最快乐的时刻，对爸爸妈妈一天的想念全在离园开门这一刻的期待上。当幼儿发现别的小朋友都被爸爸妈妈接走了，而自己的爸爸妈妈还没来时，就想快点见到自己的爸爸妈妈，于是就会发生案例三中小泽那样的行为。

【应对策略】

一旦幼儿私自离开教室，甚至跑出幼儿园，后果将不堪设想，这关系着幼儿的安全甚至生命。因此，在一日活动中，教师要确保幼儿始终在自己的视线范围内，要特别留意早上入园不高兴的幼儿和新转来的幼儿以及小班新开班阶段的幼儿。具体应对策略主要有以下几点。

（1）创设温馨、舒适的环境。教师对待幼儿应该和蔼可亲，要善于了解幼儿的需求和想法，做幼儿的伙伴和朋友，还要精心创设、布置活动室环境，激发幼儿参与活动的兴趣，让幼儿喜欢老师、喜欢幼儿园。

（2）关注有不良情绪的幼儿。对有哭闹等情绪的幼儿，教师要及时了解原因，做到耐心倾听和接纳，帮助其化解不良情绪。

（3）加强家园沟通，让家长明白随意许诺却不兑现诺言的危害。教师可通过案例向家长说明，不负责任地随意许诺却出尔反尔会给孩子带来危害，同时使家长明白，言出必行不仅有利于良好亲子关系的建立，而且能潜移默化地教会孩子信守承诺。

（4）教师间要分工明确，配合默契。合理设置教师一日工作流程，保障班级工作内容丰富，安全有序。比如，在离园时，一位教师负责组织活动室里的孩子，一位教师负责在班级门口接待家长，把孩子一个一个地交到家长手里。对于晚接的幼儿，教师要始终陪伴，防止幼儿找机会溜出教室，避免发生幼儿独自离开的事件。

（临沂市妇联文知星幼儿园　徐晓丽）

第七章

破解关于班级管理的 9 个难题

　　班级是幼儿园的核心单位，它承担着幼儿习惯养成、教育教学活动等方方面面的工作，是幼儿接触集体生活、发展社会性的第一个场所，班级管理的水平更是直接或间接地影响着幼儿和幼儿园的发展。因此，班级管理在幼儿园一日生活中显得尤为重要，那么，如何做好班级管理工作，就是我们幼儿园教师面临的必须要解决的问题。本章从幼儿常规习惯养成、班级活动组织等方面，对班级管理中的一些常见问题展开分析，为教师们答疑解惑，帮助教师把班级管理工作精细化、系统化，在提高带班能力和带班效率的同时，真正促进幼儿健康、快乐地成长。

难题63：教师要进行各类案头工作，却觉得做了很多无用功，怎么办？

【典型案例】

前段时间，有位幼儿园教师在朋友圈晒她要填写的各类表格——学期安排表、周计划、日计划、区域活动记录表、幼儿个案分析、教育随笔、教学反思记录表，等等，大唱"我家的表哥（表格）数不清"……其实，许多幼儿园教师都反映，填写表格等案头工作对于他们来说多是无用功，许多案头工作内容重复、缺乏针对性，不仅占据了他们观察孩子、思考问题的时间，而且使他们花费了大量精力，增加了工作压力，降低了工作效率，加深了自身的职业倦怠感。

【案例分析】

案例中所提到的案头工作是幼儿园教师在幼儿园工作中十分常见的，同时也是十分必要的工作。教师对案头工作的这些看法，主要是由以下两种情况造成的。

（1）许多幼儿园教师对各项记录持有排斥心理，不情愿去做，他们反映自己没有什么收获，反而感觉增加了工作负担。这主要是因为教师工作的积极性没有被调动起来，同时，他们没有充分地理解和认识到案头工作的重要性，也没有正确地认识到做案头工作的意义，更没有把案头工作提升为帮助幼儿积极发展和指导自身专业成长的重要途径。

（2）从需要教师记录的各类表格中可以发现，有些表格内容是重复的，有些内容过于细致，使得教师安排工作无重点、无针对性的确会占用教师的大量时间。

【应对策略】

教师对案头工作的"偏见",可以通过以下几种方法来改变。

(1) 学会运用现代信息技术手段,将案头工作简化、归类。观察记录所使用的工具可以是文字,也可以是照片,当然还可以是录像,这样记录所获得的完全是第一手资料,相对而言容易保存局部和细节的真实性,三者结合也会让记录更形象、更完善。教师可以借助于电脑对定期体检记录、身高体重测评、营养计算等实施全面管理,这样,十分省力且记录全面、翔实,可以为记录提供极大的方便。同时,教师可以尽量简化表格记录方式、合并同类型表格,适当减少一些重复性的文字资料,比如教育随笔、教学反思可以合一,选择对幼儿发展、教师班级管理、专业成长有帮助的、典型的案头工作去记录,让自己能够快速且高效地完成案头工作。

(2) 保持工作焦点和热情,学会建立工作列表。教师应每天做好一日工作计划,确定一天的目标,让工作焦点清晰,然后以最大的热情去做。同时,教师要随时记下要做的工作,让所有的事情一目了然,注意区分轻重缓急,先做重要的事情,注重效率,更注重效果。

(3) 学会调节自身的压力。适当的压力使人精力集中,让人轻松地解决问题;过大的压力让人烦躁,会影响我们的身心健康。所以,面对压力时,教师最好能暗示自己,激发积极兴奋的心态。如果你已身心疲惫,但是一无所获,那么,你可能不是工作不努力,而是没有掌握提高工作效率的正确方法,在无意中浪费了时间和精力。

(4) 学会"见缝插针",充分利用一日生活的各个时间段,定时、及时完成日常工作。教师每天都需要做一些日常工作,处理这些日常工作的最佳方法是按时完成,不拖延。在一日生活中的各个小空隙处理这些事情,像幼儿午休的时候,有保育员照看孩子,你完全可以去备课、做笔记等。只有从平时的教育活动中一点一滴做起,才能不断积累记录的经验,从而养成按时记录的工作习惯。

(5) 记录工作的分工与合作。教师记录的工作量较大,各种表格都要分类别地、有针对性地记录，我们要充分发挥配班教师、保育员的作用，把工作具体分配给班级的每一位教师，这样"各司其职"，既减轻了单个教师的工作负担，又能把集体工作做细。

（平邑县特殊教育学校幼儿园　牛冬梅）

难题64：园领导布置的其他任务与一日活动的时间安排相冲突，怎么办？

【典型案例】

今天早上刚到幼儿园，我本打算准备幼儿的饮用水，却接到搭班教师请假的通知。班里就剩我一位教师了。紧跟着，我又接到园长的电话，便去整理科学活动室，准备迎接检查。然后家长开始送孩子来园，向我咨询孩子的在园情况，可早操时间又到了……

【案例分析】

幼儿园的工作既烦琐，又存在一定的突发性。一般来说，幼儿园的所有工作都要早布置、早安排、早准备，但时常也会出现一些临时的变动。从案例中可以看出，该幼儿园人员配备稍有不足，工作随意性大，工作无准备、无重点，领导对幼儿园工作了解得不够细致，对幼儿一日生活的安排也不够科学合理，更谈不上灵活变通。

【应对策略】

面对幼儿园常有的一日工作临时变动的情况，无论是幼儿园领导还是教师，都要有处事不惊的良好心态，努力做到在现有状况下把幼儿园一日生活的各个环节和各类工作协调好。具体有以下几种方法。

（1）幼儿园工作要把幼儿放在首位。幼儿在园的一日活动离不开教师的引导，各个环节也都在带班教师的视线下进行。我们既要努力完成领导安排的工作任务，又要保证幼儿一日生活的顺利进行，但当两者冲突时，如果没有更好的方法来平衡，还是要以幼儿为重。

（2）主动反馈信息。如果园务工作和幼儿一日活动的时间安排相冲突，教师首先应该主动地、及时地向安排任务的领导反馈情况，领导肯定会根据事情的重要程度做出调整，并分清主次缓急，争取采用其他方案来协调工作。主动反馈信息，是对工作、对领导，更是对幼儿负责。

（3）分清工作的主次缓急。分清主次缓急，是获得最佳工作效益的有效方法。有时我们自己有困难或手上有工作，但领导不一定知晓，常常一个或几个领导在同一时间内给我们安排工作，头绪繁多，事务纷至沓来。这时候切记，不能胡子眉毛一把抓，也不能头痛医头、脚痛医脚，整日忙于应付，奔波劳累。可把每天要做的事情分成四种类型：紧急重要的，紧急不重要的，重要不紧急的和不紧急不重要的。教师要按照以上顺序，分类完成工作任务，做到头脑清醒，忙而不乱，井然有序。

（4）及时协调工作。在处理园领导安排的工作时，有时一个人完成不了，需要有关班级、教师的配合与支持，应提前协调好关系，调整一日活动安排，但要事先告知幼儿，使他们有心理准备。

（5）幼儿园各项制度明确，工作责任到人。"无规矩不成方圆"，幼儿园作为一个大集体，要想有条不紊地运转，必须要有严格的制度，比如考勤制度。教师有事情一定要提前告知幼儿园领导和搭班教师，这样才能更好地协调好工作，不至于手忙脚乱。另外，幼儿园的各项工作要责任到人，大家各司其职，只有这样，一些临时工作才不会影响到幼儿园的正常运转。

（平邑县特殊教育学校幼儿园　牛冬梅）

难题 65：幼儿不服从班级规则或老师的指导，怎么办？

【典型案例】

栋栋聪明伶俐，可就是管不住自己，总是把老师提出的要求当成耳旁风。户外活动时，老师组织幼儿玩"老狼老狼几点了"的游戏，为了防止幼儿发生危险，老师要求他们在软地上跑，不要跑到硬地上去。可转眼间，栋栋就像一只敏捷的小动物一样，在硬地上飞速地跑起来。要回教室了，小朋友们听到集合的信号，都快速地到老师身边站队，栋栋却旁若无人地在滑梯上玩着。午睡时，安静的睡眠室里总能听到栋栋的说话声；集体活动时，他也是想说就说，从不举手。面对这样一个对老师的要求熟视无睹的"自由人"，老师该怎么办呢？

【案例分析】

规则是我们在日常生活、学习、工作中必须遵守的行为规范和准则。幼儿期是孩子们萌生规则意识和形成初步规则的重要时期。著名教育家叶圣陶曾经说过："教育是什么，往简单方面说，只需一句话，就是养成良好的习惯。"而良好的行为习惯建立在良好的规则意识和执行规则的能力上。教师要在共同的生活和活动中，帮助幼儿理解行为规则的必要性，指导幼儿学习遵守规则，对幼儿进行规则意识的培养。

案例中，栋栋不服从老师指导与他先天的气质、性别、性格中的逆反心理等特质有关，另外，家长或教师没有抓住栋栋建立规则意识的关键期，没有有意识地对其进行规则意识的培养，导致栋栋的规则意识还不够健全，自我控制力弱。

【应对策略】

面对栋栋这类幼儿，作为教师，不能置之不理，也不能过分批评指责，要根据他们所表现出来的性格特点积极、正面地引导，使其循序渐进地加以改正。具体有以下几种做法。

（1）尊重个体差异，逐渐提高要求。有的幼儿性格比较散漫，不习惯条条框框的约束，同样的要求，别的幼儿觉得很自然，他们却觉得受管束。如果教师一味地要求幼儿遵守规则，和其他幼儿保持一致，也许还会激发孩子的逆反心理，增加教育的难度。教师要试着在不违反原则的情况下，对他们适当地降低一些要求，并对他们的进步及时给予肯定，然后逐渐提高要求。你会发现，他们也能逐渐地约束自己，控制自己的行为。

（2）及时调整不合理的规则。规则本身不只是为了约束孩子的行为，也不全是为了方便教师的管理，最主要的是为了保证幼儿的一日生活更加有条理地、有秩序地进行，而且规则本身不是一成不变的。教师要密切关注幼儿遵守规则的情况，及时发现规则中的问题，进而加以调整，使其更适合幼儿，发挥其应有的价值。比如，教师要求幼儿在睡眠室里保持安静，不能讲话。可是幼儿穿、脱衣服遇到困难时，同伴间完全可以互相帮助，这就需要言语间的交流。当规则与现实发生矛盾时，教师就要和幼儿一起讨论，制定新的规则。

（3）共同制定规则。有的幼儿对规则本身并不理解：一是不理解为什么制定这个规则，二是不理解规则的具体含义。因此，在制定规则时，教师应尽量和幼儿一起商量，共同制定班级的各项规则，讨论没有规则会发生什么事情，使规则更加合理，方便幼儿活动。因为是自己参与制定的规则，所以幼儿的印象会比较深刻，执行起来也就更容易遵守。另外，教师可以通过请小朋友轮流当"小老师"的方法，让他们互相监督提醒，加深幼儿对规则的理解，促使其主动遵守。

（4）赢得家长的配合。有些家长片面地理解一些教育观念，认为孩子就应该无拘无束地、自由地成长，因此对孩子毫无要求，造成孩子从小缺乏规则意识。要想帮助孩子建立规则意识，教师应该赢得家长的配合，双方共同努力，这样才会事半功倍。

幼儿规则意识的培养不是一蹴而就的，需要长期的、坚持不懈的努力。需要幼儿园、社会、家庭的共同配合。"播下一种行为，收获一种习惯；播下一种习惯，收获一种性格；播下一种性格，收获一种命运。"希望每一个孩子都能全面、健康、快乐地成长。

（平邑县特殊教育学校幼儿园　牛冬梅）

难题66：幼儿因害羞或社交退缩，不愿参加集体活动，怎么办？

【典型案例】

糖糖性格内向，在幼儿园里常独自玩耍，很少主动与同伴交往，偶尔会站在一边看其他幼儿玩。教师通过观察，选取糖糖日常生活及教学活动中的行为进行记录，记录如下：

（1）每次家长开放日，糖糖都不做操，不敢在集体面前表现自己。一名教师坐在糖糖的椅子上，这时要活动了，糖糖走到坐在他椅子上的教师身边，想拿椅子，却不敢开口。

（2）糖糖平时在班级里很少讲话，不敢与同伴和教师交流。比如，班级教师制作教具，看到糖糖在旁边站着，便蹲下来问他："有什么事情吗？"他低着头匆匆跑开了。这时旁边的女孩告诉教师："他想看看有没有新玩具。"教师拿着新制作的教具走到他身边，他又跑了。

（3）午休时，糖糖不会脱衣服，挣扎了半天都没有成功。这时教师过去帮助他脱衣服，他一言不发地钻到被子里去了。

【案例分析】

从以上的案例中可以看出，糖糖在交往中具有如下特征：

（1）不愿意表现，面对事情会退缩、害羞、脸红。

（2）具有与同伴交往的愿望，但不敢主动与其他幼儿交往。

（3）自理能力差，很少使用礼貌用语，缺少交往技能和交往信心，遇到困难不懂得寻求帮助。

出现的原因有：

（1）个人因素。糖糖先天的气质类型所致。糖糖可能时常体验挫折与失败，对自己不够自信。

（2）家庭因素。父母的性格特点、社会交往行为、教养方式等方面，也会影响幼儿的社会交往行为。

（3）环境因素。教师的重视、信任程度，以及交流、支持的多少也是影响糖糖社会交往行为的关键因素。

那么，我们该怎样引导这些具有社交退缩行为的、害羞的孩子融入集体生活呢？

【应对策略】

教师可采取以下干预措施，使具有社交退缩行为的孩子能尽快地融入集体中，和其他幼儿一样快乐地学习和游戏。

（1）提高自理能力，增强自信心。在日常和集体活动中让他多动手，或在他遇到困难时给予必要的鼓励、帮助，提高其自理能力，增强其自信心。如午睡起床时，糖糖的拉链头没有对齐，怎么也拉不上，老师说："没关系，拿出来再试一试，老师相信你可以。"但他还是没拉上，老师便给予了示范。第二天起床，老师鼓励他再试着拉，尝试几次后他拉上了，很开心地回头看着老师，老师微笑着点点头。又如，糖糖吃饭时经常边吃边掉饭粒，老师引导他小点口、慢点吃，吃饭时嘴巴对着碗。饭后，老师及时地表扬了他，增强了他的自信心。

（2）创造机会，引导幼儿主动操作探索，并适当及时鼓励。幼儿的自信心和社交能力一定是在各种活动中逐渐建立起来的，教师要不断地创造机会，积极地、正面地去引导幼儿主动操作探索，并在过程中对幼儿的良好表现及时给予鼓励和肯定，让幼儿对自身获得积极的认知。比如，在一次拓印菊花的活动中，糖糖拿了材料却一直没有动手。"老师知道你一定可以的，我们一起试一试好吗？"老师一边说，一边示范，但糖糖仍然很害怕，小心翼翼地操作着，不过还是把颜料弄到外面了，他很害怕地看着老师。老师微笑着说："没关系。"慢慢地，他变得放松了起来，开心地融入到拓印活动中。

（3）借助于游戏，发展交往技能。在幼儿园集体生活中满足幼儿交往的愿望，可以使他们的交际能力获得良好的发展。比如区域活动中，老师请糖糖去娃娃家扮演宝宝。老师带着宝宝去看病，上车后一位好心人让座，老师客气地说"谢谢"，并引导糖糖在游戏中亲身体验：得到别人帮助时说"谢谢"，匆忙撞到别人时说"对不起"，询问别人挂号窗口在哪里时说"请问在哪里挂号，你能帮助我吗"，别人告知信息后也说声"谢谢"。通过游戏，老师向糖糖示范基本礼貌用语的使用。为加强糖糖对礼貌用语的了解，老师可集中幼儿集体讨论哪些是礼貌用语，并强调幼儿说话时要有礼貌。在之后的日常生活中，老师也要常提醒他使用礼貌用语。当发现他使用礼貌用语进行交往时，老师要及时进行表扬、鼓励，慢慢地，他使用礼貌用语的次数会越来越多。

（4）创设环境、创造条件，引导幼儿体验交往的快乐。教师要有针对性地选取幼儿擅长的游戏来创设环境，引导他们主动和同伴交往。比如，活动中，糖糖一直在旁边安静地看其他小朋友搭积木。"糖糖搭的车、房子都很漂亮，露一手吧！"孩子们异口同声地邀请糖糖一起搭积木。老师抓住机会，急忙把积木递到他面前，在同伴的鼓励下，糖糖低着头动手搭建起来。小朋友们都觉得他搭得好，争着让他搭，老师也及时引导糖糖大胆参加，搭得不好也不要紧，让他在活动中体验成功与快乐，认识到自己存在的价值。

（5）增进与家长的沟通，家园携手共育。家庭教育方式对幼儿成长有着深远的影响，幼儿园教师单方面进行教育干预，必然势单力薄，只有争取家长的理解与合作，改变家长的教育观念和教育行为，发挥家园共育的合力作用，才能得到事半功倍的效果。如果家长在孩子的社会交际处于萌芽阶段时，能为孩子创造一个开放式的家庭环境，经常提供各种各样的社会生活和人际交往体验，就可以预防孩子出现社交性退缩。倘若孩子对社交已有了畏惧情绪，家长要鼓励孩子勇敢地走出去，与同伴交往，而不能迁就他，把孩子禁锢在家里。

对于可能存在"社交恐惧症"的儿童进行心理治疗，家庭和幼儿园将承担十分重要的责任。内向、害羞的幼儿也有自己的情感和想法，我们要多关注这些孩子的内心世界，帮助他们更好地融入集体生活。

（平邑县特殊教育学校幼儿园　牛冬梅）

难题67：某些不服从管理的幼儿拒不接受惩罚和教育，大哭大闹，怎么办？

【典型案例】

教师带着大班的孩子们，在小学教学楼的走廊里观赏小学生的手工和绘画作品。因为走廊两侧都有教室，孩子们正在上课，为了不对课堂造成干扰，教师举起右手，把食指放在嘴边轻声地告诉孩子们："大家可以自由地在走廊里轻轻走动观赏，或趴在地板上绘画、记录，但绝对不能说话、跑跳。"但是轩轩偏偏不理会教师的多次提醒，大声说话，教师立即板起脸严肃地把他带到走廊旁的园长室。轩轩觉得很丢面子，便大哭起来，教师毫不留情，转身离开。

【案例分析】

案例中，教师将轩轩带到园长室并转身离去的做法不太妥当。当幼儿犯错时，教师如果没有关注到幼儿的情绪变化、幼儿的想法，而以愤怒、失望等心态看待幼儿，或是使用不恰当的语言批评幼儿，就会引起幼儿的恐惧、逆反心理，使幼儿产生逃避性行为。另外，成长环境等各方面的原因会导致一些幼儿心智发展缓慢，他们有时并不知道自己的做法是对还是错，同时自尊心比较强，在这种情况下，教师可以先把孩子带到相对安静的环境，再采取相应的措施。

现在，幼儿园的孩子以独生子女居多，他们永远是家庭的第一位，被好几个大人保护着，打不得、说不得。当孩子犯错误时，家长会第一时间帮助他们解决，很少让幼儿自己主动承担责任，更有甚者，幼儿一哭一闹，家长便妥协，不再追究。久而久之，幼儿便养成了逃避、任性的习惯，遇到问题就用哭闹来逃避解决。

【应对策略】

面对案例中的情况，教师可以采取以下几种方法来解决问题，引导幼儿学会管理自己的情绪。

（1）恰当地运用"冷处理"策略。在发生问题时，幼儿时常会采取哭闹的方式试图掩盖自己的错误，引起成人的注意，逃避所应承担的责任。在这种情况下，教师可以稍微采取一下"冷处理"方式，给幼儿烦躁的情绪"降降温"，等到他心情平复之后再来解决问题。

（2）照顾幼儿的自尊心，用眼神和肢体语言去提醒幼儿。其实，幼儿的自尊心并不比成人弱，尤其是在自我意识逐渐发展的过程中，他们需要从成人那里获得积极的肯定。面对案例中的情况，教师可以先用眼神提醒幼儿，或者走过去摸摸他的头，用这种方式去告诉他，请他注意自己的行为。

（3）及时有效地对不良行为进行矫正，同时注重同伴间的观察学习和示范模仿。行为心理学认为，发现问题行为应及时纠正，这有利于良好行为的形成。同伴间的模仿和观察学习是儿童社会行为形成的主要方式。

（4）必须让孩子明白活动规则，惩罚时始终保持温和、平静的态度。教师要用简单明了的语言、坚定的语气、温和的态度制止幼儿的不良行为，就事论事，避免说教。教师不能教条地使用惩罚的办法教育幼儿。诱发幼儿不良行为的原因是复杂的，教师在做出惩罚之前，要先弄清引起不良行为的原因。教师对孩子进行惩罚时应注意尊重孩子，不要伤害孩子的自尊，更不能羞辱、损害孩子的人格。惩罚教育后，还要注意在恰当的时候对孩子进行抚慰，以免孩子被惩罚后对教师产生不良情感，不愿配合教师的教育，影响惩罚教育的效果，甚至使惩罚产生与教育相反的作用。在坚持对幼儿以赏识教育为主的前提下，注意营造施行惩罚教育的条件，科学合理地使用惩罚教育，这样教育才会更加积极有效。

（5）当幼儿发生哭闹、逃避错误行为时，教师不能以强迫、威胁的手段去批评他们，应该以正确的方式去引导他们，向幼儿说明理由，及时适当地批评教育，以强化和发展幼儿的是非观，帮助幼儿建立起责任意识。

（6）教师要接纳幼儿的情绪，耐心倾听幼儿的想法。当幼儿犯错误时，教师要给幼儿解释的机会，也给他们尝试解决问题、弥补错误的机会。教师要从认识幼儿的情绪出发，了解幼儿为什么会这样做，在弄清事实的基础上简明地、具体地指出错误，给幼儿时间和机会去思考怎样解决问题。

（7）教师要无条件地关爱幼儿，与幼儿建立亲密的关系。在日常生活中，教师要给予幼儿适当的鼓励，要将爱与管教相结合，这样才有利于建立良好的师幼关系。教师还要尊重幼儿，发展幼儿的独立人格，尊重幼儿独立的想法和做法，让幼儿尝试对自己的行为做出评价，从而引导其正确地评价自我。

（平邑县特殊教育学校幼儿园　牛冬梅）

难题 68：个别幼儿的自我意识过强，无法与其他小朋友合作共享，怎么办？

【典型案例】

壮壮是小班下学期新来的小朋友，开学几周后，壮壮情绪稳定，很快融入了新的集体生活，只是平时他不像别的男孩那样活泼调皮，而是喜欢一个人独自游戏。刚开始，老师以为壮壮是因为跟大家不熟，但半个学期过去了，这一状况似乎并没多大改变。在一次桌面游戏中，壮壮拿了一辆火车，同桌的小美拿了一筐雪花片，壮壮没有经过小美的同意，就把雪花片拖到自己面前玩了起来，小美当然不肯，试图拖回来，这时壮壮说："玩具要跟小朋友一起分享。"虽然小美并不乐意，但在老师的调解下，他们还是能够和平地游戏。不一会儿，小美也试图拿壮壮的火车，这下壮壮可把火车抱得紧紧的，还向老师告状。老师问壮壮："小美的玩具和你一起分享了，你的玩具和小朋友一起分享可以吗？"壮壮没有看老师，也没有说话，就是抱着火车不愿意让别人碰。

【案例分析】

幼儿不愿意与其他小朋友合作共享的原因有以下几个方面。

（1）幼儿方面。不愿意分享是绝大多数3岁幼儿都会经历的一个阶段，因此不要把幼儿的这一行为视为不良行为。我们首先应理解、尊重他们。跟许多孩子一样，壮壮在家里也是独生子女，从小到大，家里的玩具都是他一个人玩，他缺少与同伴分享的经验，缺乏集体生活经验，不知如何与他人交往，而且在一个新班级中面对新的小朋友，他保护、独占自己玩具的意识会更强烈。

（2）家长方面。从目前来看，很多家庭都是独生子女，孩子往往成了父母、祖父母及外祖父母的掌上明珠。过于宠溺的家庭氛围是幼儿自我意识过强的主要原因。

（3）幼儿园方面。有的幼儿园重视幼儿音乐、美术等知识技能的培养，忽视了幼儿主观能动性的培养。幼儿自我意识过强的问题不仅得不到解决，反而在幼儿园里有所加剧。

【应对策略】

任何人的分享意识和分享行为并非与生俱来，需要经过后天的培养、教育逐步形成。所以，教师必须充分利用小班幼儿可塑性强的特点，设计系列活动，帮助他们尽可能地加快消退自我中心的速度，促进幼儿社会化的进程。

（1）让幼儿正确理解分享的含义。幼儿之所以不愿与人分享，很重要的原因在于，他们认为分享就是失去。对此，教师可以有目的地选择一些形象化的教学材料，利用文学作品中适当的正面形象来培养幼儿的分享意识。要让幼儿明白，分享实际是一种互利行为。

（2）从生活实践情景入手，为幼儿提供物质分享的机会。比如，教师可以食品为依托，引导幼儿迈出与同伴分享的第一步。刚入幼儿园的小朋友，来到一个陌生的环境中，容易封闭自己，这时丰富诱人的食品是吸引幼儿与人交流的最佳手段。教师可引导其他幼儿将自己的食物分享给刚入园的小朋友，这不仅能够培养其他小朋友的分享行为，也会形成榜样，启发刚入园的小朋友做出分享行为。

再如，以玩具为辅助手段，增加幼儿分享行为的实践机会。对于小班的幼儿，我们经常会看到一人拿了许多积木抱在怀中，不让别人拿，自己也不能搭，或是看到别人的积木，自己没有的，就硬是要抢一个过来。这都是幼儿不能正确地和同伴进行分享和合作所导致的，所以教师要根据实际情况让幼儿将自己喜爱的玩具与别人分享。通过表扬、鼓励等方法引导幼儿互相交换着玩，让幼儿感受到与同伴分享玩具的快乐，让他们明白，这是一种互利的行为：既能玩许多不同的玩具，又能结交到许多朋友。案例中，针对壮壮的这种情况，教师可以在平时的一日生活中适当地引导，让他体会到分享玩具的乐趣，帮助他感受到自己去分享才能获得别人分享的过程，慢慢地养成乐于分享的习惯。

（3）树立榜样，激励幼儿学习分享行为。

①教师。小班幼儿常常通过观察和模仿来学习，在幼儿园里，教师是幼儿模仿的重要对象。所以，教师要做有心人，为幼儿做好行为示范。比如，教师可以有意识地将自己的物品与幼儿分享。又如，在区域游戏活动时，教师可以在阅读区拿书和小朋友一起读，在建构区拿玩具和小朋友一起搭建。

待幼儿体验到分享带来的乐趣后，幼儿便会自觉产生分享的动机，模仿教师的行为。

②同伴。同伴是幼儿观察学习的榜样，教师要有意识地在同伴中树立好典型，让其他幼儿学习。当幼儿能较好地与同伴一起分享玩具或食物时，教师要及时地给予肯定、鼓励，使幼儿得到极大的情感满足，从而进一步强化分享合作的动机，愿意更多地、自觉地做出分享行为。同时，也激励其他的幼儿去模仿和学习。

③喜闻乐见的故事主人公。小班幼儿非常喜欢听一些有关小动物或身边小朋友的故事，并且无意中就会对故事中的语言和行为进行模仿。因此，我们可以选择一些幼儿感兴趣的小动物（如小猫、小狗、大象、小鸡、小鸭等），利用幼儿日常活动中经常出现的问题，有针对性地进行与分享相关的故事设计，这将非常有利于幼儿分享意识的培养，强化幼儿对分享的情感迁移，使幼儿逐步形成分享的意识。

（4）教会幼儿一些必要的交往技能，促进分享行为的产生。有很多幼儿不太会分享或缺乏分享意识，教师要给予适时的引导，针对不同情况，给予不同的建议。皮亚杰指出："一般的同伴交往和具体的同伴冲突是儿童发展视角转换能力的必要条件，是儿童摆脱自我中心的前提。"因此，作为教师，我们更应尽量多为幼儿创造自由交往的机会，鼓励个别幼儿参与集体活动，启发他们相互交流、磋商、协调，引导他们把自己的书和玩具拿出来与其他小朋友一起玩、一起看，在这一过程中，教师要适当引导幼儿进行合作，让他们充分感受到与人交往的乐趣。当孩子之间发生矛盾时，首先要求他们从他人的角度想想，使他们学会考虑别人的感受，形成换位意识，从而克服自我中心，形成与人合作、分享的品质。

（5）家园合作，采取一致的教育态度。首先，教师要做好与家长的沟通、合作，转变家长的育儿观念，家园采取一致的教育态度。家长对幼儿的分享行为要有正确的认识，明确分享行为对幼儿发展的重要性，多了解一些分享行为的教育方法、措施。教师可通过家长会、每月一信、网站沟通等方式把这些信息传递给家长，让家长重视幼儿分享行为方面的教育，并能在平日的生活中有目的地加以实践。其次，家长应做好榜样工作，用自己的言行教育幼儿，让幼儿无论在幼儿园还是在家都能感受到分享所带来的快乐。

分享行为是一种综合性行为，也是社会性行为的一个重要方面。幼儿分享行为的培养并不是一蹴而就的，我们只有通过适当的方法引导幼儿，培养幼儿从被动到自发的分享行为，让幼儿充分体验给予带来的快乐与满足，才能让幼儿最终自觉产生分享行为，为其一生品德、素质的形成打下良好的基础。

（平邑县特殊教育学校幼儿园　牛冬梅）

难题69：交接班时教师之间因沟通不良容易出现问题，怎么办？

【典型案例】

2017年6月，河北省某幼儿园，司机和随车教师在接幼儿入园后便催促幼儿下车，随即将校车开往停车场，将其中一名幼儿遗落在校车上长达6小时，致使幼儿在接近30℃的高温下死亡。

校车司机与随车教师疏于清点人数，随车教师与班主任之间也缺少有效的沟通，以致发生了不该发生的惨剧。

【案例分析】

案例中，幼儿因为教师交接班工作处理不当而死亡。我们在惋惜的同时，应深深地反思自己在工作中的哪些环节做得还不够。交接班工作容易出现问题的原因包括以下几个方面。

（1）教师安全意识薄弱，存在侥幸心理。虽然安全警钟长鸣，但在平时的工作中，有的园长和教师仍存侥幸心理，认为交接班是小事情，不会引起什么大事，或者认为安全事故离我们很远，不去制定完善的幼儿园交接制度，教师之间缺乏有效的沟通。我们常常就是因为一些小事，因为对一些小安全隐患存在侥幸心理，而付出了惨重的代价！一旦事故发生，不但会打乱良好的教学秩序，更严重的会给幼儿和幼儿园带来难以估量的后果与损失。其实，我们只要强化安全意识，在思想上重视安全工作，克服侥幸心理、经验主义，严格遵循交接班制度，最大限度地减少工作失误，就完全可以杜绝安全事故的发生。

（2）交接班工作不明确。幼儿园应根据幼儿一日活动安排和本园的实际情况，制定统一的交接班时间表，明确各班交接班职责，分工到人，而且要经常对交接班情况进行检查，总结经验，改进工作。每个班级的主班教师、配班教师、保育员之间的分工不是工作不分彼此，或是界限太清，而是在明确各自职责的前提下，每个人都优质高效地完成自己的工作。

对我们来说，一个班级就是一个集体，班内教师之间配合得是否和谐直接影响到班级管理的好坏。教师之间就要相互信任、相互帮助、相互提醒、团结合作。

（3）交接班工作不精细。交班教师应认真填写交班记录，包括幼儿情况的简单描述和说明，交接班时间、人员等。比如，午休后教师交接班时，交班者应事先做好有关的准备工作，以负责的态度将每件细小的工作落实到位，并详细地向接班者介绍幼儿的活动情况和健康情况等，接班者应认真听取交班者的情况介绍，清点幼儿人数，做好开展工作的准备。

【应对策略】

为了避免案例中的惨剧再次发生，教师在日常工作中一定要绷紧安全的弦，提高自身的安全意识，高度重视安全工作，做好交接班工作。交接班时的具体做法主要有以下三点。

（1）交接工作制度化。结合幼儿园实际情况，根据幼儿园管理文件要求，制定完善的幼儿园交接班制度，例如早上随车教师与班级教师的交接班制度。班级教师应及时填写幼儿接送记录表，确保不遗漏每一个幼儿。上午班、下午班教师要做好交接，互相沟通，交接班时主动介绍并了解幼儿，配合一致地对幼儿进行体、智、德、美全面发展的教育，及时交流情况，研究解决办法。

教师与家长之间的交接制度要严格执行，尤其是对于新入园幼儿，保教人员在与家长相互熟悉之前要严格凭卡接送制度，所有幼儿应固定专人接送，严禁将幼儿交给陌生人和未得到家长认可委托的人员。同时每一位教师要认真填写交接班记录（参见下表），做到严格执行制度，接班教师要认真检查每一个幼儿的身体状况，幼儿人数与交班记录相符，方可签上自己的名字，切实做到谁签名谁负责。

班级交接班记录

___年___月___日___星期___　　　检查人：_____　　　检查日期：_____

上午	值班教师		配班教师		幼儿人数							
					早晨入园：___名；							
					户外活动前：___名；户外活动后：___名							
晨检	幼儿姓名	幼儿情况										
		精神	发热	口腔	咳嗽	皮肤	腮腺	携带异物	其他	处理情况	家长嘱托	
	其他情况											
健康观察												

续表

	交班幼儿人数			特殊情况交代	
下午	填表教师		配班教师	幼儿人数	
				午睡前：____名；午睡后：____名；户外活动前：____名；户外活动后：____名	
午检情况					
健康观察					
晚接待情况					
班级安全检查	插座 □　　门窗 □　　水电 □　　其他：				

（2）交接工作明确化。教师之间要明确工作任务，既体现分工，又体现合作。教师在交接工作时不可流于表面形式，要把需要交接的内容，如最基本的幼儿人数、幼儿健康状况详细介绍给接班教师，这样既能帮助接班教师做好接下来的工作，又能最大限度地降低安全隐患，把安全工作做到位。

（3）交接工作精细化。在幼儿园一日生活中，教师应处处体现交接工作的细致，根据实际情况做好各种交接班记录。例如：幼儿基本情况（人数、情绪及健康状况、带药情况及对体弱幼儿的照顾等）；幼儿出勤情况及缺席原因；有无事故发生（包括小伤、破皮情况）；家长工作及其他需要备注的工作。

在任何情况下交接班程序都不能简化，交接班记录都不能漏写或补写。

（平邑县特殊教育学校幼儿园　牛冬梅）

难题70：幼儿不愿意参加值日活动，怎么办？

【典型案例】

文文小朋友在幼儿园里不爱劳动，每次轮到她当"值日生"的时候，经常出现这样或那样的偷懒现象。比如，有一次她做"值日生"，我请她把"超市"用抹布擦一擦并整理整理。当我再次去检查"值日生"劳动情况的时候，发现"超市"里早已没有她的人影。我便看了看"超市"的货架，只有第一层货架比较干净（我们的"超市"有三层货架），第二层和第三层根本没有整理……

【案例分析】

孩子为什么会出现不愿参加值日活动、逃避劳动的现象？我们及时进行了反思。

首先，跟家庭环境及家长的教育观有关。经调查，这些幼儿家里都比较杂乱，东西乱放，弄乱也不及时整理；孩子对于妈妈提出的劳动要求一般置之不理；大多数家长"让孩子劳动"的观念不强，有"孩子干不干无所谓""孩子干还不如自己干省事"的思想。家长放任孩子，或对孩子过分溺爱、娇宠，包办代替，没有给孩子锻炼的机会，也未培养孩子自我服务的意识和良好的劳动习惯。

其次，在了解过程中，当我们聊到为什么不愿做值日生时，孩子们都有类似的回答:"当值日生太脏了,我不喜欢干。"很多孩子认为值日劳动脏,认为只有没本事的人才会去干体力活,不尊重其他劳动者。在他们眼里,劳动不再是光荣的,而是避之不及的事情,这也与教师、家长没有及时正面引导、教育有关。

凡此种种,对幼儿个体而言,如果听之任之,他们就会形成懒散、依赖的坏毛病。对幼儿集体而言,便会导致集体观念淡薄,形成不好的班风。所以,这种现象应该引起幼儿园教师和家长的高度重视。

【应对策略】

针对案例中的情况,教师要在幼儿一日生活的各个环节中积极地引导,循序渐进地帮助幼儿养成良好的习惯。

(1)开展值日活动,培养幼儿的责任意识。教师应组织幼儿分组轮流担任值日生,值日时间刚开始可以是一天,时间长了可以是一星期。值日生要协助教师管理并维持班级的良好秩序,保持教室环境的卫生,如在区域活动结束时,值日生要提醒小朋友们把玩具收拾好,物归原处。值日生还要巡视教室,把地上的纸屑捡干净。教师要让幼儿在值日的过程中明确自己的义务,从而培养他们的责任意识。

(2)科学指导幼儿参加值日活动。让孩子做值日生,教师应用温和的语气、商量的口吻,不能以成人的权威强迫孩子,也不能让他们觉得做值日生是一种负担。另外,不要因为孩子"懒惰"就呵斥他们,打击他们的积极性,应该真心赞美他们的优点,比如,文文把第一层货架擦得比较干净,教师就要细心呵护这种做法,使孩子的劳动目的更加明确,更有成就感。

(3)定期对值日生进行评比。全体小朋友都是评委,大家共同评选出优秀的小值日生,由教师和小朋友共同对其进行表彰,帮助幼儿在值日的过程中获得荣誉感,同时让其他小朋友明确什么是做得好、怎样才能做得好,通过榜样的作用,促进其他小朋友也努力做好。

(4)提高家长对值日活动重要性的认识,充分做好家园共育工作。孩子的行为习惯通常是从父母和教师那里学习到的,父母、教师在生活中要向孩子展示良好的习惯，并在家里和幼儿园里培养幼儿的自理能力，让孩子体会到舒适的生活环境需要个人的辛勤劳动来创造。在孩子完成劳动任务时，教师和父母应及时给予表扬和鼓励，积极培养孩子的劳动观念和劳动热情。教师和父母也要尽可能地让劳动变得有趣，从而让孩子愿意参加劳动、主动劳动。

幼儿的社会性教育需要借助于日常生活不断重复，日积月累地形成与巩固，所以我们开展的值日活动，需要把幼儿社会性行为的培养贯穿于生活之中，树立幼儿的自信心、责任感，培养其集体意识。通过家园配合，为幼儿提供持续、一致的行为锻炼机会，使值日活动与幼儿的社会性教育有机结合，促进幼儿全面发展。

（平邑县特殊教育学校幼儿园　牛冬梅）

难题 71：幼儿参加集体活动时纪律混乱，场面失控，怎么办？

【典型案例】

许多新教师都抱怨小班的孩子太小了，教师说什么他们都不听，也听不太懂。在一些集体活动中，无论教师怎样强调规则，纪律还是乱七八糟的，孩子们坐不住，四处跑动，乱喊乱叫，好不容易把他们拉回到小板凳上，1分钟不到，他们立马又开始自顾自地玩起来了。在这个过程中，教师们疲惫不堪，有火发不出，孩子们也很不高兴，因为没能一直自由自在地玩，于是他们开始发脾气，开始打闹，稍不注意就容易造成伤害。

【案例分析】

我们的教育对象是一群三四岁的孩子,他们天真可爱、活泼好动,这时他们的有意注意已经出现了,不过并不完善,虽然他们可以将注意力集中于某一对象,但是注意力维持的时间不长,稳定性差,需要一定的引导。有研究表明,即使在教育条件特别良好的情况下,幼儿的注意力也只能维持3~5分钟,而且注意的广度小,分配和转移能力差。幼儿没有真正了解遵守规则的价值和意义,如上课为什么不能随便说话,取放材料时为什么要有序等待,等等。幼儿还不能自觉地调整自己的行为去遵守集体规则,从而干扰了教学活动的有序进行,影响了活动的有效性。

再者,集体活动一般是在有限的环境和空间内面向全体幼儿进行的。由于幼儿的空间知觉和空间辨认能力较弱,他们在集体活动中不会合理利用空间,经常会发生碰撞、拥挤等无序现象。这既影响了幼儿的情绪,又干扰了活动的正常开展。

另外,教师在集体活动中对幼儿的引导,以及对活动的安排是否合理,也会影响幼儿的表现。

【应对策略】

对待幼儿的混乱表现,如果教师只是无意义地说教、大声喊叫,幼儿会更加充耳不闻。教师必须了解本班幼儿的兴趣,找到幼儿的兴趣点,这样才能随时调整纪律。我们发现,经验丰富的班主任很快就能让混乱的纪律立马好起来。比如,有的教师播放幼儿感兴趣的音乐,以引起幼儿的注意,幼儿听着音乐就会自觉地从混乱状态中停下来,3秒以后,他们都会随音乐摇摆,并追随教师的目光,音乐慢慢成了管理班级纪律的哨声。又如,为了集中幼儿的注意力,有的教师会拿起幼儿喜欢的太空泥等,举起来问:"想要玩吗?"就这一句,幼儿就会眼前一亮,立马安静地等待。看来让幼儿有所期待也是法宝之一。好的活动纪律不但能让教师减轻负担、事半功倍,也能让幼儿学习到很多知识,更能减少意外伤害的发生。当然,为了保证良好的活动纪律,教师在平时应坚持做到以下几个方面。

（1）活动前的准备。

①要提醒孩子上厕所。有些教师一到时间就开始急吼吼地组织活动，这样很不对。小班的幼儿活动前一定要全部去上一次厕所，不然中途很可能会出现孩子吵着要上厕所的情况，即便配班教师静悄悄地单独带着去，纪律也会受到影响。

②无关的东西不要让孩子拿。不要让孩子手上拿糖、玩具之类的东西或者吃东西，不然，孩子的注意力不会集中，也会影响其他孩子。

③要固定班上孩子的位置。这点很重要，每次活动前给孩子一个固定的点，教师可以事先在活动场地贴上即时贴，锻炼孩子记住自己的位置，知道哪个点是自己的，一到活动时间就站在定位点上或者把小板凳搬到自己的点上，这样可以减少不必要的争抢。教师可以让幼儿听音乐排队，安静入场，把排队入场当作一个小游戏，小朋友都很乐意加入，不让他加入他才不开心呢。教师还可以播放音乐歌曲《跟着我》，让孩子在愉快的情绪中进入活动场地，孩子都参与其中，就避免了别的小动作。

④减少消极等待，用拍手游戏组织纪律。活动开始后，谁都不能保证纪律会一直好，中间肯定会有乱的时候，遇到这种情况，教师要及时组织拍手游戏、手指操等，把孩子的注意力拉回来。

（2）合理分享固定空间，巧妙使用自由空间。在集体活动时，教师可以根据活动的需要，组织幼儿围坐成半圆形、马蹄形等，这样的座位便于教师指导、观察幼儿，同时也便于幼儿自如地活动、游戏。当幼儿参与集体游戏时，教师需要提供一定的自由空间，让他们能够与不同的伙伴交往和合作。比如，教师可以带领幼儿讨论："在游戏中，怎样才能顺利找到好朋友？"结合生活经验和学习经验，幼儿可以通过交流得出：在游戏中，要想找到好朋友一起玩，首先要有礼貌，学会与别人友好协商，其次要遵守集体规则，这样别人才愿意和你合作游戏。为了使幼儿学会避让，避免碰撞，教师在幼儿集体活动前应先规定一个合理、安全的空间范围，让每一个幼儿都在教师的视线范围内。

（3）师幼要共同遵守班规。一个班级混乱的原因，往往是因为幼儿不知道该做什么、教师的期望是什么。教师应和幼儿共同讨论：哪些行为是班级所接受和赞赏的？哪些行为是班级所不允许的、应该禁止的？违反班规的结果如何？教师要尽量让每一个幼儿都有参与讨论、表达意见的机会，然后根据讨论的结果，师生共同规划、制定全班遵守的班级常规。班规一经制定就要共同遵守，教师也不例外，若班规改变，也需要征得大家的同意。

由于幼儿大脑皮层抑制机能的发育尚未完善，教师在规定幼儿遵守班规时，可由枯燥、单调的语言提示转化为隐性的环境提示。如：班级内用图画标明各个活动区域及相关规则；在游戏场地贴上行车路线、斑马线，提示幼儿遵守交通规则；对于年龄小的幼儿，用标记告诉他们坐半圆的位置，等等。这种方法可避免幼儿因无事可干而吵闹，也可避免教师的过多指挥和干预，让幼儿明白在什么地方干什么事，使各项活动互不干扰、有序地进行。

（4）要尊重幼儿的学习方式和学习特点。端坐静听不是幼儿适宜的活动方式，因此活动安排应动静交替、张弛结合，最大限度地满足并支持幼儿通过直接感知、实际操作和亲身体验获取经验的需要，确保活动不但能调动幼儿的各种感官，使幼儿在自主、愉快的氛围中获得知识和技能，而且能促进幼儿逻辑思维的发展。

（5）正面引导，及时鼓励。集体活动时，教师要及时肯定、表扬那些表现好的孩子，鼓励其他孩子向他们学习。教师还可以准备一些小贴画、小红花等奖励给他们，这样孩子活动的积极性会更高，会自觉地做得更好。

（平邑县特殊教育学校幼儿园　牛冬梅）

第八章

破解关于教师人际关系的 9 个难题

作为幼儿园教师的你,每天和孩子们斗智斗勇,一天下来是不是会感觉到身心俱疲?如果再和某个老师闹矛盾,或者某个老师向园长告你的黑状,抑或遇到同事非议他人不知如何应对等情况,是不是会让你更加焦头烂额、纠结烦闷呢?本章"破解关于教师人际关系的 9 个难题",会为我们送上一把开启教师之间和谐人际关系的金钥匙,指引我们在幼教这条道路上走得更加自信、更加坚定!

难题72：主班教师与配班教师意见不一致，怎么办？

【典型案例】

案例一：下周就是大一班承担升旗活动的时间了，因为是第一次承担升旗活动，所以升旗手、护旗手和国旗下讲话的小朋友都需要提前准备和练习。国旗下讲话的任务由小朋友们根据自愿报名的顺序轮流承担，第一个报名的是章军。主班唐老师认为，章军平时胆小、不善表达，而国旗下讲话恰恰是锻炼的好机会，于是便决定让章军小朋友承担第一次国旗下讲话的任务；配班高老师却持反对意见，认为章军的语言表达能力很差，话都说不连贯，不能较好地完成国旗下讲话的任务。两人各执己见。

案例二：活动室内轻盈欢快的音乐响起，区域活动时间结束了，孩子们放下手里的材料，开始收拾归位。不一会儿，大多数小朋友很快收拾完毕，准备吃加点，只有建构区的4个小朋友还没有整理完。这时，主班唐老师发现他们虽然有点慢，但是都在认真地整理，想到之前好几次这几位小朋友搭建结束后没整理完就跑开了，于是趁机说道："你们整理得这么认真呀，我把水果给你们留着，等你们整理完了再吃吧？""嗯，好的！"4个小朋友非常愉快地答应着，然后继续整理。配班高老师看见了，抱怨道："他们动作这么慢，再不赶快把材料收起来会影响抬床的呀！"高老师显然内心不服，也很不耐烦。（幼儿园为了充分利用活动空间，便把幼儿休息室作为区域活动场地的一部分，所以，区域活动结束后就要把材料整理归位，然后把小床摆开。）

案例三：午餐时间，孩子们津津有味地吃着香喷喷的饭菜，这时，思思小朋友拿着啃完的骨头准备扔到垃圾桶里。主班唐老师发现了，提示思思先把骨头放在餐盘里，等饭菜吃完后再倒进垃圾桶。思思无辜地说："是高老师让我扔到垃圾桶里的。"说完，思思站在原地不知所措……

【案例分析】

在幼儿园一日生活中，每个环节都需要主班教师和配班教师协调配合，步调一致，才能保证保教质量。如果主、配班教师观念不同，对许多事情的看法和意见都不一致，难以达成教育共识，长此以往就会影响幼儿健全人格的培养和长远发展，也影响班级教师之间的团结，从而阻滞班级各项工作的开展。案例中，主班唐老师和配班高老师因为一些小事发生了意见分歧，无法达成共识，虽然表面上看起来这仅仅是幼儿园一日活动中的点滴小事，但是对幼儿的影响却是不可低估的。

造成主班教师和配班教师意见不一致的原因，主要在于以下几个方面。

（1）相互之间缺乏沟通。幼儿园班级工作是由主班教师和配班教师交替合作完成的，如果二者不能及时沟通，就很容易出现意见不一致等问题，引发不必要的矛盾。

（2）教育理念不同。由于每位教师的学习经历和工作经验不一样，所以教师之间的教育理念也存在着差异，在不同理念指导下的行为必然有冲突，也容易出现意见不一致的情况。

（3）自我意识太强。自我意识强的人往往比较主观，不愿意接受别人的意见，只想按自己的思想、意识、行为处事，这样在与他人合作的过程中就容易出现意见不一致的情况。

（4）缺乏集体观念。在幼儿园中，班级是基本的集体单位，一个班级的保教质量很大程度上取决于班级教师之间的配合程度。如果教师缺乏集体观念，过分夸大或贬低自身的价值，不能和班级其他教师保持一致，就会严重影响班级活动的开展，这也是自我意识强的人容易出现的问题。

幼儿园教育要遵从一致性原则，3—6岁正是幼儿规则意识萌芽和建立的关键时期，而幼儿规则意识的培养和建立则依赖于一日生活中教师的言传身教和潜移默化的影响。所以，只有主班教师和配班教师对幼儿各方面的要求一致，为幼儿营造安全、温馨、和谐的心理和物质环境，才能有助于幼儿建立良好的规则意识，从而形成良好的班级常规。另外，《指南》中提出，要

"尊重幼儿发展的个体差异……支持和引导他们从原有水平向更高水平发展"，案例一和案例二中唐老师的做法显然是遵循这些原则的表现。

【应对策略】

幼儿园的工作性质决定了主班教师和配班教师之间只有达成教育共识，保持一致，心往一块儿想，劲儿往一处使，才能使幼儿形成良好的秩序感，促进班级各项工作的顺利开展。

（1）加强沟通。班级教师之间要多交流、多沟通，遇到问题一起想办法，在交流、协商的过程中统一认识。例如案例二中，唐老师可以主动跟配班高老师沟通，"这4位小朋友今天整理得特别认真，再给他们延长5分钟时间好吧？"这样的话语，既尊重了配班高老师的工作，又是对幼儿当下行为的肯定。

（2）以幼儿为本。遇到问题时，要从幼儿发展的角度出发来分析和解决问题，如果教师们能够做到这一点，就会很容易达成教育共识。例如案例一中，如果配班高老师也能树立并遵循"以幼儿为本"的教育理念，就能意识到国旗下讲话不是演讲比赛，而是幼儿园为每位幼儿搭建的成长平台，章军虽然表达能力稍弱，但是他愿意主动参与活动，在参与的过程中他能锻炼和提高自己的语言表达能力，增强自信心，这样一来，高老师自然也能理解和赞同主班唐老师的做法，这也是尊重个体差异、促进教育公平的体现。

（3）增强合作意识。幼儿园主班教师和配班教师虽然都有各自明确的分工和岗位职责，但是幼儿园工作强调保教一体，所以，工作中人人都要增强合作意识，分工不分家，共同做好一日生活中的保教工作。

（4）加强集体观念。班级是一个小集体，每位教师都是班集体的一分子，如果都能优先考虑班级的集体利益，发生问题时就会更容易解决。

（5）提升专业素养。专业素养决定着教师的处事方式和能力，所以，专业素养提高了，班级教师之间也就不容易发生分歧。教师在提高自身专业能力的同时，应学会换位思考，理解其他教师的工作。作为配班教师，也要学习和了解幼儿的发展规律与特点，这样才能和主班教师达成共识，更好地实施保教一体。

（6）主班教师要发挥核心作用。主班教师是一个班集体的核心。作为主班教师，首先要身先士卒，发挥示范带头作用，带动配班教师共同成长。其次，主班教师要有凝聚力，能够让班级成员团结一心，同甘共苦。最后，主班教师要有组织管理能力，善于调动班级成员的积极性和主动性，组织开展各项活动。

（临沂市妇联文知星幼儿园　朱翠玲）

难题 73：年轻教师的观念与老教师的经验做法发生冲突，怎么办？

【典型案例】

案例一：杨老师带班 20 多年，工作勤恳，经验丰富，和她搭班的是年轻有活力的新进大学生王老师。在班级"绘画教学活动中要不要给幼儿提供范画"的问题上，小王老师的观点是："绘画是培养幼儿想象力和创造力的艺术活动，不需要提供范画，那样会限制幼儿的想象与创造，呈现出来的作品只会是千篇一律。"而杨老师则认为："绘画虽然是一项创造性艺术活动，但是创造也必须以大量的模仿为基础，也需要技能来表达，而且根据我多年的经验，幼儿根据范画画出来的作品好看多了。"两个人的观点明显不同。

案例二：户外活动时，杨老师和小王老师一起带孩子们在沙水区玩游戏。马凯乐和张洋两位小朋友一起玩沙时发生了争执，于是，马凯乐抓起一把沙子撒向张洋，撒得张洋满头满脸都是沙子。小王老师发现后及时制止了马凯乐的行为，杨老师帮张洋清理了身上的沙子。清理完毕后，杨老师对小王老师说："王老师，下午离园时你和张洋小朋友的家长沟通一下，向张洋的家长说明事情的原委，提示家长回家后给张洋洗洗澡。"小王老师听了，不以为意地说："这点小事不需要跟家长沟通吧。"

案例三：小班的孩子自理能力普遍较差，有的不会穿衣服，有的不会叠被子，有的甚至不会喝水。每当发现孩子不会穿衣服时，经验丰富的杨老师就会马上来到孩子身边，非常耐心地帮孩子穿好衣服，而在这个过程中孩子一动不动，享受着杨老师的"贴心服务"。年轻的小王老师发现杨老师这么"热心"，认为：表面上看起来这样显得老师很细心、很爱孩子，但其实是在变相剥夺孩子们的成长机会。于是，小王老师对杨老师说："杨老师，以后您就让他自己多试试吧。"可是，每次当孩子们遇到困难时，杨老师总是毫不犹豫地伸出援助之手。为此，小王老师和杨老师经常会产生一些小矛盾，不仅影响心情，而且影响工作。

【案例分析】

年轻教师和老教师所处的生活环境、时代背景以及接受的教育不同。年轻教师善于接受新事物，吸收新观念，而老教师则容易固守已有经验，工作中的创新意识不强。

案例中的杨老师是一位具有多年工作经验的老教师，而王老师则是一位刚刚参加工作的年轻教师，她们在处理幼儿的问题时表现出了明显的差异。她们在教育理念方面明显不同，王老师主张让幼儿用自己的方式表达、表现，注重个性化发展，而杨老师则相对保守，更看重教的效果。在处理幼儿撒沙子的问题时，具有多年工作经验的杨老师表现出了经验优势，工作细心并深谙家园及时沟通的重要性。而在对待幼儿自理能力差的问题上，年轻的王老师的教育观念则更加科学。

年轻教师的观念和老教师的经验做法容易发生冲突的原因可概括为以下三个方面。

（1）知识层次不同。年轻教师和老教师知识层次不同，看问题的角度也不同，所以容易发生冲突。

（2）思想观念不同。年轻教师和老教师所处的年代和环境不同，思想观念也不一样，所以容易发生冲突。

（3）经验多少不同。年轻教师工作经验相对较少，虽然敢于尝试新方法，勇于创新和探究，但是看问题往往容易片面化；而老教师工作经验相对丰富，也比较有爱心和耐心，遇到问题考虑较全面，但是又往往习惯用经验判断问题，不愿走入孩子的内心，只关注孩子的短期效应等。所以，这也是年轻教师和老教师之间发生冲突的原因。

【应对策略】

每个幼儿园都会有不同年龄层和不同类型的教师。老教师虽然经验丰富，但是有时做法不一定符合先进科学的幼教理念，年轻教师相对来说文化知识水平较高，但是缺乏实践经验。所以在工作过程中，年轻教师和老教师共事，既要善于发挥各自的优势，又要多与对方沟通交流，善于学习他人之长，取长补短，优势互补，这样才能避免发生冲突。具体策略主要包括以下几个方面。

（1）双方主动交流。年轻教师要谦虚地、主动地向老教师请教，学习老教师好的经验做法，促进自身的快速成长。老教师也要放低姿态，学习和吸收年轻教师的科学教育理念和创新精神。双方通过主动交流，互相取长补短，实现共同成长。

（2）增强学习意识。无论是年轻教师还是老教师，都要树立不断学习的意识，既要学习专业知识，也要涉猎其他领域的知识，以拓宽视野，与时俱进。

（3）转变思想观念。年轻教师和老教师要通过学习、交流，及时转变教育观念，掌握科学的教育理念和方法，这样有助于避免冲突。

（4）用事实说话。当年轻教师的思想观念和老教师的经验做法发生冲突时，如果没有明确的好与坏或对与错的判别，双方可以暂时保留意见，并在实践中观察总结，等双方取得实际效果后再交流探讨。

（5）冲突案例研讨。当年轻教师的思想观念和老教师的经验做法发生矛盾时，可以把这个问题作为案例组织新老教师进行集体研讨，让大家在宽松的氛围中畅所欲言，各抒己见，最终形成一致认识。

如以案例三为例，可采取"三步法"开展交流研讨：

第一步，观看视频，提出问题："你看到视频中的教师在做什么？"

第二步，充分交流，大胆表达自己的观点，提出问题："你认为哪位教师的做法更合适？为什么？"

第三步，提出问题："如果是你，你会怎么做？"梳理并记录教师的做法，形成策略。

以园内教师作为案例进行研讨时，要遵循"对事不对人"的原则，尤其是对有反面倾向的案例要特别注意：必须要征求教师本人的意愿，征得同意后，方可作为案例进行研讨。

（临沂市妇联文知星幼儿园　刘彦芝）

难题 74：同事在背后非议其他同事或领导，怎么办？

【典型案例】

案例一：下班了，苗老师收拾好东西准备回家，经过小七班门口时，看见吴老师和金老师正在忙着什么，于是主动过去打招呼说："下班了，你们还忙什么呢？回家吧！"吴老师羡慕而又愤愤不平地说："你们多好，三个老师每天都在教室里，有点任务很快就能完成，也不用加班，我们还有一大堆活儿呢，得干完再走！"金老师接着抱怨道："唉，谁让我们摊上个'优秀的班主任'呢，天天往领导办公室跑，也不知道到底在忙什么！""是呀，本来三个人的活儿其实只有我们俩干，最后，我们什么也不是，人家照样这奖那优秀的！""唉，苗老师，如果你摊上这样的搭档，你愿意呀？"……吴老师和金老师就这样你一句我一句地说着，弄得苗老师接话也不是不接话也不是。正好这时候苗老师的手机响了，她忙说："孩子放学了，我得赶紧去接孩子了，你们忙啊。"说着，苗老师赶紧逃离了这个尴尬的境地。

案例二：有个别家长反映，"幼儿园现在的放学时间比我们下班时间早，没时间来接孩子"，所以，为了方便家长，更好地服务家长，幼儿园决定修改作息时间，把离园时间由原来的5点半调整为6点。调整作息时间的通知刚刚发出，老师们马上议论纷纷，怨声载道。午餐时间，老师们在餐厅吃饭，孙老师和周老师、冯老师等几位老师围坐在一起，一边吃一边又聊起了调整作息时间的事儿。周老师抱怨说："现在才2月份，修改作息时间后，下班时间比原来又晚了半个小时呢，6点才开始离园，等所有家长接完孩子那得几点！还让不让老师回家了！"冯老师接着说："是呀，再说寒假前刚刚推迟了30分钟，再推迟30分钟，实在是太晚了！""唉，听说反映离园早的这位家长是某某单位的领导，可不敢轻易得罪呀！"高老师神秘地说，"幼儿园虽然是服务型机构，但是也不能因为个别家长反映离园早，就调整作息时间，侵犯咱们所有老师的权益吧！大家说对吧？！""一点儿原则都没有，作为领导，应该首先维护教职工的集体利益才是呀！你说呢，孙老师？"孙老师听了，不知如何应答，只好尴尬地笑笑。

【案例分析】

从案例一中的描述，我们可以看出，小七班的吴老师和金老师对与之搭班的班主任强烈不满，如：抱怨班主任撇开班级工作而忙其他事务；认为自己的工作量加大却没有得到相应的回报；班主任不管班里的事情，却得到了奖励和荣誉，等等。案例二中，修改作息时间是幼儿园根据季节变化和幼儿作息规律而进行的常规性和必要性调整，那么为什么老师们对这次调整作息时间的事情反应如此强烈呢？第一，调整作息时间的次数稍多，而且时间点不在季节交替期内；第二，教师认为，推迟离园时间等于增加了工作时间，也就是加大了教师的工作量，侵犯了教师的合法权益；第三，调整作息时间的理由让教师不认同。虽然案例一和案例二描述的事件不同，但是所反映出的问题却是一致的，即都是某教师遇到同事在背后非议其他同事或领导，案例中的苗老师和孙老师面对这种情况分别采取了逃避和回避的方式，显然这样做是不合适的，不利于问题的解决。

幼儿园是一个大家庭，而家庭中的成员却来自四面八方，每位成员的性格素养、兴趣爱好、为人处事的方式等也不尽相同，甚至千差万别，这就难免会引发同事或上下级之间的矛盾和非议。那么，引发同事在背后非议其他同事或领导的原因是什么呢？大致包括以下几点。

（1）有失公开、公平、公正。公开、公平、公正是任何一个单位内部同事之间关系协调的基础。如果违背了这一原则，尤其是公平和公正，势必引发不必要的误会，也容易引发同事尤其是同事和领导之间的矛盾和非议。

（2）缺乏沟通渠道。幼儿园一日工作流程烦琐且无空隙，教师从早上入园开始一直到离园，将全部精力都用在孩子身上。教师和教师之间，领导和教师之间，除了集体会议或研讨活动，几乎没有机会坐在一起心无城府地交流，教师的情绪和不解无法宣泄，也容易出现背后非议他人的情况。

（3）缺乏了解和信任。同事之间虽然朝夕相处，但是大家看到的只是表面现象，很多时候缺乏真正的了解，无法建立信任，就很容易因平常小事而引发误会。

（4）缺乏同理心。幼儿园作为一个集体单位，每个人的角色、岗位职责有所不同，所以看问题、分析问题以及解决问题的角度也就不同。如果缺乏同理心，就无法设身处地地为他人着想，当然也就无法理解他人的做法，自然会引发非议。

【应对策略】

幼儿园教师不仅要具备科学的幼教理念、较强的专业技能，还要善于处理三大关系，即师幼关系、家园关系和同事关系。同事关系的和谐、融洽程度直接影响着我们工作的心情、效率和幸福指数。如案例一中，吴老师和金老师因为与班主任之间缺乏理解和沟通，心中各有不满，每天带着这样的心情工作，效率可想而知。特别是尴尬的苗老师，面对两位同事对班主任的非议，真的是左右为难。又如案例二中描述的场景，作为幼儿园教师，我们可能都遇到过类似的情景，不仅是孙老师，任何一位教师面对同事在背后非议领导都会感到很尴尬。这些情况看似只是"闲言碎语""情绪发泄",日积月累,就会影响和阻滞整个幼儿园的发展。所以,当遇到同事在背后非议其他同事或领导时,我们要善于巧妙地运用小策略,化解矛盾,排除非议。

(1)胸怀大局,心系集体。当遇到同事在背后非议其他同事或领导时,首先要以大局为重,从幼儿园的整体利益出发,想办法解决问题。因为每一位教师都是幼儿园这个大家庭中的一分子,可以说是"一荣俱荣,一损俱损"。

(2)阐明真相,消除误解。因为不知道,所以才无端猜疑;因为不明白,所以才产生误解。作为同事,如果知道被非议事件的真相,就应该站在客观、公平、公正的立场,向同事讲明事情的来龙去脉,消除误解,这样非议现象慢慢就会消失。

(3)客观分析,换位思考。当遇到案例中类似的非议情况时,作为知情者,要从中立者的角度,以维护集体利益为前提,帮助同事客观地分析事件,措辞公正、婉转地表达被非议者的良苦用心,引导双方换位思考,促进相互理解。

(4)加强沟通,增进感情。寻找并利用合适的机会,促进非议者和被非议者沟通交流,加深同事之间的了解,形成工作上相互帮助、生活上相互关心的和谐、融洽的同事关系。

(临沂市妇联文知星幼儿园 朱翠玲)

难题 75:遇到问题时同事推卸责任,怎么办?

【典型案例】

案例一:户外自由活动时间,主班龚老师和配班申老师带领孩子们在攀爬区和沙水区玩游戏。就在龚老师帮助一位胆小的小女孩爬下攀爬架时,身后一阵哭声传来，龚老师回头一看，只见佳豪小朋友蹲在不远处哇哇大哭，额头流着血，几位小朋友惊慌失措地喊着："龚老师，龚老师，佳豪的头破了！"龚老师马上找来保健医生，保健医生查看了佳豪的伤情后认为需要缝针，于是龚老师第一时间把情况报告了园长，接着马上和佳豪的家长取得联系。根据家长的意愿，龚老师和分管园长一起开车带佳豪到医院接受治疗。

后来，园领导找两位老师了解情况，申老师却说："我一直和孩子们在沙水区，而龚老师一直在攀爬区。我不知道发生了什么。"最后，领导建议两位老师一起去佳豪家里看看孩子表示关心，申老师却理直气壮地说："佳豪又不是在我旁边受的伤，我凭什么去看他！"

案例二：新学期开始了，为了使幼儿园以一个崭新、丰富且富有吸引力的面貌迎接孩子们，园领导要求每个班按照新学期的计划对室内外环境进行创设，并要求一周内完成。一周后，其他班级都顺利完成了环创任务，只有大四班没有完成。园领导找大四班教师谈话，了解原因，大四班的白老师说："蔡老师刚刚分到我们班，又没有工作经验，什么都不会。要不是因为她，我们早就完成任务了！"蔡老师知道了这件事，虽然心中不悦，但是，因为刚刚进入班级，也不好辩驳。后来，在搭班工作的过程中，遇到问题时白老师总是想方设法把责任推得一干二净，导致同事之间关系紧张，班级工作也非常被动。

【案例分析】

幼儿园的工作性质决定了教师不仅要承担繁多的工作任务，而且要随时面对可能发生的意外事件。如案例一中，户外活动时，虽然两位教师都在现场，而且都各负其责地关注着孩子，但是佳豪小朋友还是意外磕伤了头部。后来经过调查了解，原来是因为佳豪自己在跑的过程中回头看其他小朋友，不小心撞到了滑梯的柱子上，把额头磕伤了。像这样的安全事故在幼儿园里很难避免，如果事故已经发生，作为教师，应该根据具体情况妥善处理好各项工作，尽量减少伤害，缩小影响。而申老师明显是在推卸责任。案例二中，正常情况下，园领导分配班级教师时都会进行综合考虑，不会出现太大差距，白老师因为没有按时完成环创任务而将其归咎于刚进班的蔡老师，显然她的态度是一种推卸责任的表现。

一般情况下，教师推卸责任的原因主要有以下几种。

（1）自私自利思想作祟。自私自利思想严重的教师遇到问题时，首先会考虑自身的利益，担心自己的利益受到损害，所以会推卸责任。如案例一中，申老师大概是因为担心安全事故会影响自己的绩效成绩和评优树先，所以才推卸责任。

（2）与同事有矛盾，故意逃避。在幼儿园的工作中，难免会因为一些事情导致同事之间产生矛盾，当和有矛盾的同事合作时，可能会出现推卸责任的现象。

（3）自身懒散，消极怠工。幼儿园的工作是烦琐而忙碌的，而每个人对工作的态度不同，有的人积极主动，有的人消极被动。如案例二中，白老师的表现显然是不积极的。

（4）倚老卖老，欺负新人。许多老教师在工作多年以后，会产生职业倦怠的现象。当新教师入职的时候，他们会借着"培养""锻炼"新教师的名义，把许多自己不愿做的事情安排给新教师，这也是推卸责任的一种表现。案例二中白老师的言行也反映出这方面的原因。

【应对策略】

幼儿园工作不同于其他教育阶段的工作，工作性质要求保教并重，保教合一，教师既要肩负教育和保育的双重责任，又要完成各项活动，还要协调好各方面的关系，所以，在工作过程中难免会遇到这样或那样的问题。作为一名有责任心、有良好职业道德修养的幼儿园教师，遇到问题时要勇于承担责任并妥善处理，在任何情况下推卸责任的行为都是不可取的，这样不仅影响工作，而且容易产生和激化矛盾，不利于自身和幼儿园的发展。为了避免遇到问题时同事推卸责任的情况发生，建议从幼儿园和教师两个方面着手采取合理的措施。

（1）幼儿园的合理措施。

①明确分工和岗位职责。幼儿园要有完善的管理制度，明确每位教师的具体分工和每个岗位的任务、职责，同时做到分工不分家，各负其责，互助合作。

②建立激励机制。如果说"好孩子是夸出来的"，那么同理，"好老师是鼓励出来的"。所以，幼儿园要建立激励机制，鼓励教师负责任的行为，一旦出现问题，要多分析原因，而不是一味地去追究谁的责任，更不可因为一点不可避免的意外事故而采取惩罚措施。

③维护教师的自身利益。当出现涉及教师利益的问题时，幼儿园要积极维护教师的自身利益和合法权益。类似案例一的情况，幼儿在园内发生意外事故，而当时当班教师并没有失职渎职、玩忽职守，如果家长对当班教师不依不饶，幼儿园就应该主动承担起意外事故的主要责任，向家长说明事情的原委，积极和家长沟通，这样既维护了教师的自身利益，又有利于问题的解决。

（2）教师的明智做法。

①有理有据，主动担责。遇到问题时如果同事推卸责任，教师首先要明确有关规章制度和责任划分，主动承担相应的责任并积极和同事交流。类似案例一中描述的问题，两位教师共同带班进行户外活动，如果发生幼儿意外磕碰的事件，主班教师应站在"我是主班教师，我应该承担大部分责任"的角度，而配班教师也要意识到"两个人共同带班，我也有责任"，这样就有利于问题的解决，也能促进关系融洽，使同事间更好地合作共事。

②化解矛盾，和谐共处。如果是因为同事之间有矛盾而发生推卸责任的情况，就应该想办法缓解和消除矛盾。关系融洽了，在合作共事的过程中也就不容易发生推卸责任的现象。

总之，和谐的同事关系、积极的工作态度、敢于担当的责任意识，会让我们在工作中充满激情，也让我们体验到工作的乐趣。这些正能量也必然会影响我们身边的同事，在这样一个和谐、愉快的环境中，相信谁也不会轻易推卸责任，而会相互理解、相互包容、相互关爱、主动担责！

（临沂市妇联文知星幼儿园　朱翠玲）

难题76：面对同事之间的矛盾冲突，怎么办？

【典型案例】

新的学期里，王老师、李老师和新入职的小张老师被分到一个班级。王老师性格开朗，做事情总是急性子，想到什么做什么。而李老师恰好相反，性格有些内向，做事情比较稳重，喜欢按部就班、有条不紊地进行。两人在工作中经常产生一些小摩擦。这天下午，王老师送走最后一名幼儿后，来到教室对李老师说："李老师，我看了天气预报，明天上午的天气不错，你明天早些来幼儿园，我们带孩子一起去种植园采摘玉米！"李老师皱了下眉头说："明天早上按照周计划，是你的语言教学活动，我是晚班，我安排别的事情了。"王老师一听不大高兴了，说道："不就是让你比平时早来一会儿吗？少睡一会儿也没什么影响吧！我的语言课我自己会补上。为了班级孩子们的活动，你就不能牺牲点个人时间吗？又不是让你天天早来！"李老师听王老师说了这番话，非常生气，拿着包什么也没说，转身就走了……小张老师看到她俩发生了争执，不知道该怎么办。

【案例分析】

幼儿园是一个以女同志为主的单位，女同志感情细腻、敏感，往往会因一些事情而引起情感上的波动。如果对一些小事不能正确地对待和有效地沟通，就容易形成沟壑，产生矛盾，进而影响工作。

在幼儿园工作中，同事相处难免会产生这样那样的分歧或矛盾。分析其原因，主要有以下几种情况。

（1）缺乏有效沟通和沟通技巧是产生矛盾的主要原因之一。就像案例中的王老师和李老师，她们围绕第二天的活动安排发生了争执。如果王老师问一下李老师："你明天有什么安排？事情是不是非常重要？如果非常重要，我们可以把活动推迟一两天。如果不是很重要，你能不能早来一会儿？"王老师若以柔和的、"商量式"的语气，而不是生硬的、"命令式"的语气，与李老师进行沟通，李老师就不会非常生气地转身离开。当然，李老师如果能把自己的想法表达出来，告诉王老师明天她真的有很重要的事情，相信王老师也一定会调整活动安排的。

（2）个人性格和处事风格的差异，会引发矛盾。有的教师做事一丝不苟，追求细节，有的教师却大大咧咧，不拘小节，他们在工作中易产生矛盾。案例中的王老师做事雷厉风行，属于急性子，而李老师做事循规蹈矩，属于慢性子，这两种处事风格不同的人在遇到事情的时候很容易产生矛盾。

（3）对工作的态度不同，会导致分歧的产生。有的教师把幼儿园工作看作一个纯粹的谋生职业，而有的教师则认为，幼儿教育工作不仅是一份职业，更是一项关系到幼儿能否得到良好教育的事业，是一种责任和个人对美好职业价值的追求。由于看法不同，大家在工作的时候，对待工作的态度和情绪就会存在明显的差异，工作中也就很容易产生分歧、矛盾。

（4）教育观念上的差异，也很容易导致教师之间产生分歧与矛盾。例如，有的教师认为对待幼儿应该严厉些，在教育方法上强调教师要管得多、教得多，特别强调幼儿要听老师的话。但有的教师认为要给孩子自主与自由的空间，教师更多的是启发、引导和支持，要有耐心，懂得等待。双方在观念上存在差异，如果长时间缺乏有效沟通且认识达不到统一，那么他们在工作中难免会因各执一词甚至各做一套而产生分歧。

当遇到同事间发生矛盾的时候，作为旁观者，我们经常会觉得不好处理，其原因主要有以下两点。

首先，发生冲突的时候，双方可能都处在心情不好的状态中，都觉得自己是正确的，想获得他人的理解和支持。而作为旁观者，在这个时候如果处理不当，就有可能会使其中一方产生误会，从而加剧矛盾，甚至把自己拉入纠纷中。

其次，作为旁观者，我们可能不是很了解双方产生矛盾和冲突的详细经过,或者说产生本次矛盾的背后是不是还有其他原因。由于不了解或者心有顾虑,因此我们经常会觉得不好处理。

【应对策略】

在幼儿园里,同事间发生矛盾冲突是一种中性的社会现象,其结果如何在很大程度上取决于我们如何看待和管理它。一个冲突问题如果处理得当,可以促进教师间的相互理解,使教师学会更好地相处与合作,增强教师间的凝聚力;如果处理不当,就会产生相反的结果。那么面对同事间的矛盾冲突,作为旁观者,我们该怎么办呢?

首先,尝试做一名积极的协调者。因为大家每天在一起共事,如果矛盾不能消除,在今后的工作中,大家都会觉得不舒服,不利于班级工作的开展。所以,我们可以尝试和冲突双方进行单独的沟通,在了解事情的原委和彼此的想法后,搭起冲突双方沟通的桥梁,从而大事化小,小事化了。就像案例中的小张老师,面对王老师和李老师的冲突,可以等双方冷静下来后,选一个合适的时间段,与王老师、李老师进行单独的沟通。了解事情的详细经过后,小张老师可以告诉王老师:"王老师,李老师明天上午打算带孩子去医院打防疫针,因为孩子打防疫针有预约的时间,所以她才没同意你的计划。"同时可以告诉李老师:"李老师,王老师不知道你要带孩子去打防疫针。昨天户外活动的时候,孩子们发现采摘园里的玉米成熟了,都想去采摘玉米,所以王老师才临时做出明天早上采摘玉米的决定。"相信王老师和李老师在了解了彼此的想法后,会达成谅解,不让矛盾冲突影响今后的工作。

其次,如果在我们周围或者班级里,有同事因为性格或处事风格不同容易发生矛盾冲突,作为旁观者,我们可以有意识地避免双方的冲突,在工作中营造轻松、愉悦的氛围。在协商事情或者遇到问题的时候,可以引导双方征求并听取彼此的意见和想法,大家敞开心扉,畅所欲言,在讨论中寻求问题解决的最佳方案,这样我们就有可能把矛盾冲突扼杀在摇篮中。

当然,面对同事间的矛盾冲突,有些时候我们不知道该如何处理或者觉得自己处理经验不足,也可以采用冷处理法,不要介入双方的纠纷,避免出现激化矛盾或者把自己卷入纠纷的现象。因为大家都是成年人，都有自己的判断和思考能力，待发生冲突的双方都冷静下来以后，为了今后工作的顺利开展，他们自己就会主动寻求和解的时机与方法。

（临沂市妇联文知星幼儿园　张振天）

难题77：发现有人到领导那里投诉你或者打你的小报告，怎么办？

【典型案例】

下午放学后，园长说想和我聊聊天，让我去办公室等她。我不知道是什么事情。来到办公室后，园长和我聊了聊最近幼儿学习和生活的状态，然后问了问我最近工作压力是不是有点大。我不知道园长是什么意思，所以就回答："班级的各项工作有条不紊地进行，除了下周的公开课，没有什么压力。"园长笑了笑说道："王老师，在工作中如果有压力一定要学会释放，不要把情绪发在孩子身上，这点你要注意一些！想一想，你最近对待孩子的时候有没有出现过不当的行为？"我听了之后感觉莫名其妙，于是回答："园长，我不理解您的意思……"园长笑了笑说："我也是听其他老师反映的。你想一想，今天中午吃饭的时候，别的小朋友都安静地吃饭，只有桐桐小朋友一个人坐在钢琴旁大哭，是怎么回事？"

我一听，园长原来说的是桐桐中午吃饭哭了的事情，就把事情的经过向园长解释了一下。今天中午准备吃饭的时候，桐桐忽然觉得肚子很疼，来到老师们身边大声地哭了起来。当时，李老师正在忙着给孩子们盛饭，刘老师在组织幼儿活动，我作为配班老师，带桐桐去了医务室，保健医生建议给桐桐的家长打电话，把桐桐接回家观察治疗。回到教室，我们安抚了一下桐桐的情绪。桐桐不哭了以后，我让桐桐坐在离我很近的钢琴旁边等她妈妈来接她，然后我就去给其他的孩子添饭。就在这个时候，隔壁班的陈老师来我们班借剪刀用，当陈老师推门进来的时候，桐桐以为是自己的妈妈来了，结果一看不是妈妈，就情绪失控地大声哭了起来……

听完我的解释之后，园长笑了笑说："哦，原来是这个情况啊！我知道了，王老师。"

【案例分析】

打小报告是指暗地里向领导反映别人的问题。在幼儿园的工作和生活中，有时会听到有关某位老师被人打小报告的消息，其实打小报告这种行为也不是全错，如果同事的行为影响到你的工作、利益或者幼儿园的发展等，在与对方沟通无果的情况下，为了维护正当的权益，可以打小报告。但是，如果为了打击报复某个人、获取不当的利益，这种打小报告的行为就是我们要抵制的了。那么在幼儿园的工作、生活中，有哪些因素会诱发同事向领导打小报告呢？

（1）对同事的行为产生质疑，但是又担心直接指出来会影响同事关系。就像案例中王老师遇到的情况，有可能是陈老师觉得王老师在处理桐桐小朋友吃饭的问题上有不妥的地方，但是碍于不是自己班级的孩子或者担心当事人不高兴，所以就按照自己的猜测反映给了园长。

（2）出于恶意报复、嫉妒他人或者摆脱责任等不良目的而打小报告。如，有的教师出于对同事工作能力的嫉妒或者因私人的一些矛盾，故意无中生有或者夸大其词向领导打小报告。

除了上述因素外，幼儿园的工作氛围不够民主，幼儿园教师自身的职业认知不够科学，同事之间的关系不够融洽等也会导致打小报告现象的出现。

【应对策略】

在幼儿园里，如果发现有人在领导面前打自己的小报告，我们该怎么办呢？

首先，我们要反思自己。想一想，是不是自己做的事情有不合理的地方，反思自己的行为，找到问题症结所在，有则改之，无则加勉，抱着平和的心态，正确面对他人打小报告的行为。如果自身的工作或者处理问题时确实有不合理的地方，我们要感谢打小报告的老师，同时要积极地改正，以免造成更严重的后果；如果是同事误会了，但其打小报告的初衷是好的，我们也要坦然面对，可以在事后选择一个适当的时机，解释一下事情的经过，但不要急于去对质，这样不利于今后同事关系的和谐，也不利于幼儿园各项工作的有效开展。

其次，多与同事沟通交流，遇到问题时可以征求一下其他同事的意见，并把自己的想法表达出来，这样同事就更容易了解我们的想法和意图，从而可以避免很多误会的产生。就像案例中的王老师，当陈老师来借剪刀的时候，看到没有吃饭并且大哭的桐桐，陈老师的表情或者动作如果有疑惑的表现，王老师就应该积极地解释。陈老师了解了事情的经过，就不会对王老师的处理行为有质疑，当然也就不会出现打小报告的情况了。

再次，做事不可太爱出风头，博取眼球。即使知道自己能力不错，也不可在同事面前夸夸其谈，炫耀自己的本事。要多做实事，少说虚话，踏踏实实地工作。

最后，同事之间私底下相处，对于听来的谣言和没有经过证实的事情，不可乱说。当你喜欢乱传道听途说而来的事情后，有一天，你也会成为别人口中谣言的主角。

当然，如果打小报告是恶意行为，我们就需要掌握一些处理的方法。相信"身正不怕影子斜"，面对领导的询问，我们要不急不躁，客观地描述事件的经过，为自己进行解释，相信领导一定会有自己的判断和处理方法，而我们则不要因这些琐事而影响自己的正常工作。

（临沂市妇联文知星幼儿园　刘彦芝）

难题 78：发现有些同事不服管理，当面顶撞领导，故意使其难堪，怎么办？

【典型案例】

新学期开学在即，园长在布置工作的时候提出，本周日全体教师需要加班一天，这一天要打扫班级的卫生和制订新学期的工作计划，从而保证开学当天各项工作能有条不紊地开展。园长的话刚说完，陈老师就站起来大声地说道："加班、加班，就知道加班，谁爱加班谁加班，反正我不来！"说完，陈老师就摔门离开了！园长非常难堪，会议又简单地进行了几分钟，就在尴尬的气氛中结束了。

【案例分析】

幼儿园实行的是园长责任制，园长对幼儿园的工作全面负责。园长会对教师进行工作上的安排、管理和评价，在幼儿园的工作中，有时会发生有些老师不服管理，当面顶撞领导，故意使其难堪的现象。案例中的陈老师因为不赞成园长的决策，在全体教职工面前公开否定园长的决定，使其很难堪，这对园长的工作造成了不利的影响。那么在幼儿园的工作中，有哪些因素会导致同事不服管理，当面顶撞园长呢？

第一，个人的工作态度问题。有的同事在工作中不积极主动，存在得过且过的心理，当领导布置任务的时候，自己不愿意承担责任，不乐意奉献，从而顶撞领导，使其难堪。案例中的陈老师就是个人工作态度有问题，因为不想加班就当面顶撞了领导。

第二，个性张扬，不遵守职场规则。有些同事个性张扬，与人交往的时候，喜欢直来直去、当面指责，而这种处理问题的方式，在同事之间或者私下交流的时候是可以的，但是在公共场合与领导进行交流的时候，很容易让领导难堪。

第三，对领导的决策有疑问。有的同事对领导的决策有疑问，但没有选择合适的时机，导致领导下不来台、很难堪。

第四，与领导之间有矛盾或者误会。有的同事和领导之间可能存在一些误会或者矛盾，这也容易导致同事故意在工作中提出反对意见，给领导"拆台"。

【应对策略】

在幼儿园工作中，如果发现同事不服管理，当面顶撞领导，故意使其难堪，我们该怎么办？可以从以下几个方面着手。

首先，作为幼儿园的一名教师，作为旁观者，我们要做好自己的本职工作，端正自己的工作态度，乐于奉献。当同事不服从管理，"甩手不干"的时候，我们应该把同事的工作"捡"起来，多承担、多奉献，保证幼儿园和班级的各项工作顺利完成。案例中的陈老师摔门走后，如果周日加班的时候她真的不来，那么搭班的老师就要辛苦些，把班级的卫生和教学计划都保质保量地完成，保证开学当天的活动顺利开展。

其次，作为旁观者，我们要尝试把顶撞领导的同事带离现场，然后和同事聊一聊，倾听同事的真实想法。比如，作为案例中陈老师的同事，我们可以问一问陈老师，周日是不是有非常重要的事情，如果真的有事，可以在会后和园长沟通一下，请假去解决。等同事的心情平静下来后，我们还要给她一些职场的建议。俗话说："居其位，谋其政。"在观察和处理问题的时候，我们要尝试从领导的角度去看问题，开阔自己的眼界，提高自身的职业素质，从而理解领导的决策和意图，更好地推进班级工作的开展。

最后，如果对领导的决策存在质疑或者出于自身考虑不赞成领导的决策，作为一名教师，我们要遵守职场的"规则"，先执行领导的决定，然后找合适的时机向领导说明自己的想法。任何时候都不要当众顶撞领导，故意使其难堪，这样既不利于问题的解决，也不利于上下级间关系的融洽。

（临沂市妇联文知星幼儿园　张振天）

难题 79：碰到同事体罚幼儿或非理性地对待幼儿时，怎么办？

【典型案例】

备课时间结束后，王老师准备回活动室，在活动室的门口，她听到了张老师很气愤的喊声："说了多少次了，不要爬桌子，不要爬桌子，硕硕，你就是不听！你不是喜欢爬桌子吗？我让你爬个够！"当王老师走进活动室的时候，发现孩子们鸦雀无声，因为刚才张老师的训斥声吓到了孩子们，而硕硕小朋友被张老师惩罚一直来回地爬桌子。过了一会儿，其他小朋友看着硕硕在桌子上爬来爬去，都哈哈大笑起来，而硕硕则一边爬，一边大声地哭了起来……王老师看着生气的张老师和伤心的硕硕，不知道该怎么办。

【案例分析】

《规程》中提出："幼儿园教职工应当尊重、爱护幼儿，严禁虐待、歧视、体罚和变相体罚、侮辱幼儿人格等损害幼儿身心健康的行为。"但是当今媒体发达，关于"幼儿园教师针扎幼儿""幼儿园教师让幼儿互相打脸""幼儿园教师踢打幼儿"的报道时不时出现在我们面前。看着这些报道，我们会对施加暴力或者变相体罚幼儿的幼儿园教师给予严厉的谴责，对受到伤害的孩子感到心疼。这让我们也不禁思考，为什么幼儿园里体罚幼儿或者非理性对待幼儿的现象屡有发生？

首先，从整个幼教行业来说，有些幼儿园招聘教师的门槛过低，导致一些不具备教师资格的无良从业人员混入教师队伍。他们文化水平不高，缺乏教师应有的职业道德和专业知识技能，难以满足孩子的需求，对活泼好动的、顽皮的幼儿缺乏爱心、耐心，在一日活动中常常限制、恐吓甚至是体罚幼儿，管理方法简单粗暴。

其次，有些教师教育观念落后，不尊重幼儿的年龄特点和学习特点。他们受"严师出高徒""棍棒底下出孝子"等传统教育观念的影响，在教育幼儿的时候，过于严厉，更不懂得尊重幼儿的想法和个性特点，缺乏耐心和教育机智，在幼儿屡教不改的情况下，容易出现体罚或者变相体罚的现象，如案例中的张老师。

最后，个别教师在遇到个人感情等家庭问题或遇到其他不顺心的事时，会把个人的不良情绪带到工作中来，对平时能接纳的一些行为也变得极度不耐烦，对幼儿恐吓甚至是体罚，对幼儿的心理产生伤害，更有甚者，对幼儿的生命造成危害。

当发现其他同事体罚幼儿或者非理性对待幼儿的时候，作为旁观者，我们有时会觉得不好应对，因为有的老师担心自己的介入，会让当事的老师觉得没"面子"，影响同事关系，抑或有的老师觉得这个事情和自己无关，多一事不如少一事。但是，在幼儿园里，遇到类似的情况，如果我们不及时制止，就是不负责任，所以绝不可以存有"事不关己，高高挂起"的心理，同时，应制止同事的错误行为，防止出现更严重的后果，这本身也是对同事的一种帮助和保护。

【应对策略】

我们都知道，对于教师体罚幼儿或者非理性对待幼儿的现象，要坚决制止和反对。如果在幼儿园里遇到同事出现上述行为，作为同事，我们要掌握好处理的方法。

（1）我们可以把体罚幼儿的同事拉到安静的地方，动之以情，晓之以理，告诉他，任何时候，体罚幼儿都是不对的，是违法的。案例中的张老师存在体罚幼儿的现象，作为她的同事，我们应及时制止她的行为，使其明白体罚幼儿的严重后果。首先，体罚幼儿对幼儿身心的影响无法估量，家长是难以接受的；其次，将会给幼儿园和整个行业带来极大的负面影响，严重时要承担法律责任。相信等张老师冷静下来后，就会意识到问题的严重性，在以后的教育活动中，也会遵守教师职业道德和法律法规，杜绝体罚幼儿的行为。

（2）制止同事的体罚行为后，我们要及时关注幼儿的身体和心理健康。检查幼儿的身体是否有不舒服或者受伤的情况，如果有，要及时向园领导汇报，从而处理好后续事宜。如果幼儿没有身体上的不适，要及时地安抚幼儿的情绪，关注幼儿的心理，避免体罚行为给幼儿的身心造成不好的影响。作为同事，我们可以带幼儿到操场上玩一会儿，聊一些幼儿感兴趣的话题，从而转移幼儿的注意力。等幼儿的心情平复之后，根据实际情况，考虑是否需要当事教师向孩子道歉，避免幼儿对当事教师产生畏惧感。

（3）在今后的工作中，要经常和同事沟通交流科学的教育理念和方法。教师应运用心理学和教育学的相关知识，科学看待幼儿在成长过程中出现的"错误"。我们要允许孩子"犯错误"，用一颗包容的心看待孩子、爱孩子。当孩子出现"错误"的时候，我们要给予积极的正面示范教育，给予孩子积极的导向，少一些指责，可以尝试运用冷却处理法、榜样暗示法、价值澄清法等方法来解决幼儿在成长中存在的问题。孩子天性爱动，案例中的硕硕喜欢爬桌子，如果没有成人的允许和帮助这是存在一定危险性的，所以我们应该制止硕硕的这种行为。我们可以先跟硕硕讲道理，告诉他如果从桌子上掉下来，他会摔伤，同时表扬不爬桌子的孩子，当硕硕不爬桌子的时候，也及时给予他肯定和表扬，相信经过多次提醒，对硕硕多些耐心，硕硕爬桌子的行为会慢慢地减少。

同时，我们要避免把自己在生活中或家庭中的不良情绪带到工作中来。当然，如果个别同事出现体罚幼儿或者非理性对待幼儿的现象，作为一名幼儿园教师，作为幼儿园的一分子，我们要及时向园领导反映情况，让园领导介入相关问题的处理。

（临沂市妇联文知星幼儿园　张振天）

难题80：遇到家长和同事之间发生激烈冲突时，怎么办？

【典型案例】

下午放学的时候，阳阳的妈妈非常生气地又回到了教室，对新来的陈老师大声说道："陈老师，我知道我家孩子（阳阳）有些顽皮，你可以打他，揍他，我都没意见。但是你让所有的小朋友都不和他玩，我觉得太过分了！"陈老师看着一脸怒气的阳阳妈妈赶忙解释道："我没有让别的小朋友不和阳阳玩啊！"阳阳妈妈不依不饶地说："我孩子回到家就告诉我了，而且别的小朋友也在回家的路上说，今天阳阳被你惩罚了，陈老师还让别的小朋友不和他说话！"陈老师想解释一下事情的经过，但是阳阳妈妈非常激动地说："你凭什么不让别的孩子和阳阳玩？你连当老师最基本的职业道德都没有，我要去园长那里投诉你！"陈老师没有说话的机会，而且许多下班还没走的同事看着，陈老师也失去了耐心，气愤地说道："你想投诉就去，别在这里大声嚷嚷！"说完，陈老师就离开了，可是阳阳的妈妈还是在走廊里大声地斥责陈老师。陈老师回到教室后，委屈地流着眼泪……而搭班的刘老师，看着愤怒的家长和委屈的陈老师，不知道该怎么办。

【案例分析】

案例中，阳阳的妈妈对陈老师的教育方法产生质疑，并大声地斥责陈老师，不给陈老师解释的机会。陈老师面对情绪激动的阳阳妈妈，没有采取冷静有效的沟通方式，导致冲突愈演愈烈。曾经有教育学者指出，从理想的角度出发，家长和幼儿园教师有着共同的目标——都希望事情朝着最有利于孩子的方向发展。但是在幼儿园的实际工作中，教师和家长发生冲突的现象偶尔也会出现。导致家长和教师之间产生矛盾和冲突的原因有很多，其中，信息不对称、沟通不及时是主要原因之一。

案例中，如果阳阳妈妈给陈老师解释的机会，了解事情发生的经过，就会发现陈老师的做法不是"惩罚"，而是有意识地帮助阳阳建构规则意识，相信阳阳的妈妈也会认可陈老师的教育方法。当然，作为陈老师，面对情绪激动的阳阳妈妈，要掌握与家长沟通的技巧和方法，可以不卑不亢地跟阳阳妈妈说："阳阳妈妈，我知道您现在很生气，您先消消气。我们认识很久了，我也很喜欢阳阳。在这件事情上，我觉得有些误会，我们到教室里坐下来聊一聊，我给您解释一下事情的经过可以吗？当然，了解了事情的经过后，您有权利向园长投诉我！"相信用这样的沟通方式，阳阳妈妈的情绪会缓和一些，也有利于问题的解决。

同时，我们也发现，如果陈老师能事先主动向阳阳妈妈解释阳阳在幼儿园里发生的事情，相信这次误会也能避免。

当遇到同事和家长之间发生激烈冲突时，一边是朝夕相处的同事，一边是平时相处得很愉快的家长，我们会觉得不好处理。其原因主要有以下几点。

（1）担心不了解事情的前因后果，如果贸然介入，可能会不利于事情的解决。

（2）两边都是熟悉的人，介入的时候，如果言语或者方法不当，可能会引起双方的误会，从而把自己卷入纠纷之中。

（3）存在多一事不如少一事的心理。作为旁观者会想，等同事和家长都冷静下来，事情就可以解决了，自己不用去参与。

但是，遇到同事和家长之间发生激烈冲突的时候，如果我们真的置之不理，会让冲突双方陷入僵局，矛盾也可能会激化，这样不利于家园关系的正常建立，也会给幼儿园带来负面的影响。

【应对策略】

《纲要》指出："家庭是幼儿园重要的合作伙伴。"因此教师应本着尊重、平等、互惠的原则，吸引家长主动参与幼儿园的教育工作。但是，在家园关系中，由于家长对幼儿园的工作缺乏了解，所以他们往往对教师缺乏信任，再加上双方沟通不及时，也容易发生一些误会。那么，遇到家长和同事之间发生激烈冲突时，作为旁观者，我们该怎么办呢？

首先，我们要及时介入，避免冲突激化。当发现家长和同事之间发生冲突时，作为同事，我们一定要扮演好"和事佬"的角色。如果冲突不是很激烈，我们可以先安抚一下双方的情绪，灵活运用沟通技巧和语言策略，和家长、同事坐下来聊一聊，从而了解这件事情的经过，看看是不是存在什么误会，以方便问题的解决。如案例中的刘老师，可以先安抚家长的情绪，走到阳阳妈妈面前说："阳阳妈妈，先别生气，前两天您和陈老师还聊得很投机，会不会有什么误会呢？来图书阅览室和我说一说吧！"了解情况后，可以对同事陈老师说："陈老师，先别生气，可能是阳阳妈妈误会了，我们冷静一下，把事情解释清楚就没问题了！"当双方争执很严重，甚至出现肢体冲突的时候，我们要及时汇报给园领导，并将双方拉开至不同的地点后，再进行交流和沟通。

其次，我们可以多和同事交流有关家园沟通的策略和技巧，把自己经历的家园联系中出现的一些问题及成功的解决方法介绍给同事。例如，遇到家长情绪激动的时候，我们教师要保持冷静，不要在言语上图一时之快，因为这会加剧矛盾的激化。同时，我们要学会倾听，在倾听的过程中发现家长存在的疑问，从而有的放矢，抓住谈话的重点，避免因情绪的波动而影响事情的解决。

最后，我们可以借助于家长开放日、家长助教、亲子活动等多种家园沟通形式，帮助同事和家长建立合作、信任的伙伴关系。例如：教师可以主动邀请平时不经常沟通的家长来园进行助教活动，将助教活动作为沟通的纽带，增进双方的了解，这样双方的沟通将会更加融洽；在亲子活动的时候，可以有针对性地多和孩子们、家长们进行互动，在互动中增进彼此的了解和信任。

当然，在幼儿园工作、生活中，同事和家长之间发生激烈冲突的可能性是比较小的。作为幼儿园教师，我们要多一份耐心和细心，对孩子负责、对家长负责，防患未然，尽量避免出现工作失误或者事故。当遇到类似情况的时候，我们要掌握合适的处理方法，努力营造团结、和谐的家园氛围。

(临沂市妇联文知星幼儿园　张振天)

第九章
破解关于家园共育和沟通的 10 个难题

我国著名教育家陈鹤琴先生说:"幼稚教育是一件很复杂的事情,不是家庭一方面可以单独胜任的,也不是幼稚园一方面可以单独胜任的,必定要两方面共同合作方能得到充分的功效。"

家园携手能让孩子的童年绽放异彩,家园沟通能为孩子的成长打造良性空间。本章挑选 10 例家园沟通常见问题,从案例呈现到原因分析、应对策略,讲解家园沟通之道,分享家园沟通技巧。

难题 81：幼儿在幼儿园养成的良好习惯，无法在家中保持，教师该如何引导家长？

【典型案例】

小一班的早餐时间到了，源源小朋友在餐桌前坐好，一手拿着饼，一手拿着勺，喝一口稀饭，吃一口饼，再吃一点菜，然后再喝几口稀饭，再吃点饼、吃点菜，细嚼慢咽，自己吃得非常棒。但是妈妈却说源源在家里还是不会自己吃饭，需要家人喂饭，在家里也不爱吃菜，这和他在幼儿园里的表现完全不一样啊！

【案例分析】

通过案例可知，孩子在幼儿园已经养成了良好的饮食习惯，但是在家里却完全是另一种表现，对此，家长很困惑。幼儿在园接受的良好习惯养成教育未能更好地延续到家中，教育的作用被抵消了。

作为幼儿园教师，除了关注幼儿一日的各项发展之外，如何让教育延续到家中，如何让家长和我们保持良好的教育一致性，达成有效的家园共育，也是我们要重点思考的问题。因此，与家长积极地进行沟通，并达成共识，非常有必要。

通过与家长交流教师了解到，源源在家时妈妈总担心他吃不好、吃不饱，有时还嫌他动作太慢，不如自己喂吃得快、吃得多，因此，一般都是妈妈主动地去喂源源，源源习惯了让妈妈喂，非常容易依赖妈妈。而妈妈过于主动地干预包办，在没有意识到自我行为对幼儿造成不良影响的前提下，促使幼儿放弃自我服务的想法。这对一个孩子的成长来讲，是非常有害的。

家长的表现表明，他们一般不相信孩子的能力足以解决自己的生活问题，更不相信孩子有能力判断自己是否吃饱,因此,总是过多地干预和控制幼儿的行为,强迫幼儿按照他们的意愿行事。这完全是家长的问题,而非幼儿的问题,症结在于,如何调整成人的认知和行为。放手给孩子,相信孩子的能力,才是问题解决的关键。

【应对策略】

针对以上分析,幼儿在幼儿园养成的良好习惯,未能有效延续到家庭的现象,不仅需要家、园的双向互动,更需要教师对家长进行积极有效的专业指导,运用专业的知识帮助家长掌握正确的育儿知识与方法。教师可以采取以下措施。

(1)教师同家长进行一次有效的谈话。教师可以让家长通过现场观察(不能让孩子看到爸爸妈妈)、手机视频、家长助教等活动,了解孩子在园的良好表现,让家长明白,他们的孩子能做好吃饭时的自我管理,让家长相信孩子的自我服务能力和解决问题能力,有足够的信心放手。只要家长勇敢地放手,孩子自然会做到家园同步。

(2)在沟通时,教师要讲究说话的艺术。教师要有同理心,从家长的角度思考问题,要理解家长对孩子的爱是没有错的,但是过度包办代替、不合理的爱带给孩子的是伤害,是成长的阻碍。2—4岁是儿童生活自理能力和良好生活习惯初步养成的关键期,幼儿的自我意识已经萌芽,家长要让孩子树立"我会、我能行"的自信心。教师要指导家长学习科学育儿知识,了解这一年龄阶段幼儿所应拥有的能力,转变观念,鼓励幼儿做力所能及的事情,对幼儿的尝试与努力给予肯定,不因他们做得不好、慢而包办代替。家长应从小培养孩子自立、自主的精神,坚持放手,为幼儿提供锻炼的机会,如案例中幼儿的独立进餐等日常活动,家长就应该做到完全放手。

(3)生活即教育,教师应指导家长利用生活中的点滴对孩子进行持之以恒的教育。任何好的行为习惯都不是一天形成的,它需要一个反复练习,不断提高和巩固的过程,同时也需要建立必要的规则,有效地监督,并给予及时的强化。为此,家长要针对孩子出现的问题,同教师及时交流,一起制订计划，用合理教育的方式与幼儿沟通，坚持不懈地去实施。例如，家长可以对孩子说："源源，听老师说，你在幼儿园里都是自己吃饭，并且吃得可好了，老师都表扬你了。妈妈想看看源源在幼儿园里是怎样吃饭的，老师也说，想看看源源是不是在家里也和在幼儿园里一样棒棒的！"

（4）通过举办家长开放日、亲子活动、家庭教育座谈会等，实现家园同步化教育。教师应引导家长正确看待幼儿行为背后的意义，真正了解幼儿园活动的目的及幼儿成长过程中不可或缺的因素，让孩子在信任、鼓励、支持、放手下完成自我突破和发展，使其成为幼儿健康成长的秘密法则，为幼儿一生的发展奠定良好的基础。

（临沂一中幼儿园　吴长虹）

难题 82：面对把教育孩子的责任推给幼儿园的家长，教师应如何沟通？

【典型案例】

家长行为：下午接园时，文文的妈妈又来向老师反映问题，她说："孩子一回家，就冲到玩具柜前，哗哗哗几下，把柜子里的玩具全翻出来，挑了一两个便在一旁玩起来，到吃饭的时候还是边玩边吃。他在幼儿园里也这样吗？这习惯似乎不好。希望老师帮忙纠正一下。"文文妈妈说完就催着正在玩玩具的文文快走，甚至不理孩子在玩时造成的混乱。

教师想法：现在的幼儿家长不知道是怎么啦，把孩子送到幼儿园，认为就万事大吉了。自己只需要接、送孩子就完成了所有的教育任务。有些家长对老师的要求没有任何概念，等到孩子身上出现问题，不去寻找真正的原因，不去面对家庭中出现的一些人为因素，只要孩子哭闹，一律把责任推给老师。

一份耕耘一份收获，在教育上，不要寄予任何人希望，因为孩子是你们自己的，请按照老师的要求去慢慢陪伴、培养自己的孩子，因为老师的出发点和你们是一样的，都是希望孩子成才。

【案例分析】

案例中，家长向老师提出了教育要求，希望老师帮助她的孩子改掉不好的习惯。从这一点来说，家长已经意识到自己孩子的行为有问题，希望孩子能发展得更好，但她并没有意识到自己的行为也有问题，以及自己对孩子行为的严重影响。

案例中的老师能够意识到家长在幼儿成长过程中所应承担的教育责任，但老师忽略了一点，家长也是需要成长的，并不是所有的家长都有很好的教育意识和教育理念，而作为教育工作者，我们有责任帮助家长改变家庭教育意识，提升家庭教育能力。因此，我们不仅要做好幼儿在园的一日教育工作，更应该积极主动地与家长进行有效的沟通和交流，帮助家长更好地成长。

而纠正孩子的不良行为也不是一日之功，想改善也要有一定的过程，教师应让家长清醒地认识到，想要改变幼儿的不良行为，首先家长要改变，要以身示范，从我做起，再加上幼儿园和家庭进行良好的配合，经过一段时间，孩子一定会有很大的改观。

【应对策略】

家庭教育是幼儿教育的重要组成部分，家长对幼儿所实施的教育具有早期性、权威性、及时性和感染性，它在幼儿的发展中有着不可替代的作用。面对把教育孩子的责任推给幼儿园的家长，教师要从教育意识与能力、育儿方法、行为态度等方面给予家长及时有效的指导。

（1）真诚交流，拉近家园共育的距离。教师要接纳家长，对家长的行为表示赞赏，给予肯定和鼓励。家长能发现孩子的问题，有意识地向教师反映，并寻求帮助，这是一种信任感的建立，教师要明确表示愿意帮助的态度。

有效谈话："文文妈妈，首先很感谢您对我的信任。文文是个好孩子，很热心，平时很喜欢帮老师做事。针对孩子的问题，我们要反思行为产生的原因。我们都知道，孩子开始是没有是非判断能力的，需要依赖他人的评价，因此成人的提醒和帮助是孩子树立良好行为意识的关键，而且孩子养成良好的行为习惯需要一个过程。学龄前，是幼儿养成良好行为习惯的关键期。所以，我们要一起努力坚持，帮文文养成良好的行为习惯。"

（2）引导家长进行积极有效的正面教育，为幼儿做好榜样。父母是孩子的第一任教师，孩子从出生时起，心理环境、思想态度、行为习惯的养成便会受到父母的熏陶和感染。父母的行为会潜移默化地影响孩子的成长，因此父母一定要做好榜样，理解"孩子是看着父母的背影长大的"这句话的真正内涵。

有效谈话："那天，文文正在班里玩玩具，如果我们提出整理玩具的要求并帮着文文一起把她玩的玩具收起来再离园，这对文文养成良好的习惯是非常有帮助的。有了妈妈的参与和陪同，她自然也会接受建议，乐意执行，愿意模仿妈妈，和妈妈一起收玩具。您的引导和示范就是孩子最好的榜样，对吗？"

（3）理念提升，为家长提供科学的育儿方法，同家长一起制订有效的执行计划。首先，教师应帮助家长通过学习《指南》等指导性文件，了解幼儿的发展指标及教育实施的建议，科学地指导幼儿的发展及行为。其次，在孩子的成长过程中，家长要做好陪伴教育，既要发现幼儿的闪光点，又要认识到幼儿的不足并正确地面对、解决。生活中，在尊重、肯定、鼓励、赞赏的前提下，家长对孩子的行为应加以适当的约束，遇到事情要和孩子商量，共同制订计划和行为的规则，并做到相互监督。通过阅读行为习惯培养的绘本、观察榜样的行为、家长的以身示范、强化刺激等方式，引导幼儿不断地纠正自身的行为，养成良好的习惯。例如，家长可以采用代币制度、强化刺激、有效干预等方法，促进幼儿循序渐进地改变。

有效谈话："文文妈妈，我这里有几本关于幼儿行为习惯养成的家长阅读书籍和幼儿读本，您可以带回去同文文一起读一读。您还可以从书中的'良好行为习惯21天养成计划'开始，与文文共同商定行为目标，一起严格执行计划，相互鼓励，相互监督，而且每实现一个小目标都可以收到对方给予的代币奖励，相信您和文文一定会有不一样的收获。"

（4）多渠道搭建平台，家园密切合作，形成教育合力，共同为幼儿良好的发展奠定基础。本着尊重、平等、合作的原则，教师可以通过举办家庭教育讲座、召开班级家长会、搭建网络互动平台、填写家园手册等多种方式，增强家园沟通，实现有效互动，及时了解孩子的发展，向家长提供科学的育儿方法，提高家长的育儿水平。

有效谈话："文文妈妈，最近文文表现得很积极，能主动地收拾和整理物品了，我也从您的分享中看到了文文更多的进步，还有您的努力。您是否可以把您的育儿心得发到我们的教育平台上供大家分享？当然，我们也在平台上不定期地为家长们提供了很多交流的话题，并组织了线下的家长沙龙活动，有时间也欢迎您来园分享经验。"

总之，不管是幼儿园还是家庭，都是幼儿身心健康发展的重要环境，这两个环境既密切联系，又各不相同。作为教师，我们要做好幼儿教育的桥梁，发挥纽带作用，通过学习不断提升自己的专业水平，用发展的眼光看待幼儿及其家长的教育，做好科学合理的家庭教育指导，为幼儿一生的发展奠定基础。

（临沂市兰山区区直幼儿园　张燕）

难题83：面对过分溺爱、迁就、放纵孩子的家长，教师该如何应对？

【典型案例】

楠楠今年4岁，中班，男生。不少家长反映自己家的孩子经常被楠楠欺负。经过一段时间的观察，我发现楠楠确实活泼好动，有些小调皮。比如：小朋友们站队时，他在玩玩具；小朋友们玩玩具时，他在教室里乱跑；老师在组织上课时，他会戳戳左边的小朋友，碰碰右边的小朋友；区域游戏时，他会和其他小朋友争夺玩具；烦躁时，他还会使用"暴力"解决问题。一天下来，班里有好几个小朋友告他的状，大多是"抢东西了""推人了""不好好玩儿""摔玩具"等问题。

我们针对楠楠在幼儿园里的情况，进行了一次家访活动。在家访过程中，我们了解到楠楠生活在单亲家庭，1.5岁开始由爸爸抚养。在谈话中我们还了解到，爸爸对楠楠较为溺爱、迁就和放纵。

家访后，我们专门为楠楠制定了"良好行为养成"系列方案，帮助楠楠纠正因溺爱、迁就、放纵等造成的不良行为与习惯。

【案例分析】

（1）家庭教育观念原因。案例中，楠楠是个单亲家庭的孩子，爸爸因自己离异而对楠楠有愧疚感，感觉孩子可怜，所以对楠楠更加溺爱、迁就和放纵，以此来弥补自己对孩子的亏欠，也因此导致了楠楠任性、"暴力"、不遵守规则、没有良好的与人交往技能和习惯、抗挫能力差等。

（2）教养方式原因。不管是溺爱，还是迁就、放纵，都属于异常教养，是不正确的教养方式。错误的教养方式会使家庭功能失调，直接影响儿童身心健康的发展。通过与楠楠爸爸谈话发现，楠楠爸爸对孩子的教养方式有以下问题：

第一，"捧月式"呵护。楠楠受到"捧月式"的呵护，形成"自我中心"。当同伴交往中出现问题时，他马上以自我为中心，通过"暴力""任性"等方式满足自己的需求，极少考虑他人的感受。

第二，包办代替。爸爸过度保护，凡事包办代替。因此，楠楠认为其他小朋友为他做什么事情都是理所当然的，无须感谢、回报，反之，若楠楠没有得到满足，会通过任性、发脾气等方式获得大家的注意，满足自己的需求。

第三，过度满足。楠楠虽说生活在单亲家庭，但是家境富裕，只要是能满足的愿望，爸爸就尽可能如其所愿。长此以往，造成楠楠抗挫能力差，遇到一点小事就暴躁、发脾气。

（3）楠楠行为背后的原因。孩子每一种行为背后，都是有原因的。不管是孩子不遵守规则，还是爱发脾气、"暴力"、任性等，都是有一定原因的。通过对楠楠一段时间的观察发现，他的"坏"行为要么是寻求关注，要么是争夺"权力"，要么是"报复"。

相对于普通家庭而言，单亲家庭中的孩子由于家庭环境的特殊性，比较容易出现行为异常。楠楠在过分溺爱、迁就、放纵的环境中成长，他的行为发展没有规则，没有约束，他常常任性而为，自由散漫，不顾及他人的感受，长此以往可能会出现严重的问题。特别是将来他进入青春期后，这些问题可能会表现得更明显。作为教育工作者，我们必须引起重视，更应该提醒家长，让家长清醒地认识到孩子成长中的危险，以及今后可能带来的严重问题，同时帮助家长转变家庭教育观念，改变教养方式，帮助楠楠养成良好的行为习惯。

【应对策略】

（1）转变家庭教育观念。楠楠是单亲家庭的孩子，教师要理解和接纳楠楠爸爸的不容易，邀请楠楠爸爸在合适的时间进行长谈，使其转变家庭教育观念。首先，教师应建议楠楠爸爸不必因为自己是单亲父亲而过度补偿孩子，要看到单亲教养的优势。比如，不必因为教养方式而与配偶争吵，孩子更有机会为家庭做贡献，孩子可以学会更多的生活技能，等等。其次，教师应真诚地表达楠楠在幼儿园里的行为可能会给他以后的成长带来不利的后果。教师可录制楠楠在幼儿园里的行为表现视频，和楠楠爸爸一起观看，使其认识到楠楠不良行为的严重性，了解到孩子7岁前良好行为养成教育的重要性和关键性，以及不加干预可能对其后期成长特别是对青春期成长有负面的影响。

（2）改变教养方式。教师应让楠楠爸爸明白，只有对孩子爱得适当、爱得合理，才能使孩子健康成长。溺爱、迁就、放纵等异常教养，对孩子有百害而无一利。

首先，拒绝"捧月式"教养。孩子受到"捧月式"的教养，会形成"自我中心化倾向"。父母爱子心切，当孩子在与同伴交往中出现问题时，会立刻上前保护。长此以往，所教育出来的孩子就只追求自我感知的满足，极少考虑他人的感受。案例中，家长要做的是增加楠楠和其他孩子一起交流、玩耍的机会，并告诉楠楠与小朋友在一起正确的相处方法和技巧等。

其次，避免包办代替。因为家长过分保护，凡事包办代替，孩子会心安理得地享受家长和社会提供的一切，从不想自己应该为家长和社会付出什么，缺乏责任感和反哺心。因此，教师应建议楠楠的家长，立即放手，还孩子自由探索、自我发现、自主实践、自我提升的机会和空间，顺应孩子发展的自然规律。

再次，防止过度满足。过度满足，其实是一种伤害。孩子被过度满足，总是习以为常地对身边所有的人、事、物提出各种各样的要求，而不去考虑自我约束等问题。因此，教师应建议楠楠的家长在满足孩子的时候，对孩子提出一定的要求，目的是鼓励孩子通过自己的努力得到自己想要的，契约式地去满足孩子。同时家长还可以适当吊一吊孩子的胃口，让他在等待和渴望中学会满足、体会幸福。

（3）制订改进计划。发现楠楠行为背后的原因之后，教师可以和楠楠爸爸一起制订改进计划，明确提出楠楠爸爸所要完成的任务。落实计划时，教师应及时给予楠楠爸爸肯定和鼓励，使其感受到自己行为的改变所带来的良好效果。教师要和楠楠爸爸一起坚持，直到楠楠有明显的行为改进。

班级中如果出现楠楠这样的孩子，教师要尽快帮助家长一起调整孩子的行为，使之养成良好的习惯。其中，如何让家长了解和认清问题的严重性是关键，只有在家长有了教育意识后，教师才能和家长一起制订改进计划，并顺利落实，这样才能更好地提高家长配合的积极性。

（临沂一中幼儿园　吴长虹）

难题 84：家长存在"重保护、轻教育"的观念和做法，教师该如何应对？

【典型案例】

形形4岁，女生，她不愿意跟小朋友们一起游戏，经常自言自语，集体活动时不能集中精神，不主动发言。当老师提问时，与老师眼神交流的刹那，她会立刻低下头，不愿意沟通。

通过一段时间的观察，我发现形形妈妈对形形过度保护。比如：每天给孩子带两件衣服，看到家长群里发孩子户外活动的照片，她会立刻给老师打电话，让老师帮忙给孩子换长裤，以免碰伤形形的膝盖；早饭时间也会给老师打电话，要求老师帮忙喂饭；老师布置的亲子作业中如果需要使用剪刀、针等物品，形形的妈妈就一手包办，不让形形碰这些"危险"物品等。

今天形形的妈妈又发来信息。上面写着："老师，我看今天幼儿园的早餐是煎馒头，太油了，形形还有些咳嗽，就不上幼儿园了。"面对形形因妈妈的过度保护而出现的各种行为和交往问题，我经常跟形形妈妈交流。当我告诉她这样会对形形的教育产生不好的影响时，她总是说："没关系，形形还小，大了就好了，形形是早产，她的身体健康最重要。"有时，形形妈妈还会要求我们："天冷了，不要让形形出去做早操了，也不要让形形跑得太快，这样对她身体不好。"

【案例分析】

（1）形形的家庭环境分析。案例中，形形的父母工作忙，孩子3岁前的教养工作都交给了奶奶。形形刚上幼儿园的时候，动手能力较差，动作比较慢，依赖性很强。因形形是个早产儿，形形妈妈对她的身体健康特别关注，过度的保护自然而然就出现了。

（2）彤彤的行为能力分析。由于受到过度保护，彤彤能力低下，不但行动能力差，吃饭慢、喝水慢、收拾物品慢等，而且脑子也"锈"住了，经常沉浸在自己的世界中，不愿意与其他小朋友交流。

（3）过度保护的后果分析。彤彤因能力差，经常受到小伙伴的嘲笑，于是更加自卑、退缩，有时候宁可自己一个人待着也不愿意参加集体活动。长此以往，彤彤各方面的能力就无法得到长足的发展。同样，由于过度保护，彤彤丧失了成长过程中的各种体验，而这种体验的缺失会直接导致彤彤成长的偏差和发展的不完整，有时也会错过很多的教育关键期，对彤彤以后的发展非常不利。

【应对策略】

作为教师，我们应该帮助家长了解幼儿在发展过程中获得体验的重要性，让家长认识到，只有放手，把机会还给孩子，让孩子体验到更多成长的滋味，才能让孩子成长得更好。作为家长，越是试图干涉、管得太细，孩子就越容易丧失信心，并失去从错误中成长的机会。

（1）教师可以进行一次家访，了解彤彤在家的生活情形，以便更好地因材施教。在游戏时，教师可录制彤彤被限制后不开心的视频，引发彤彤妈妈的思考。教师要接纳彤彤妈妈对彤彤不放心的行为，并真正理解一位早产儿母亲担心和顾及的感受。教师要让家长体会到自己的诚意，表明自己愿意在日常生活中对彤彤给予特别的照顾，以保证她身体健康水平的提升。

（2）教师可以邀请彤彤妈妈在合适的时间进行长谈，及时肯定彤彤妈妈对孩子的爱。妈妈爱孩子没有错，但要让其明白，不合理的爱带给孩子的可能是伤害，也可能成为孩子成长中的阻碍。教师要改变彤彤妈妈的教养观念和教养方式，告知其做到以下几点。

首先，不要为孩子想得太周到，事事都为孩子抢着做。在介入孩子的事情之前，要先问问孩子的想法，并尝试让孩子自己做决定。

其次，愿意让孩子吃点苦，提高孩子的抗挫能力。给孩子尝试新活动的机会，并且允许其犯错误。

再次，教给孩子基本的生活技能。在家里多准备一些孩子用的工具。如小扫帚、小椅子等，让孩子参与家务。

最后，重视幼儿园教育。幼儿园是专业的教育机构，通过与班级教师沟通、家园联系栏、家长学校、家长讲座等途径，认识到幼儿园教育的专业性和重要性，鼓励彤彤坚持入园。

（3）教师可以与家长一起制订教育实施计划。《纲要》中指出："要尊重和满足他们不断增长的独立要求，避免过度保护和包办代替，鼓励并指导幼儿自理、自立的尝试。"在保证孩子安全的前提下，教师应鼓励彤彤妈妈更多地放手，针对彤彤存在的具体弱点，还应有的放矢地对其进行锻炼和诱导。教师要真诚地表达出愿意帮助彤彤妈妈一起陪彤彤成长的态度，并邀请其一起参与到教育实施的过程中。计划落实时，教师应及时和彤彤妈妈进行正面沟通，反映彤彤在计划落实过程中良好的情绪表现和身体健康的良好状况。以家园共育保持教育的一致性，培养彤彤的自理能力，以及独立思考问题、解决问题的能力，积极鼓励彤彤的每一点进步，帮助她树立自信。当孩子完成一项工作后，家长要给予适当的肯定和赞赏，当孩子的存在价值被肯定时，她会感到无比的幸福和快乐。

（临沂市兰山区区直幼儿园　郑非非）

难题85：家长更倾向于相信幼儿所说的话，而不相信教师的话，怎么办？

【典型案例】

灿灿小朋友的家长给老师打电话："老师，我们要转园。""为什么呢？孩子还有两个月就毕业了。"在老师的一再追问下，家长才说明原因：孩子回家说老师打她了。听到这件事后，我们立即与家长沟通，在家长来之前，我们也耐心询问过这个小朋友，小朋友说老师并没有打她，只是老师最近教的一些知识她不会，所以不想入园。但与家长沟通时，她却坚称老师打她了，而家长则对孩子的话深信不疑，还说自己的孩子从来不会说谎！

【案例分析】

从案例中可以看出以下几个问题。

（1）家长处理问题不够冷静，出现问题并没有深入了解，对教师仍缺乏信任。没有与教师及时沟通，以便找到解决问题的好办法。

（2）小朋友说教师打她了，也许只是想要逃避学习。

（3）教师在加大学习力度的同时，没有考虑到幼儿的接受程度及个体差异，导致幼儿产生厌学心理。

（4）经调查，确认教师并没有打小朋友的行为，但这一调查过程是否有足够的说服力可以让家长信服，有待商榷。

本案例中存在家长不信任教师的情况。社会上关于幼儿园和幼儿园教师的负面报道颇多，导致很多家长不信任教师，特别是在体罚和变相体罚幼儿的行为上，家长都比较紧张。另外，很多家长对"小孩子不会撒谎"坚信不疑，在家长心里，自己的孩子永远是最好的。而且出于保护和溺爱的心理，家长们不能让自己的孩子受一点儿委屈，自然对孩子的话百分之百相信，也更容易对教师产生怀疑。但人心向善，只要教师行为正确，并无体罚和变相体罚的行为，家长也不会纠缠着不放。再者，孩子说谎也是有原因的，受诸多方面因素的影响。像案例中的孩子，因接受不了在幼儿园里学习的知识而向父母撒谎，以达到不上学的目的。这是典型的逃避型说谎行为。教师也要反思自己在管理过程中的不当方法。切记，只要孩子倍感压力，就有可能发生类似的情况。

【应对策略】

作为一名幼儿园教师，取得家长的信任至关重要。当家长倾向于相信孩子的话而不信任教师时，教师可以参考以下几点。

（1）自我反思，坦诚相待。面对家长的不信任、不理解，作为教师，我们要明白家长的心理反应，不能因此就判定家长不可理喻，无法再进行沟通，从而把事情推到死角。当事教师应真正认识到自己的问题，而不应该以被冤枉、受委屈的负面情绪状态来面对家长，要及时反思自己的语言、态度、行为等是否会让家长产生误会，及时调整并主动与家长沟通，消除误解。

（2）有效沟通，澄清事实。沟通时，教师首先要有一个积极、冷静、坦诚的态度，并主动说明事情发生的缘由，认真听取家长的倾诉而不要急于反驳。之后，针对家长提出的问题，教师要做出清晰、准确的回答，要坦诚地向家长说明幼儿在园的情况及自己的处理方式等，找到可以让人相信的事实以证明并无此事，及时解除矛盾，建立信任。如上述案例中，当灿灿家长发泄完自己的不满情绪时，教师可以心平气和地说："灿灿家长，听到您这样说，我完全理解您现在的心情，如果换作是我，我也会很生气。但无论怎样，我们先搞清楚事实真相再做决定也不迟。您看您什么时间方便来幼儿园，我陪您一起去看监控。您也可以到我们班亲身体验一下班级活动。"在事实面前，灿灿家长才会相信孩子是撒谎的，也能进一步了解教师工作的辛苦及孩子的个体差异。

（3）寻找原因，及时反馈。案例中，教师应该找到事情发生的原因，寻求家长的配合，可以这样说："孩子都是好孩子，说谎都是有原因的，这种抵触情绪也不是一天造成的。如果孩子回家跟您聊起幼儿园时，出现不良情绪，也请您及时告诉我好吗？"作为幼儿园教师，我们要及时地、真诚地将幼儿每天的在园情况反馈给家长，尽量不拖到第二天。如果教师能在离园活动时，及时与家长沟通孩子当天的在园情况，家长也会反馈一些孩子在家的表现，这不仅能避免发生案例中的难堪场景，还能让家长真切地感受到教师对孩子的爱。家长第一时间掌握孩子的在园情况，有利于避免无端猜测，促进家园关系的和谐发展，更好地帮助幼儿健康成长。

（4）因材施教，和谐发展。每位幼儿都是独立的个体，在不同的环境下成长，形成不同的个性。教师应及时向家长检讨自己在教学策略中出现的问题，表现出教师的专业素养和职业精神，以此为契机与家长建立良好的信任关系。教师可以这样说："灿灿家长，首先还是要跟您说声抱歉，我有做得不到位的地方，没有照顾到孩子的接受程度。在以后的工作中，我也会格外留心的。"在教育教学工作中，教师应采取不同的态度及方法，因材施教。教师要重在引导，而非强压，要接纳孩子的不完美，让孩子在鼓励和欣赏中产生轻松、快乐的学习愿望，而非强迫学习。教师要解决孩子不愿入园的顾虑，让孩子感受到教师的爱和鼓励，再次爱上幼儿园。只要是为了孩子好，相信家长基本上都能接受、理解和支持教师，并且与教师重新建立起相互信任的关系。

（临沂一中幼儿园　吴长虹）

难题86：面对经常给孩子请假的家长，怎么办？

【典型案例】

"老师，不好意思！晨晨今天早晨起床时有点闹情绪，我给她请个假。"这是我经常接收到的请假消息。晨晨的妈妈或爸爸会经常给她请假，每次请假都有各种理由：今天有事回老家；今天起床晚了，我们晚点送；今天孩子有点咳嗽，我们不过去啦；今天孩子闹脾气，不想去幼儿园，等等。每天早晨，班级群总是最活跃。老师说了，孩子来不了要请假，于是每天早晨送孩子去幼儿园的时间，都是请假的高峰期。

【案例分析】

榜样对学龄前幼儿的学习起着非常重要的作用，父母为人处事的方式会潜移默化地影响幼儿。父母的教养方式比较集中地反映了父母对孩子的态度，也是其教育观念的反映。

（1）从案例中不难看出，这对父母对教育孩子是没有什么概念的，他们的行为比较随性。虽然家长知道不入园需要请假，但在他们的意识中，幼儿园时期并不是多么重要的学习阶段。所以，从这一点来说，家长对幼儿阶段的教育没有足够的重视，并没有意识到幼儿阶段教育的重要性，他们不知道这一阶段是孩子养成习惯、树立规则意识的关键时期，是孩子以后发展的基石。

（2）从案例中还可以看出，晨晨的行为习惯并不太好，情绪的自我管理能力不足。这些情况并没有得到家长的关注，他们只是认为，在园时教师应该多关注，而没有意识到，孩子行为问题的真正缘由来自家庭。

（3）案例中，晨晨的情况已经持续了不短的时间，而作为晨晨的教师，在一开始家长出现这些行为时，并没有很好地与之进行沟通和交流，致使事态进一步恶化，最终导致家长频繁地给孩子请假。

（4）孩子刚上幼儿园时，很多家长都会产生入园焦虑的情绪。随着孩子慢慢适应幼儿园生活，绝大部分家长的入园焦虑也会慢慢消失，但是仍有部分家长担心孩子的在园情况。

【应对策略】

面对经常给孩子请假的家长，作为班级教师，我们要调整教育策略，积极应对。

（1）教师应先与幼儿建立良好亲密的师生关系，让幼儿喜欢来幼儿园。孩子入园时教师要亲切接待并及时予以表扬。如："晨晨，今天来得这么早啊，进步了呀！表扬你，给你一朵小红花。"在班级一日活动中，若发现晨晨的闪光点要及时表扬，同时引导和鼓励他多参加集体活动，感受集体活动的快乐，多给他表现的机会，让他在活动中充分表现自己，体验表达的快乐，增强自信心。

（2）开展丰富的集体教学活动，增强其集体荣誉感。通过集体教学活动，如"我爱上幼儿园""我和老师做朋友""幼儿园里朋友多"等，培养孩子的集体荣誉感，使之热爱班级生活，积极主动地参加集体活动，从而喜欢上幼儿园。

（3）单独和家长沟通。教师应告知家长，在家里可以多跟孩子聊聊幼儿园生活，如"幼儿园里发生了哪些趣事？""你交到了哪些好朋友？""老师带你做了哪些好玩的游戏？"等，帮助孩子适应集体生活，建立与幼儿园、教师、小朋友的亲密感。

教师应帮助家长进一步了解，经常请假会给孩子带来哪些不良影响。比如，不利于孩子良好行为习惯的养成，打破了幼儿已学知识的连贯性，不利于孩子的身心健康，不利于培养孩子的交往能力，不利于幼儿以后的学习，等等。同时，也让家长感受到教师爱孩子和真正为孩子着想的心情。

教师可以向家长推荐相关的家庭教育书籍或者电子文章，提升其家庭教育的意识，传递正确的教育理念，促进其了解幼儿时期行为养成的关键性，引导家长重视自己的行为对幼儿可能造成的影响。沟通过后，若家长的行为调整了，教师应及时让家长看到幼儿的进步，并及时鼓励家长和幼儿继续坚持。教师还应告诉家长，千万别因一时"心软"而错过培养孩子勇敢坚持、融入集体生活的好机会。

（临沂市兰山区区直幼儿园　孙兴英）

难题 87：家长开放日时，孩子总是黏着家长，怎么办？

【典型案例】

今天是家长开放半日亲子活动，活动即将开始，家长们陆陆续续地来了。

班里的彦清小朋友也在班里翘首以盼，终于，他等来了他的奶奶。

活动开始了，在整个活动的过程中，他一直待在奶奶身边，就算离开一会儿，眼睛也是要能看见奶奶的，这导致他在活动过程中没有集中注意力，而过程中需要达成的目标也没能完成。活动结束，家长准备离园了。这时彦清的眼睛有点泛红，看来他还是没有做好准备跟奶奶告别。果真，当奶奶离开时，他就哭了起来。

半日活动已进行很多次了，班里的其他小朋友都没有了类似的情况，但是彦清一直都没有克服分离焦虑。老师和他的奶奶也聊过，奶奶说，她在家里也会跟彦清沟通，但是不知道为什么没有效果。

【案例分析】

法国心理学家瓦隆指出："儿童对人们的依恋心是发展儿童个性极端必需的。如果儿童没有这种依恋心，就可能成为恐惧和惊慌体验的牺牲品，或者将产生精神萎缩现象，这种现象的痕迹可以保留一生，并影响到儿童的爱好和意志。"所以说，儿童依赖妈妈或者他的抚养人，是一种正常的心理需要。

很多家庭过于溺爱孩子，无条件满足孩子的一切需求，孩子有了自己做事的欲望时，父母为了安全极力阻止，妨碍了孩子独立能力的形成，使得最初建立起来的安全依恋逐渐发展成过度依恋、依赖。那些祖孙三代生活在一起的家庭，由于祖辈对孙辈呵护有加，对孩子的教育更容易出现溺爱的情况。

案例中的彦清正是如此，从小就是奶奶照顾的。他在参加过多次半日活动之后还出现这样的依赖现象，说明孩子对奶奶形成了过分的依赖感。其实，彦清如此依赖奶奶，是和他的家庭情况密切相关的。他的父母工作繁忙，对他无暇照顾，彦清从1岁后就一直由奶奶照顾抚养。奶奶长期无微不至的照料和过度的保护，导致他形成了对奶奶的过度依赖。

如果孩子在1岁左右已经有了依赖者，而依赖者在此期间一旦离开，孩子会很容易产生"我可能被抛弃了"的错觉，这就是其缺乏安全感的原因。如果身边出现了新的照料者，孩子便会重新产生依赖，但是这种依赖会比之前的更加严重。因此,彦清对奶奶的过度依赖已经形成,在半日活动中的现象也属正常。

从案例中还可以看出,在半日活动中,彦清的父母并没有到场。而在孩子的成长过程中,父母的身份是无法让其他人来代替的,因此,彦清出现这样的情绪也应该引起孩子父母的关注。教师不仅应与其奶奶进行沟通,还应进一步了解幼儿家庭的真实情况,要知道,父母是孩子教育中不可缺失的角色。

【应对策略】

通过典型案例及案例分析可看出,彦清家庭中有典型的"隔辈亲"现象,并且彦清缺乏父母的陪伴。因此,教师应在以下几个方面做出努力。

(1)教师要引导家长掌握一些克服焦虑的方法。比如:在案例中,教师可以与彦清奶奶进行交流,不要因为彦清出现分离焦虑现象就"自乱阵脚",要把自己准备去做的事情告诉孩子,和孩子进行有效沟通,让其确认你仍在他身边不远处。家长应该用积极的心态来面对孩子的焦虑,让孩子感受到你的信任和坚定,而非和孩子一起焦虑或有其他不良情绪出现。

(2)当孩子出现分离焦虑时,家长应积极接纳孩子当下的情绪。家长不要因为孩子总黏你而惩罚他,同时自己也要清楚,这只是孩子发展过程中的一个正常表现而已,应该轻松面对,随着不断成长,孩子一定会安全地度过这段时期,你要做的就是充分地耐心陪伴。案例中,彦清缺少父母的陪伴,彦清的父母应多陪伴孩子,而不是把彦清交给老人,自己做"甩手掌柜"。陪伴是最适合的教育,在陪伴的过程中,融洽的亲子关系更会促进幼儿健康、快乐地成长。

(3)教师在设计活动内容时应考虑活动的趣味性和幼儿的参与性。好玩、有趣、开心的游戏能很好地吸引孩子的注意力,从而分散孩子的焦虑情绪。在活动的过程中,针对孩子的表现,教师要给予及时的表扬和鼓励,做出适度的评价,以稳定孩子良好的情绪。在平时的活动中,教师可以通过视频、照片等方式捕捉孩子独立完成活动的表现,及时传送给家长,让其了解孩子有能力做一些事情,促使其主动放手,帮助孩子得到自主发展。

（4）教师可以用积极的行为与孩子建立亲密关系。教师应对哭泣的幼儿做出回应，比如抱抱他、帮助他等，同时应注意倾听，让幼儿感受到教师的关爱。教师可以与幼儿一起做游戏，一起感受游戏的快乐，也可以照顾幼儿入睡，让孩子在幼儿园有安全感。

（5）教师可以通过家访、家园互动联系手册和电话沟通等多种方式关注孩子家庭的真实情况，给予一些合理的建议和指导。如适当地拉开孩子与奶奶的距离，让家庭其他成员，尤其是父母，参与到孩子的教育中来。每一个问题孩子的背后，都有一个问题家庭。解决问题要追溯到根源，根源不解决，问题只是表面上解决，孩子的问题就仍然会存在。

总之，孩子的成长是一个漫长的过程，在这个过程中，他们会遇到各种各样的难题，而父母的所作所为对他们的影响至关重要。想让孩子不再黏人，应该在平常教育孩子时，注重培养他们的独处能力，给孩子一些独处的时间，家长不要事事帮忙，要让孩子自己完成，多带孩子参加户外运动和集体活动，多让他们与同龄的小伙伴接触，这样就能慢慢减少他们对家长的依赖了。

（临沂市兰山区区直幼儿园　虞浩）

难题88：部分家长走不出小学化教学的误区，幼儿园开展的活动得不到家长的支持，怎么办？

【典型案例】

孩子们升入大班不久，我们班就有6位家长，因为我园"去小学化"，不学拼音和写字，要给孩子转园。得知这种情况后，我立即与他们进行单独沟通。有的家长说："孩子都大班了，还什么都不学，再贪玩，进入小学就'毁了'。"有的家长说："谁敢拿孩子的教育开玩笑，让孩子玩，最后能有什么出息！我邻居和亲戚家的孩子都去上幼小衔接班了，提前学习小学一年级的课程。我也要把孩子转到幼小衔接班里去。"尽管我一次次举实例证明"去小学化"的优势，可还是未能留住这几个孩子。好长一段时间，我的班级管理工作和家园沟通工作为这事似乎走到了瓶颈。

【案例分析】

从案例中可以看出，一部分家长希望幼儿在幼儿园期间学习拼音和写字，促使家长产生这种想法的原因有以下几个方面。

（1）大部分家长都存有"望子成龙，望女成凤"的想法，希望自己的孩子多学一些知识，不输在起跑线上。

（2）家长对幼小衔接不理解。家长认为学习知识才是为入小学打基础。实际上，幼儿在园期间的生活习惯、学习习惯的养成，专注力、好奇心等学习品质的培养，强健的体魄和自理能力都是为入小学做准备。另外，关于知识的储备，虽然幼儿园大班没有开设小学化课程，但幼儿在园期间通过绘本阅读和生活识字，已不知不觉地掌握了一部分汉字，同时，幼儿园大班幼儿通过学写数字，已经掌握了前书写的技能，虽然没有正式学习写字，但也具备了一定的书写能力。

（3）家长的要求过高。案例中的部分家长反映，幼儿在升入小学一年级后，一年级课程进行得快，幼儿在学习过程中容易跟不上教师的进度，如果在幼儿园期间没有学习拼音，知识掌握就会不牢固，无法面对突然变难的课程，最终导致厌学。这些现象应该由小学解决，小学应开展"零起点"教学，不让任何一名学生学习落后。

（4）教师要让家长明白，学习的暂时超前并不代表一直超前。有研究表明，提前在幼儿园学习过小学一年级内容的孩子，在上小学后，其优势最多保持半个学期。在上小学时，他们反而因为提前学习了相关内容，对小学教师的授课不感兴趣，上课注意力不集中，等到继续学习新知识时，反而不如"零起点"的孩子接受快。教师还要让家长明白：一方面，过早学习小学内容，牺牲了孩子本该有的快乐游戏时间；另一方面，过早学习小学内容，等孩子上学后，反而会养成不良的学习习惯，影响将来的学习。

【应对策略】

做好幼小衔接工作，任务是非常艰巨的，需要幼儿园、家庭、社会的共同参与来完成，其中家庭的作用不能忽视。

（1）针对家长的担忧及其对幼小衔接的片面性认识，幼儿园要召开家长会，定期举办"去小学化"专题讲座。教师应向家长宣传教育规律，让他们认识到，3—6岁是幼儿游戏的关键期，尤其是孩子手部小肌肉还没发育好，过早握笔写字，孩子会过于用力，影响其身心发育，也不利于将来形成正确的坐姿。孩子在这个年龄段并不适合机械地学习知识，而是适合通过游戏感知世界。虽然超前教育和强化训练能让孩子暂时领先，但最终牺牲的是孩子的童年快乐、身心健康和未来发展。教师还可以邀请已毕业幼儿的家长和大班家长一起座谈，交流幼儿毕业后在小学里的实际情况。

（2）充分发挥"家园共育"专栏的作用。"家园共育"专栏是幼儿园与家长沟通的窗口。大班教师要在"家园共育"专栏中向家长介绍幼儿的身体发育特点和成长规律，向家长宣传幼儿园"去小学化"和小学"零起点"教学的相关政策，还可以给家长温馨提示：为孩子入小学应该准备什么物品，生活作息时间如何调整，等等。

（3）真正做好幼小衔接。幼儿园教师是实施幼小衔接的"第一责任人"，在大班后期可以布置幼小衔接班级主题墙；集体教学活动时，可以适当延长一下时间，从30分钟逐渐过渡到快升小学时的40分钟；教孩子学习自己整理书包，上课提问要举手，上课时不能随便离开位置等；可以通过带领幼儿参观小学、观摩小学升旗仪式、邀请已毕业幼儿来园介绍经验、给幼儿播放小学生快乐生活的短片等，让幼儿了解小学的生活，激发起他们对小学生学习、生活的向往，从而使他们在思想、情感和认识上做好入学准备。

要让家长足够信任教师的能力和专业水平，教师既要自己及时充电，也要引导家长一起充电。比如，教师可以经常在周末组织家长走进图书馆，开展读书分享会,在群里晒育儿经验,等等。

(临沂市技师学院 徐钧)

难题 89:两代教育观念不同,导致孩子无所适从,教师该如何与他们沟通?

【典型案例】

元元与爸爸妈妈、爷爷奶奶生活在一起。在孩子生活习惯和教育方式的问题上,孩子的父母与祖辈有着很大的分歧。比如,当孩子出现头疼脑热时,奶奶总是第一时间给孩子吃大量的药,甚至有时给孩子吃一些偏方。奶奶的做法都是元元妈妈不能接受的。元元妈妈认为,孩子生病初期不宜服用那么多的药物,采取物理治疗的方法即可。

关于孩子的教育问题,奶奶认为,不用在意孩子是否喜欢,是否适合孩子。孩子都应该多学知识、多识字,还要学习弹钢琴、绘画、舞蹈等。但孩子的父母则认为,无论孩子学习何种特长,都应遵循孩子的年龄、心理特点,征求孩子的意见,尊重孩子的选择。

平时,元元的爸爸妈妈工作都很忙,工作压力也很大。当与老人在有关孩子的问题上发生冲突的时候,他们要么闭嘴不说,要么撒手不管,把孩子交由老人看管。奶奶总是很气愤地说:"给你们看孩子还那么多事情!"

【案例分析】

随着社会的发展,人们越来越重视幼儿的教育问题。在家庭中,父母和祖辈对有关幼儿的教育理念和教育方法往往存在着较大的分歧。案例中,元元的父母与祖父母之间就存在这一问题。造成两代人对孩子的教育观念和方法存在分歧的原因有以下几个方面。

（1）父母与祖辈成长、生活的大背景不同，自身的知识文化水平也不同。就如案例中，元元的奶奶会不尊重幼儿的喜好，完全以自己的意志为主，让元元参加各种特色班。

（2）父母与祖辈有关科学育儿知识获得的途径不同。当今社会科技发达，年轻父母更容易接受新事物，自然可以通过多种途径获得科学的育儿知识，祖辈相对年轻父母来说获得科学育儿知识的手段就较少，他们以传统观念为主，掌握的科学育儿知识少。所以，当元元生病的时候，奶奶才会急于给孩子吃药甚至是吃偏方。

（3）当今年轻人工作压力大，把孩子完全交由父母看管和教育的很多。这就导致许多孩子性格孤僻，与父母感情淡漠，行为习惯不好，自控力差，影响其综合素质的发展。"隔辈疼"也成为社会中普遍的现象，祖辈人对孙辈人总是爱护有加、严格不足、照顾过度，对一些不良习惯放任自流，这也造成孩子的教育出现问题。正如案例中，元元父母由于工作繁忙等原因会把元元完全交由奶奶照顾，奶奶过于疼爱孙子，但又缺乏科学的育儿知识，对孩子造成了不好的影响。

案例中，家长老一辈和父母一辈在生活习惯和管教方式上存在不一致性，极易让孩子无所适从，甚至发展到影响孩子良好性格的形成。成人之间的微妙关系也将严重影响幼儿良好人格的养成，家人教育方式的不一致会让孩子学会说谎，甚至可能让孩子养成双重性格，学会逃避、推脱责任。

【应对策略】

在家庭教育中，每一位家庭成员对孩子的教育都有着举足轻重的作用，家人对孩子的教育方式应该达成共识。尤其是父母，作为孩子的第一任教师，是孩子成长过程中最为重要的人，父母的教育地位不可替代，责任也不可推卸。我们都爱自己的孩子，只有合理的爱才能真正让孩子很好地成长和发展，否则，不合理的爱只会导致孩子发展得不完善。

针对这个家庭，教师可以采取以下措施。

（1）找合适的时机分别与元元的父母、爷爷奶奶进行良好的沟通，让其明白在教育孩子的过程中其教育观念和教育方法一致的重要性。

①与元元的父母沟通，让他们了解其自身的问题和在孩子成长中所应负起的责任。家长要了解家庭教育的重要性，及教育不当可能出现的各种后果，明确孩子的教育是不可等也不能重来的。教师可以通过案例、视频等相关材料，动之以情，晓之以理，让元元的父母明白自己在孩子教育过程中的重要性。

②与元元的爷爷奶奶沟通时，要肯定爷爷奶奶对儿孙的付出。同时，让其了解他们的爱有时可能会影响到孩子的健康成长。就如在孩子生病的时候，不要急于给孩子吃药，更不能给孩子吃偏方，要采取科学的方法来给孩子治病。还要让他们明白，在幼儿教育中遵循幼儿身心发展规律的重要性以及家庭教育一致的重要性。

③与孩子的父母及爷爷奶奶沟通，让他们明确各自的职责，在孩子的生活与教育方式上达成共识。让他们明确，老人在隔代教育中的定位，老人要给自己合理定位，不能越位甚至完全代替孩子的父母，不能让孩子的父母只当摆设，只养而不教，老人要做亲子之爱的润滑剂，做孩子父母的助手。孩子虽小，但也会察言观色，当他发现自己这种"众星捧月"的地位，或者知道自己的父母不能忤逆祖父母的时候，他就会更加倾向于迎合老人的意愿，认可他们的溺爱，以达到自己的目的。这样最终会使孩子模糊是非标准，肯定自己的不良行为，形成绝对的"以自我为中心"。因此，父母不能把教育的责任完全托付给老人，自己当"甩手掌柜"，撒手不管！在教养孩子的问题上，父母应多与老人沟通交流，取长补短。

（2）开展家庭教育课堂。邀请家长参与家庭教育课堂，让其掌握科学有效的育儿方法。如，针元元的教育问题，就可以邀请元元的父母和爷爷奶奶共同参加家庭教育课堂。通过案例说明、有关视频材料让其明白家庭教育理念和教育方法一致的重要性。可以邀请爷爷奶奶参加有关幼儿身体健康护理的培训活动，让他们掌握更多的科学护理方法，增加他们获得科学育儿知识的途径。

家人教育方式的不一致对孩子有着严重的不良影响。隔代教育对孩子更是有着特殊影响，过分溺爱容易使孩子产生矫情、任性、以自我为中心的不良个性，尤其是不少祖辈习惯于包办孩子生活上的一切事情，这不仅影响了孩子探索世界的兴趣和勇气，而且孩子的手脚得不到充分的运动，大脑也不能独立地思考，很容易导致孩子发育缓慢、缺乏独立性、生活自理能力差。这样的孩子，一旦遇到困难或要求不能得到满足时，就没有信心，也没有独立解决问题的能力，继而产生愤怒和不满的情绪。因此，家人要团结一致，共同学习幼儿身心发展规律和生理特点，增加对幼儿的了解和认识，制定出一致的、行之有效的教育策略。随着孩子年龄的增长，家长可以让其参与到家庭会议中来，共同商讨出适合的教育方式。家长们对孩子的教育可以分工合作，各尽其职，相互支持，避免出现隔代教育，让孩子在和谐的环境中成长和发展。

（临沂市技师学院　徐钧）

难题90：当幼儿在园受到意外伤害，家长过度责备甚至侵害教师的权益时，教师应该如何应对？

【典型案例】

中午起床后，如往常一样，小朋友们都搬小椅子坐好，一边吃着水果，一边等待着老师给梳理头发。小小和左左两个好朋友挨在一起坐，并且他们都很快地吃完了自己的水果，开始在座位上嬉闹玩耍。这时，左左刚好抬起右腿，小小的手在其右侧手臂上推了一下，左左一下子从椅子上歪倒在地。老师赶紧过去，发现左左自己爬了起来，老师检查了一下，并未发现左左的身体有什么异样，他们也没有发生争执，仍然开心地继续玩。不一会儿，左左来找老师说自己难受，脖子下面痛，老师不放心，就上报给园长，并第一时间打电话约了孩子的爸爸，一起去医院给孩子做个检查。左左爸爸当时在工作无法请假，就通知了左左妈妈直接去医院。经过医院确诊，孩子为锁骨轻微骨裂，幼儿园负担了全部的医疗费，老师也第一时间向家长道歉，事后老师和园长又一起去孩子家里看望孩子，并送去营养费和礼物，但都被左左爸爸拒收。他表示不接受老师的道歉，要向幼儿园讨个说法，声称要向有关部门投诉。

【案例分析】

　　安全教育是幼儿园重要的常规工作之一。对幼儿园来说，保障幼儿的安全是重中之重。幼儿出现意外伤害是幼儿园经常发生的事件。这与孩子的年龄特点以及他们的自护能力不足有一定的关系。面对这样的事件，教师往往最害怕遇到不能理解又很刁难的家长，甚至有不少教师因而产生了不再担任幼儿园教师的想法。造成这一问题的原因主要有以下几点。

　　（1）幼儿年龄小，身体发育尚未成熟，大脑对身体动作的变化不能做出相应的灵活反应。就如案例中，左左和小小一起玩耍，当左左抬起右腿时，小小的手在其右侧手臂上推了一下，左左一下子从椅子上歪倒在地，结果造成了意外伤害。

　　（2）幼儿缺乏自我保护的意识和能力。案例中的左左如果有足够的自我保护意识，就不会摔倒在地。

　　（3）教师缺乏安全救护知识和技能，安全防范意识不够。案例中，如果教师能意识到存在的安全隐患，就会及时阻止幼儿的行为，也就不会发生左左摔倒的事件。同时，左左摔倒后，如果教师懂得相关的救护知识，就可以及时发现孩子的不适，并采取合适的处理方法。

【应对策略】

　　幼儿安全是家长、幼儿园教师和幼儿园最为关注的问题。可是，幼儿在幼儿园发生意外伤害很难避免。当出现幼儿意外伤害事件时，教师不能只是自责，更重要的是要采取适当的方法，将这一事件的不良影响降到最低，确保不再出现类似事件。具体解决策略可参考以下几点。

（1）面对幼儿园意外伤害的发生，作为教师，首先要做的是及时告知家长，诚恳道歉。作为家长，看到孩子受伤，肯定会心痛。教师要理解、体谅家长的心情。当孩子在幼儿园受了伤，我们首先要及时与家长沟通，让家长对孩子的伤情有一个大致的了解。与家长见面后，我们要安抚家长的情绪，并诚实地跟家长说明孩子受伤的原因，如果是教师的疏忽，我们应该真诚地向家长致歉，取得家长的谅解。如若家长不理解，作为教师，我们也要理解他们，等家长的情绪平稳后再与家长沟通。我们不能因为家长不理解就放弃自己的工作，而要冷静、理智。

（2）教师要做好平时的安全教育工作，在幼儿的一日生活中渗透安全教育。要从根源上杜绝幼儿意外伤害的发生，我们应该把幼儿的安全看成是工作的重中之重，提高幼儿的安全意识和动作发展水平，消除安全隐患。正如案例中的幼儿，年龄小，缺乏自我保护意识，在与其他小朋友的游戏交往中难免出现抓碰情况。所以，教师应该及时督促和检查，帮助幼儿形成良好的行为习惯，经常给孩子们讲如何与其他人游戏等，让孩子们懂得哪些行为是危险的。教师可以在玩耍和活动的地方张贴孩子们看得懂的安全标识、图画、漫画等，让幼儿在情景中潜移默化地接受安全教育，从而全面提高幼儿的自我保护意识和能力。

（3）教师要积极配合园长做好善后工作，勇于承担责任，不逃避责任。教师要以孩子的伤害降到最小为出发点，一切以孩子的利益为重，真正地为孩子着想，用心真诚地道歉和解释，态度诚恳但要自然、不畏缩，不嚣张但也不低三下四，承认错误但也不唯唯诺诺，实事求是即可。如若家长不理解，不接受教师的道歉，我们要保持冷静，不要与家长发生正面冲突，避免矛盾扩大或激化，等家长情绪平静后再与家长沟通。只要我们真诚相待，相信会感动家长，从而化解矛盾，重新建立信任。

（4）教师要做好后续工作，关心幼儿，减少给家长带来的生活和工作的影响，主动承担一定的、合理的照顾工作。如果方便的话，教师要登门探望孩子，与家长多做一些沟通。探望孩子时，教师应多关注孩子，言语中透露出对孩子的关爱，让家长感受到教师对孩子的关怀。同时，教师要勤与家长电话沟通，跟踪了解孩子的恢复情况。

（5）出现幼儿意外伤害事故后，相关教师应该及时做出自我检查和反思，客观地、真实地呈现事情发展的经过以及造成这一事故的原因。首先，教师应以这一事故为例总结工作中应特别注意的事项，以免同类事件再次发生；其次，教师还应该做好安全排查工作，找出班级幼儿交往中存在的安全隐患并及时与幼儿讨论；最后，教师还应及时与家长沟通，家园共育，携手做好幼儿的安全工作。

（6）如若家长提出要起诉，我们要积极配合，并提供真实的、相关的证据。同时，教师要对事故发生的原因进行认真分析，分清责任，注意做好证据保存工作，坦然面对法律给出的结果。

总之，幼儿园教师应该将幼儿的安全问题作为工作的重中之重，时刻关注幼儿的活动，担负起保护幼儿安全的责任，以防止意外伤害事故发生，促进幼儿身心健康和谐发展。

（临沂市兰山区区直幼儿园　温珊珊）

万千教育 学前教育类书目

书号	书名	著、译者	定价(元)
幼儿园园所管理			
2102	破解幼儿园园长的50个管理难题	苏晓芬 等 著	48.00
1784	幼儿园危机管理策略与实例	周丛笑 等 编著	52.00
1596	幼儿园安全管理策略	张春炬 李芳 主编	42.00
0039	园本培训促进幼儿教师专业发展	晏红 著	32.00
9883	幼儿园教研活动设计与实施	莫源秋 著	32.00
9620	幼儿园保育员工作指南	伍香平 等 主编	20.00
9438	幼儿园园长的领导艺术	任民 李迎春 著	32.00
9006	幼儿园园长临场应变技巧50例	卢俊 著	20.00
9012	幼儿园园长易犯的80个错误	伍香平 主编	25.00
幼儿园园所管理合计			303.00
幼儿园家长工作指导			
2345	幼儿成长揭秘 ——常见问题分析与家园共育策略	王普华 等 著	48.00
1934	幼儿教师与家长沟通之道（第二版）	晏红 著	46.00

364	幼儿园家长工作技能与艺术	莫源秋 编著	45.00
806	破解家园沟通的44个难题	胡剑红 主编	35.00
9610	幼儿教师的家长工作技巧	张春炬 主编	34.00
9592	幼儿园家长开放日活动设计与实践指导	卢筱红 主编	25.00
9322	幼儿园家庭教育指导形式与方法	晏 红 著	34.00
幼儿园家长工作指导合计			**267.00**
幼儿园教师教育技能与活动指导			
2096	让幼儿都爱听你说（第二版）	马希武 等译	36.00
1707	有力的师幼互动	王连江 译	36.00
9903	幼儿教师与幼儿有效互动策略	莫源秋 等编著	35.00
1197	幼儿教育中的心理效应	莫源秋 等编著	32.00
9950	让幼儿都爱听你说 ——幼儿教师说话的艺术	马希武 等译	20.00
8953	幼儿教师实用教育教学技能	莫源秋 等著	30.00
784	幼儿教师必须掌握的教育技巧	莫源秋 著	35.00
193	跟蒙台梭利学做快乐的幼儿教师	刘 文 主编	58.00
2599	做幼儿喜爱的魅力教师（第二版）	莫源秋 著	48.00
7303	老师，你在听吗？ ——幼儿教育活动中的师幼对话	汪寒鹭 等译	28.00

欲了解更多图书信息，请登录：www.wqedu.com
联系地址：北京市西城区三里河路6号院2号楼213室　万千教育
咨询电话：010-65181109，65262933
*本目录定价如有错误或变动，以实际出书为准。